Mastering Leadership

An Integrated Framework for Breakthrough
Performance and Extraordinary Business Results

孕育青色领导力

领导力通用模型与案例

[美]罗伯特·安德森　　[美]威廉·亚当斯 / 著
Robert J. Anderson　　　William A. Adams

陈丽君　柳亚涛 / 译

陈颖坚 / 审校

北京师范大学出版集团
BEIJING NORMAL UNIVERSITY PUBLISHING GROUP
北京师范大学出版社

迎接一支领导力心智发展的主力军

陈颖坚 （Joey Chan） [1]

《孕育青色领导力》终于面世了！在此特别要为两位用心的译者陈丽君（Juliet）与柳亚涛（Raymond）感到高兴。他们两人，为中国的领导力发展又增添了一本重量级著作。

《孕育青色领导力》是一本什么样的书

2017 年，北京师范大学出版社出版了《领导者的意识进化：迈向复杂世界的心智成长》，它与《重塑组织：进化型组织的创建之道》《U 型理论：用心灵的力量改变学习的本质》这三大重典相互拱照，以凯根为主轴的成人发展理论算是在中国的土壤上落地生根了。这对中国的企业组织发展与领导力发展，无疑起到了重要的指引作用。

但诸多被《领导者的意识进化》震撼过的读者，都有着不少疑问，他们想要找出更多的指引方法，以让他们在领导力的心智上更上一层楼。企业组织者也想找到能支持其领导力心智发展的系统。没错，领导者的心智发展的确需要建基在一个保障体系之上，因此后来出版的《人人文化：锐意发展型组织 DDO》就从集体文化方面提出了"锐意发展型组织（DDO）"的主张。在《人人文化》中，读者对未来组织文化的了解又多了一些可想象的抓手。

然而，这本《孕育青色领导力：领导力通用模型与案例》提出了一个赤裸裸的观点：一个企业发展的最高可能性，是无法超越其最高领导者心

---

[1]　资深组织发展顾问、fsa 联合创始人，《领导者的意识进化》《人人文化》翻译者。

智水平的天花板的。对于这一观点，我完全认同。硬要闯过自己心智上限的领导，往往会将企业带上不健康发展的路，我自己见证过不少经营上失败的项目，都与此息息相关。因此，发展不应该用跳跃的方式，而应该沿用凯根在《人人文化》中所指的"推边际"的方法来进行。领导力的发展，尤其是心智上的发展，是一段极细致的扶助与引导过程，它需要有功力的高管教练，也需要好工具，这样才可能帮助到企业中越来越多的要面对 VUCA 的主管。而本书《孕育青色领导力》就是要为大家介绍这样一条路径、一张地图。

我所认识的全景领导力（TLC）

以我有限的理解，《孕育青色领导力》主要介绍的全景领导力（The Leadership Circle，简称 TLC）是一套设计整全的领导力发展工具。假如你是一名企业高管教练而没有听过 TLC，那么我强烈建议你赶紧投入此书，认识这套帮助领导者展开领导力纵向发展的脉络。它的整全性，在整个领域可以说得上是"没有之一"。

这里，我必须说，全景领导力的开发者安德森（Bob Anderson）是一个我所仰慕的整合者。在我眼中，他完成了一项在企业组织发展界限中不可能完成的任务，将当时很得力的心理学理论与领导力发展理论整合到"圆融"，并将一个真实的圆形"大盘"端到领导者面前，让他们从主体位置抽离出来，转移到一个可供内观自省的"全景"平台上；全景领导力测评率先用不同类别的"大数据"进行分析，为不同行业与不同地域的被评者提供重要的参考，其精密性与圆盘上不同素质之间关系的微妙性，都是令人惊叹的。我深信，如果高管教练能忠实地、持续地使用全景领导力测评工具，那么这绝对是一个训练教练的敏锐度、考察领导者心智的关键"木人巷"。因此，可想而知，将多年积累的实践锤炼为一本经典，它的出场本身就是一件业界的盛事。

为何叫孕育"青色"领导力

虽然我参与过不少重要著作的翻译，企图为"准备好土壤"这件事尽一点力，但是必须承认，这给中国方兴未艾的企业组织进化热潮所带来的启示是远远不足的。我认为，我们需要更多佳作来滋润这片土壤。同时我也相信，《孕育青色领导力》在关于培养领导力的美好起点上是一支不可多得的新生力量。

基于当下中国企业对于促进组织进化的热切期待，我们建议用"孕育青色领导力"一名，而不是直接翻译原著书名 Mastering Leadership。相信很多读者都会注意到，此处的所谓"青色"，正是《重塑组织》所提出的未来型组织中"青色组织"的底色。如果你走进该书，不难发现"全景领导力测评"同时呼应《领导者的意识进化》所强调的心智发展（尤其针对从"规范主导"到"自主导向"的心智发展）。因此，我们毫不忌讳地向已有很好认可度的青色组织靠拢。对于如此大胆起用这样的书名，我认为这是一个值得冒的险，这可以让读者知道，《孕育青色领导力》并不是孤单的存在，而是企业组织进化、领导力心智发展的重要著作大军中的一员，扮演着重要的角色。

与两位译者的缘分

我对 TLC 的介绍就到此了，剩下的就交给丽君与亚涛了，他们两人会通过忠实而雅致的译文向读者细致地介绍该书。我自认有一双慧眼，很早就挑选了《孕育青色领导力》这本书，并首先请来丽君这位同行为此书翻译。

丽君就是我所说的在全景领导力这条"木人巷"上持续训练的高管教练，她也是我所说的好的工具能练就一个好教练的好案例。我与丽君相识于 2015 年北京的全景领导力测评（Leadership Circle Profile，简称 LCP）认证课，有趣的是，当时她既不是新兵，我也不是为认证而来（我已在澳大利亚完成认证），我们俩在没有任何功利心下认识了彼此。让我印象深刻的是丽君的成熟理性，以及她对当下管理者面向挑战的同理感通力，为客户使用全景领导力的 10 年经验。因此她是在我们取得了版权之后的第一翻译人选。

我还要特别感谢丽君的另一件事，是后来她让我认识了本书的另一位译者柳亚涛。我惊讶地发现，亚涛还是一位德鲁克管理学方面的资深老师；与他交流，我经常会听到他表达管理上的真知灼见。我得悉，他曾私下独力重新翻译了《卓有成效的管理者》这本德鲁克经典，虽然这个版本最终未能出版，但已很好地体现了亚涛在翻译工作上的深厚功力与一丝不苟的态度。他在《孕育青色领导力》的翻译过程中给了丽君很大的助力，是相逢恨晚的同路人。

最后，我知道《孕育青色领导力》的到来，可以大大帮助中国推展LCP 认证，我在此希望它与深爱这个工具的教练或专业工作者，可以更好地推动全景领导力测评的使用，同时将这股力量汇集到属于更大场域、更令人动容的企业组织进化之旅上，最终实现"引导领导者的意识进化，从而推动企业组织的进化，最终促进社会的进化与向善"的愿景。

踏上勇者之旅

陈丽君[①]

翻译本书缘起于陈颖坚先生，他致力于将更加富有青色组织和领导者样貌的理论和实践带入中国，与中华民族源远流长的传统智慧有机结合，使其落地生根并焕发出强大的生命力。《孕育青色领导力》一书是有关领导者意识进化领域的一个重要组成部分。感谢他将本书的翻译工作郑重地托付给我，也感谢搭档柳亚涛先生，与我一起经历了无数字斟句酌、沉吟掂量的伏案时刻。同时，感谢在本书翻译过程中给予宝贵意见和支持的工作团队、教练伙伴和领导者们，你们的心血和智慧渗透在书的字里行间。

全景领导力是我灵魂的救赎者。10年前，我奔波于活出世人眼中该有的样子，表面上取得了一些成绩，实际上却心怀迷茫，身心困顿。全景领导力测评报告将我内在的限制性信念、相应的行为和所造成的影响一目了然地呈现出来，这引发了我深刻的觉察和反思，促使我开始从关注小我走向关注大我，从问题和恐惧驱动走向使命和热情驱动。组织和团队因此收获了更富正向影响力的我，我也因此找到了自己的人生使命——推动自我和领导者的意识进化。这与全景领导力的核心使命不谋而合。

时至今日，依托全景领导力的框架，我有幸服务了数十家组织的大中华区中高管团队，为近百名领导者解读了全景领导力测评报告并提供教练支持，也和多位同在这一领域深耕细作的伙伴进行过交流。企业中的高管大多身经百战，其经验和能力炉火纯青。在这个位置，真正限制他们带领

[①] 全景领导力测评工具认证教员和企业实践者，国际教练联合会认证教练（PCC）。

组织持续突破的反而是自己的心智结构，组织当中对权威的信奉使得心智结构上的自我觉察和突破难上加难。全景领导力使这样的深度觉察和蜕变在很大程度上成为可能。很多高管因此成为更高效的企业领导者，以及更有爱的家庭成员。很多管理团队成员借此打开了组织防卫，开始给予彼此深度反馈和支持，合力塑造出更加积极正向的团队文化，进而影响到整个组织氛围的更新。可以说，全景领导力为个人领导者内外兼修提供了强大的心法和抓手，为团队发挥集体领导力提供了深度对话的契机和框架，组织因此更加生机勃勃，更能引领变革，持续创造成果。因此我们坚信，这一融合了东西方古老和现代智慧的理论和工具，必将持续为中国企业发挥巨大价值。

打开本书，犹如展开了一张心智发展的地图，欢迎企业领导者和领导力发展的从业者们纵身其间，徜徉探索运用全景领导力培养个体和集体领导力的奥秘。相信你在书中可以找到许多关键问题的答案：此刻你站在地图的什么位置？未来想去哪里？如何更加高效地去往那里？为此需要修行哪些最重要的内在功课……作为领导者，你托举的系统和担负的使命越大，就越需要与内心更深处的那个我短兵相接。

谨以此书盛邀更多的领导者一起踏上这一勇敢者的旅程！

升级你的"操作系统"

柳亚涛[①]

2020年春节，我荣幸地加入了本书的翻译工作，和搭档陈丽君一起，推敲断句，咬文嚼字，切磋琢磨，终不可谖兮。

本书的主题是领导者个人和集体的心智测评与发展。这让我受益匪浅。正像诸君将要读到的那样——人们从小到大打磨的各项才能像一台电脑的应用程序，而自我身份定义则是操作系统。当自我意识的层次落后于外部环境的复杂、多变、模糊和不确定的程度时，卓越的才能反而成为限制，将领导者的创造性、灵活度锁死在一个低效的水平。如同电脑的操作系统版本过低，应用程序越先进、装得越多，那么电脑的运转速度越慢，甚至死机。在翻译过程中，我时时看到自己所经历的挫败与挣扎、自己身上的限制性信念，而且领悟到正是组织中领导者个人和集体心智层次的固化，使其创造变成防卫、才华变成枷锁，创新与变革流于形式甚至走向专制。希望这本书能给在不完美的现实中力求成效、在黑暗和光明并存的人生路上踽踽前行的朋友带来觉察和了悟。

这本书的内涵非常丰富，包含管理学、领导力、心理学、系统论、统计学、组织发展等，这让我幸运地结识了一大批领导力与组织发展领域的专家、好友。要表达感谢的人有很多：组织学习与进化丛书的总揽者、领导力与组织发展领域的大咖、fsa联合创始人陈颖坚先生；北京师范大学出版社的周益群老师以及我的搭档，资深企业教练、引导师、TLC测评认

---

① 全景领导力测评工具认证执业者。

证导师陈丽君女士，感谢他们在专业上给我的指引以及对我的信任和接纳。感谢我的夫人刘红敏女士——红尘路漫漫，切切意拳拳。感谢将要在本书中相识的各位朋友，感谢大家选择阅读这本书，希望我们一同进步。

致谢

感谢在本书撰写过程中发挥了巨大作用的两个人。首先是肯·谢尔顿（Ken Shelton），肯是多本畅销书的作者，肯的精心编辑为本书提供了莫大的帮助。因为肯，这本书的可读性大大增强。其次是悉尼·艾尔（Sydney Isle），她为本书提供了所有的项目管理支持。她督促我们落实计划（这活儿可不容易），打理所有细节，最终促成本书的面世。感谢两位的专业精神和热情。

感谢 TLC 公司（The Leadership Circle）和 FCG（Full Circle Group）集团分布在全球各地的员工、合作伙伴和授权经销商：每一天你们都在为这家组织倾注敬业和正直的心血，它之所以能有今天是因为你们。如果不是你们秉持初心做人、做好分内之事，我们就不可能有现在这样的影响力。

鲍勃（Bob）[①]：首先，感谢我的妻子金姆（Kim）。在我们结婚的 32 年里，她一直关注并支持这本书的诞生。如果没有她持之以恒的爱、倾听和支持，我真心怀疑这一切是否还能发生。我的感激无以言表。

感谢本书和参考书目中提到的所有思想领袖。我们都站在巨人的肩膀上，你们为这一领域所做的重要贡献极大地影响了本书的写作思想。特别感谢彼得·布洛克（Peter Block）在我职业生涯早期对我的指导。彼得在帮助我塑造事业发展方向上起到了任何人无法比拟的作用。感谢大卫·怀特（David Whyte），他倾注毕生心血的工作、美妙的诗歌和友谊，为我的生活所增添的色彩超乎他的想象。罗伯特·凯根（Robert Kegan，昵称

[①]　即本书作者之一罗伯特·安德森，昵称"鲍勃"。

Bob Kegan）关于成人发展理论的开创性工作深深地影响了我的生活和工作，我对他的贡献、支持和友谊感激不尽。肯·威尔伯（Ken Wilber）的整合模型精彩绝伦，其理论框架光辉夺目，深刻地影响了本书中通用领导力模型的提出。感谢肯对这个世界的贡献。感谢创新协会（Innovation Associates）的全体参与者，特别是查理·基弗（Charlie Kiefer）、彼得·圣吉（Peter Senge）和罗伯特·弗里茨（Robert Fritz）。你们的工作促使我开始了这段旅程，并且形成了模型的基本要素。感谢已故的克莱顿·劳弗蒂（Clayton Laugherty），感谢他出色的评估和研究工作，他所做的工作深刻地影响到全景领导力测评工具的形成。最后，感谢苏珊娜·库克-格雷特（Susanne Cook-Greuter），她一生致力于成熟度评估工作，并以极度的慷慨和干练支持本书中有关领导力发展阶段的研究。

感谢多年来并肩工作的同事们。丹·霍尔顿（Dan Holden）是我的第一个客户，也是我最早的同事。丹以他的友谊和精干在整个事业过程中一直支持着此项工作向前推进。我对他在我生命中的出现感激不尽。除了丹，我还要感谢吉姆·安德森（Jim Anderson）、大卫·沃梅尔多夫（David Womeldorff）、芭芭拉·布拉汉姆（Barbara Braham）和利奥·伯克（Leo Burke），他们是支持我的核心圈子成员，在过去的 10 多年里对我的生活做出了巨大贡献。深深感谢你们对我、对这项工作的无条件支持。

感谢圣母大学（University of Notre Dame）。我们与门多萨商学院斯塔尔高管教育中心（Mendoza Business School's Stayer Center for Executive Education）携手合作了 13 年。在全景领导力测评工具起步阶段，我们就开始与圣母大学合作，与高管教育中心的教职人员长期的良好关系为本书所涉及的工作做出了巨大贡献。

感谢两位与我共事时间最久的员工。玛丽莲·德蒙德（Marilyn DeMond）是我 25 年前的第一位雇员——你每天都会带来那么多优雅的快乐和激情，你是那么能干，如果没有你的大力协助，我无法成就今天的一切。乔纳森·胡尔什（Jonathan Hulsh），谢谢你把赌注押在我和 TLC 公司身上，你所做的市场和销售工作、提供的业务指导和友谊，其价值不可估量。

感谢我的合作伙伴和合著者比尔（Bill）。比尔是我认识的最好的人之一。他也是一位优秀的顾问。比尔比其他任何人都更了解我毕生致力的工作，他对此善加应用的程度远超于我。比尔对本书做出了巨大贡献，令其大为增色。

最后，我要感谢我的孩子们，凯瑟琳（Katherine）、罗布（Rob）和斯科特（Scott）——你们知道我有多爱你们。我有幸成为你们的父亲，和你们每个人一起环游世界。和你们在一起的时光是我一生中最美好的时光。

比尔①：感谢我的伴侣和妻子辛西娅·亚当斯（Cynthia Adams）。我从心底里感谢你。从我们在一起的那一刻起，我生命中的每一刻都因你而丰盈。你是我最好的朋友、忠诚的伙伴、最大的支持者和最好的老师。你是我挚爱的唯一。无论需要经历些什么，也无论它将我们带向何方，我们都将携手作伴共同度过。因为你，我成为一个更好的男人、父亲、丈夫和人。我对你的感激和爱永无止境。

感谢来自麦克斯康咨询公司（Maxcomm）、FCG 和 TLC 公司的合作伙伴，特别是悉尼·艾尔、大卫·斯帕奇（David Spach）、大卫·施拉德（Dave Schrader）、史蒂夫·阿西（Steve Athey）、内特·德拉亨蒂（Nate Delahunty）、贝齐·利特曼（Betsy Leatherman）、阿德勒·理查兹（Adelle Richards）、罗马·加斯特（Roma Gaster）和辛迪·亚当斯（Cindy Adams）。你们不同寻常的友谊、爱和伙伴关系成就了今天的不同凡响。特别感谢与我合作多年的珍妮·哈斯（Jenny Haase），没有你不可能成就今天的我。你的贡献如此巨大而重要，一如你的爱和支持。

感谢全世界数不清的客户和全心投入的领导者，你们致力于做好自己的功课，以期成为更好的自我和更加高效的领导者。30 年的耕耘服务了数千人。谢谢你们加入这样的成长之旅，竭尽所能活出更好的自己。

特别感谢那些与我一见如故成为好友的领导者。无论男女，从认识那

---

① 即本书作者之一威廉·亚当斯，昵称"比尔"。

天起你们就开始教导我、支持我、帮助我在这个世上活出自己的使命。我从你们每个人身上都学到很多东西，愿你们知道我的这份爱和感激。感谢史蒂夫·尤因（Steve Ewing）、吉姆·盖格（Jim Geiger）、拉里·L. 佩恩（Larry L. Payne）、罗德·罗斯（Rod Ross）、盖尔·杨（Gayle Young）、瓦尔·克里斯滕森（Val Christensen）、格雷格·拜伦（Gregg Baron）、杰夫·格里姆肖（Jeff Grimshaw）、坦尼娅·曼（Tanya Mann）和斯科特·斯莱迈克（Scott Slaymaker）。此外，感谢我的朋友、客户和合作伙伴，已故的吉姆·麦克格兰（Jim McGrane），他曾经给予的支持和积极参与直到今天都对我们的工作和我的生活至关重要。我每天都想念你，吉姆。

感谢我的孩子们，他们使我的生活丰富多彩。家是一切，而我们是一家人。你们都知道我有多爱你们。我的儿女们，奥布里（Aubrie）、蔡斯（Chase）、泰森（Tyson）和卡斯（Kasse）；你们的伴侣，格雷格（Greg）、阿比（Abi）和米奇·M.（Mitch M.）。我的孙辈们，海莉（Hailey）、加文（Gavin）和惠特尼（Whitney），还有两个孙辈还在阿比和卡斯的肚子里，她们此刻正怀有身孕。因为你们，我的生活充满了爱和丰盛。能够成为你们的父母和祖父母是辛西娅和我此生之幸。

最后，感谢我的合著者和合作伙伴鲍勃。我从没想过会在人生舞台的第三幕找到这样一位新搭档，可以教给我这么多东西，影响我思考如何更好地度过此生。鲍勃，你是如此出色、待人至诚、全身心致力于守护我们的地球家园。因为你，我得以发挥更大的影响力，更加高效。我很荣幸能够成为你的合作伙伴，感谢你的投入、承诺、牺牲和贡献，使这个世界更加美好，使我有机会参与其中，与你并肩同行。最为敬佩你作为父亲和丈夫对家人的爱，谢谢你做我的榜样。

目　录

导言
通用领导力模型和全景领导力测评工具

好理论最实用。

——库尔特·勒温（Kurt Lewin）

如果你通常的做法是跳过前言，那么我恳请你一定要读读这一篇！在本篇前言中，我们会介绍一个完整的领导力发展模型、体系和流程，从而支持你实现强有力的变革，使你的领导效能更上一层楼。

莎拉（Sarah）从会议室一回到自己的办公室，就坐在那里双手抱头。她开始怀疑自己和马特（Matt）决定在推出新的生产线的同时拓展全球市场是否太过激进。这时马特走了进来，跟莎拉一样也是一脸震惊。两个人坐在那里茫然发呆，质疑自己，也质疑他们的领导力和决定是否正确。与此同时，电子邮件不断涌入，短信纷至沓来，电话无声地振动着却无人接听。突然，沉默被打破，有人来提醒他们下个会议已经开始了。

这本书是写给所有已经或即将处于莎拉和马特类似处境的人们。这些领导者在复杂的状况中披荆斩棘，渴望而且确实需要茁壮成长；他们知道一定有不一样的做法，在更多、更努力、更快之外，肯定存在着更好的工作方式。这本书也是写给那些能够在复杂状况中茁壮成长并希望将个中精髓传授给他人的领导者，以及那些希望创造佳绩、影响世界，成为一个更好的母亲、父亲、伴侣、朋友、姐妹、兄弟、儿女的领导者，帮助他们事半功倍地做到这一切。

本书使得我们对于什么是有效领导及如何促进其进阶式发展有了更高的认识。书中的通用领导力模型在领导力发展领域实属首创，它将成人意识发展阶段的理论框架与领导效能测评做了完美结合。

我们在本书中提出了新的领导力要务：今天的高层领导正面临快速升级的复杂性、不确定性和市场波动，为保持竞争力，他们必须加速自身发展。个人和集体领导力的发展速度必须跟上甚至超越商业环境的变化速度。领导者的个人效能是必要但不充分条件。只有当个人成长足以催化整个领导团队共同高效应对不断变化的市场环境中的惊涛骇浪，以及客户和利益相关者快速变化的需求时，业务才能真正转型。培养能够驾驭复杂性的领导者已经是一项战略重点，并且如果做得好的话，将成为一项竞争优势。在能力和才能之外，我们还必须培养领导者的勇气、同理心、觉知力和品格。

领导者为未来设定议题。他们的影响力如此广泛，以至于全球的未来与他们的成长相互交织密不可分。我们需要各级领导者更加优秀——既致力于企业的繁荣发展，又献身于人类长久的共同福祉；既展现出塑造未来的创造能力，又能在短期企业盈利和长期公共利益之间巧妙地保持平衡。

本书的由来

为了帮助大家了解本书做此承诺的背景，我们觉得有必要介绍一下自己，作为本书的共同作者和同事。

鲍勃：在职业生涯的早期，我曾与一位世界著名的特拉普派修道士（Trappist）共进晚餐，当时他正致力于为天主教会培养领袖，这是一项非常前沿的工作。他性格的多面性让我很是惊讶。他之前曾是个水手，而且直到现在还保持着水手的一些饮食习惯，比如，喝苏格兰威士忌、抽雪茄。在交谈中我了解到他的故事。他在修道院时患上了一种罕见的血液病，继续留在那里没人照顾，因此不得不离开。他有一阵子不知道该怎么办，最终决定回大学攻读心理学。他研究的方向是发展心理学，与劳伦斯·科尔伯格(Laurence Kohlberg)一起共事。劳伦斯所在的机构致力于进阶式成人发展阶段方面的研究，他本人更是这个领域的先驱。

我永远不会忘记那个画面——一个修道士坐在我对面，一手苏格兰威士忌，一手雪茄烟，对我说："他们整来整去发现的还是修道士们几千年前就明白的那个道理，即人是可以成长的，而且意识成长就是我们可以预见的那几个阶段，一级一级往上走直到天人合一的境界。他们现在竟然在研究这事怎么测量！"

这次对话决定了我此后的事业发展方向。过去我一直在研究人的成长路径，以及他们如何可以更加富有智慧和个人效能。这份激情和专注带我进入了领导力领域。我不仅研究什么是出色的领导力，以及如何加以培养，还把我学到的一切付诸领导创业企业的实践中。在这个过程中，我发现真正的领导实践比所有理论、研究和模型所预示的都要难得多。

在见过这位修道士后，我决定要见一见领导力领域众多著名的思想家和研究者，向他们学习并一起密切合作。我很早就注意到，这个领域里有很多很棒的东西随意地掺杂在一起：太多的模型、研究成果、理论和从业机构，每一个都号称自己能够解释人类行为、能力或意识的某些方面，一旦加以应用一定能很好地促进领导效能。但这个领域没有形成整合效应。各种模型、理论和研究之间互不相关，它们各自使用自己的框架和语言。没有一个通用模型能把这一切串起来形成一个整体框架，以便完整地解释什么是出色的领导力，以及它是如何形成的。

我在还没有完全意识到自己在做什么的情况下就开始整合这一切。我开始将各个领域最好的理论和研究成果编织在一起，其中包括领导力、组织发展、心理学、成功学和人类潜能学。我还希望这个正在编织中的整合模型能够与全世界那些源远流长的精神智慧承接起来。我不断地追问自己："如何将这一切结合起来形成一个有关领导效能及其发展的更好的模型？"

我花了20年时间完善这个模型，每次演化更新都进行实践检验。我将其应用于我自身、我所服务的领导者及其团队。随着模型逐渐成熟，它的作用力开始凸显，对我和客户的发展开始产生更为深远的影响。领导者们发现它很独特，与业务相关性强，并且有助于指导他们的成长。

在我努力整合各方所学的过程中，这个模型经历了各种变形，最后的蜕变发生在我回忆起自己跟那位修道士的对话时。20 年后，我终于意识到他想告诉我的是什么，于是我转向成人发展的研究领域，并特别研究了业内首屈一指的研究者之一鲍勃·凯根的作品，在阅读他的《超越头脑之上》（*In Over Our Heads*，1994)一书时，模型在我头脑中迅速重组，我立刻知道它终于完备了。

我的下一步是创建全景领导力测评（Leadership Circle Profile，LCP），这是一个 360 度的领导力测评工具，透过通用领导力模型的视角来衡量领导者的领导力并给予反馈。3 年后，当这一切完成时，我创建了全景领导力(The Leadership Circle，TLC)测评和发展公司。

比尔·亚当斯是我早期的客户，他经营着一家名为麦克斯康(Maxcomm)的咨询公司。他和合伙人在业务转型一线帮助客户重新设计整个系统以获得突破性的业务表现，已有 20 年历史。

在完成 LCP 认证培训后，比尔把我拉到一边，说："我想给你提点儿建议。我已经在这个领域的一线干了 20 年，我觉得你可能还没意识到自己创造了什么，这是这个领域第一个完全整合的通用领导力模型，我之前从未见过这样的东西。"

比尔的说法让我目瞪口呆，因为我做这一切不过是在追随自己的热情和好奇心罢了。"真的吗?"我喃喃自语，跌坐在椅子上。在那次对话中，比尔帮我认识到，这个领导力模型及与之相关的 LCP 是第一个将构成领导效能的要素及其培养方式加以整合的模型，并且提供了针对此模型进行衡量和跟进的方法。比尔最终成为我的商业伙伴和本书的共同作者。

比尔：1973 年 6 月，我在 18 岁生日前夕参加了在落基山脉举行的为期 5 天的领导力静修营。此次会议是为那些被视为新兴领袖的学生会主席举办的。这是我第一次参加以"成长发展"为主题的会议。

五天的会议令我认识到：这就是我下半辈子想做的事。从那以后，我就把事业的重心放到了领导力发展上，我知道这就是我的激情之所在。但一直要到若干年后，我才明白，其实这份激情与我对做生意的热情息息相关，而后者显然是受家族企业氛围的熏陶。

我把自己的一生都献给了这项事业，专注于帮助组织提升业务绩效和领导效能，工作重心是帮助领导者实现个人转变和领导力发展。在过去的30年里，我开办、经营和出售了多家企业。我亲身实践了这些原则，并从经验中得知领导力实践是多么艰难和值得。我们今天所面临的挑战是前所未有的，这些原则现在比以往任何时候都适用。领导力是一场既私密又公开的旅程，之所以私密是因为它需要领导者在个人方面的转变，之所以公开是因为领导者得高调地学习，让大家都看得到。这本书对于我和鲍勃都是一场关乎我们个人的成长之旅。

我以前听说过鲍勃，但直到2005年才见到他。那一年我们为耶鲁大学做一个历时若干年的转型项目，需要找到或创建一个领导力模型，这使我们能够深化和扩大与领导者的合作，以维持变革的持续性。

我指派我们的资深顾问之一、最好的研究员盖尔·杨到市场上找找看，有没有一种带测评功能的领导力模型可以拿来用于我们的客户工作。坦率地讲，我其实很怀疑她能否找到这类东西的存在。然而大概三个月后，盖尔回来找我，热情洋溢地说她发现了一个叫作全景领导力的模型，将会改变我们思考和培养领导者的方式。

在研究这个模型时，我被它的深度和广度所震撼，立刻同意在我们公司引入这个由鲍勃研发的领导力文化测评（LCS）。测评完成后，我们致电鲍勃请他帮我们解读报告。在40分钟的对话中，我发现鲍勃对我们的文化和作为首席执行官的我了如指掌。虽然素未谋面，他的洞见令人赞叹。测评结果揭示了我们的优势、需要专注的重点，以及需要做出的改变。

坦率地讲，这次测评是我们做过的最有影响力的事情之一。它改变了我们的领导方式，提升了我们的绩效，影响了我们的商业模式，也影响了我们向客户提供咨询服务的方式。从那天起，我们从工具和模型不可知论发展到工具和模型中心论。我们采用全景领导力作为我们的领导力模型。最终，两家公司合并业务成为今天的 FCG。

鲍勃和我立即成为同事、最好的朋友、兄弟和商业伙伴。我们有共同的愿景、宗旨和商业使命。鲍勃毕生所致力的工作改变了我内在的导航方式，也改变了我领导和影响世界的方式。

一个更好的领导力模型

模型有助于解释事物的运行规律。好模型一旦真正打动你，便可以终生为你提供信息和指导。例如，供需模型解释了任意市场的价格变动趋势。如果供给扩大，需求保持不变，价格就会下跌。如果需求增加而供给不增加，价格就会上涨。这个简单的模型能够帮助我们理解市场上的变化，更高效地开展业务。

好模型是动态的，它有自己的运动规律。也就是说，你可以预见模型某一部分的变化会如何引发另一部分随之变化——就好比供应量减少时价格就会随之上扬。一个动态变化的模型能很好地解释一个变化如何引发另一个变化。一旦了解了这种动态变化规律，我们在管理和领导上就可以更加高效。

更好的领导力模型意味着更高效的领导力和更好的经营业绩。我们在培养高效领导者方面的努力往往落空，是因为我们不了解什么是领导力，以及如何培养领导力——我们手中的地图和模型往往不足以应对这一挑战。如果有一个更好的领导力模型会怎样呢？如果这个模型：

（1）融合了在领导力、人性、修行成长方面的最佳理论和研究成果，其复杂性能够（并且优雅地）匹配当今领导者所面临的复杂局面；

（2）从根本上改变我们对于什么是卓越领导力及如何高效培养卓越领导力的认识；

（3）是动态的，也就是说，当改变一种限制性信念及相关行为时，我可以预见到有哪些有效的行为和结果会随之自然呈现。

如果可以有更好的方法来衡量领导效能、评估它的发展进程，那么这会怎么样？

通用领导力模型是一项重大突破。这么说确实很大胆，但我们已经试验过业内最好的模型，它们虽然都各有所长，但我们可以向您保证，迄今为止还没有任何一个综合性的领导力模型能够将领导力发展的各个细分领域打通整合，能够与业务紧密关联，有坚实的指标、衡量标准和研究成果做支持，并且已在实践应用中有良好的成功纪录。

本书的承诺

这本书面向首席执行官和高层领导者，他们知道领导效能推动组织绩效，而且一定有更好更快的方法来培养高效领导者。这本书也适合人力资源和组织发展领域的专业人员，为他们更好地支持高层领导的工作提供创新方法，以便践行在培养面向未来的领导者方面的承诺。

本书承诺：

(1)构建起第一个全面整合的领导力发展模型——通用领导力模型。随着书中内容的展开，我们将逐步推进地构建起这一模型。

(2)展示通用模型如何将过去半个世纪以来领导力、组织发展和心理学领域的最佳理论和研究结合起来。表1展示了整合成为通用模型基石的关键领导力思想(更为全面的清单请见附录2)。

表1　构成通用领导力模型核心要素的奠基性思想领袖

思想领袖	理论或研究成果	通用领导力模型中的对应要素
威廉(William)和辛迪·亚当斯	全系统模式	"系统意识"维度，创造性和整合性阶段的领导力
彼得·布洛克	真实、谨慎、控制、政治手段	"本真性"维度，反应性维度
大卫·伯恩斯(David Burns)	认知和理性情绪心理学	全部反应性维度；潜在自我设限的信念和假设及其相关行为

思想领袖	理论或研究成果	通用领导力模型中的对应要素
罗伯特·弗里茨	创造性和反应性导向	(反应性和创造性)两个领导力发展阶段；LCP圆的上下两部分
凯伦·霍尼(Karen Horney)	性格结构；三个核心类型	心性型、头脑型、意志型；"顺从""防卫""控制""相处能力""觉察""成就"维度
罗伯特·凯根和丽莎·拉希(Lisa Lahey)	发展心理学；成人发展层次论；变革免疫力	凯根的成人意识发展模型成为LCP的纵轴；变革免疫力描述了反应性结构的行为表现模式
彼得·圣吉	系统思维和系统动力学；自我超越	"系统意识"维度；反应性和创造性结构
肯·威尔伯	整合模型	通用领导力模型是一个整合模型。肯的开创性成果极大地影响了它的形成

(3)展示通用领导力模型如何将有关卓越领导者做些什么——需要具备哪些领导能力——的知识全部整合到一个综合性的模型中，解读领导者在这一历程中如何不断精进。

(4)揭示领导效能与经营成果、领导力发展水平(或阶段)与组织绩效之间的关系。

(5)展示具有突破性意义的研究成果和衡量指标，稍微引入一些心理测量学和统计学方面的知识，借此将书中的内容与经营业绩和领导效能联系起来。

(6)阐述一个完整的领导力议题——自我、团队和组织——借此将组织中的领导力转化为显著的竞争优势。

(7)提供完整的领导力发展体系用以培育组织中的领导者，并展示如何运用这个体系来培养未来的领导者。

(8)在同一段对话中兼顾领导力培养和业务沟通，无须分别进行。

（9）为全面、长期和系统地发展个人和集体领导效能提供一条令人信服的途径。

（10）敦促高层领导调整他们改变组织的方式；领导者必须做好自我发展的功课，否则他们不太可能带领企业完成转型；转型的不是业务，而是人；领导者必须致力于做好自己的功课；必须从高层开始就把组织的领导力发展议题视为己任。

（11）分享我们曾经共事的一些勇敢的领导者的故事，以及他们如何积极推进自我和组织的领导力发展议题。

（12）帮助领导者和领导力发展领域的从业人士进入领导力的实战场，促使他们将领导力视为实践中的一个专业领域。领导者在场上的时候，要成为和他们聘请的教练和顾问一样技能娴熟的专业人士；而领导力发展领域的从业人士则要向领导者迈进。

（13）帮助你开启一场即将改善你生活各个方面的自我领导力蜕变之旅——个人、家庭、职业。

（14）帮助你实现领导力承诺，为你提供一条路径，把自我及自己的生活和领导力发挥到最高的水平。

（15）帮助你更充分、更有意义地调动全部的你，帮助心怀高远的你为后人留下相应的宝贵财富。

合二为一的著作

我们在这一本书里整合了两本书的内容。书的上半部分是写给商业领袖的。在这部分，我们强调了发起一个更广泛、聚焦、严谨的领导力议题对于整个组织的领导体系实现意识进化所起到的至关重要的作用，提供了培养高效领导者的商业案例，提出了通用领导力模型、衡量指标和对模型的研究成果，通过案例研究阐述不同的组织如何从该模型的系统化应用中受益。

在书的后半部分，我们讲述了无论作为成熟的个人还是作为领导者都必须承担的深刻的内在功课，开发了领导者向高效能迈进之旅所要经历的各个阶段，描述了向更高层次领导力进化所需的实践练习。

成功的企业家和高管通常不愿正视学无止境这一事实。领导者所处的位置越高，得到他人反馈和正式培训的机会就越少；因此当领导者试图再造商业成果时，通常最需要改变的反而是他们自己。我们不得不承认，变革需要后天的历练和打磨，不适合胆小鬼。然而，文化和业绩的重大转变却离不开它，事情就是这样。

希望本书能激发你内在的蜕变之旅。我们的目标是让本书对你和你的团队产生变革性影响，正如它曾这样影响到我们一样。

运用工具进行自我测评

为了使您能够汲取本书的全部思想精华，我们强烈建议您现在就运用全景领导力测评工具进行一次自我测评，让自己能够设身处地体会通用领导力模型。LCP通过衡量您的领导能力并给予反馈，帮助您从通用模型的角度获取关于自身领导力的反馈，并指导您转化个人领导力。它为提高个人和集体领导效能提供了可靠的途径。

要进行 LCP 测评，请访问 www.theleadershipcircle.com。登录网站您会看到一个链接指向本书和自我测评，您只需点击链接按照指示操作，系统会带您登录测评页面，完成测评大约需要 20 分钟时间。

完成 LCP 后，系统将带您进入您的 TLC 网站专区，在那里可以查到您的专属报告，以及一份报告解读手册。任何时候您都可以登录网站查看自己的报告，或者下载到本地以备未来之需。我们在整本书中会不断提及这个测评系统。完成自我测评将有助于您将本书与自己和业务现状更好地联系起来，并在阅读过程中深化您对自我领导力的反思。总之，这本书和测评工具共同构成了一个完善的领导力发展体系。

引入他评获取全面视角

在 LCP 的设计中包含 360 度反馈。本书中并未包含这部分内容是因为它很有力道,需要专业教练陪伴您一起审视这些反馈意见。如欲了解关键利益相关者(老板、同僚、下属和他人)对您领导能力的看法,只需点击您的 TLC 门户专区中所提供的链接请求咨询。当您阅读本书时,如果您能同时完成 LCP 及 360 度测评,这将会帮助您获取全面视角,极大地促进您的学习收获。

我们承诺,如果您完成 LCP、深入阅读本书,并将其作为您的领导力发展体系,您将在领导力的艺术和实践中变得更加高效和精进。这本书可以陪伴您领导力的终生发展。

第1章
领导者的承诺：
不负重望

我们一旦踏上领导岗位，就意味着许下了一系列的承诺，哪怕我们自己对此浑然不觉。这些承诺不仅意义深远，而且隐含的期望颇高。对这些承诺的理解、管理和践行定义了我们的领导能力。

我们都对领导者怀有热切的期望，这些期望相互交织成为领导力承诺，并通过以下两种形式体现出来：

（1）显性期望：明确表达出来的对特定成果的期望，根据领导者的角色在职位描述中明确予以说明（比如，财务指标，职责范围，战略及执行）。

（2）隐性期望：利益相关者没有对领导者表达出来的期望（比如，人们会默认领导者要能干、处事公道、恪守承诺、敬业、认真倾听、采纳建议、指明方向、诠释意义、鼓舞人心）。很少有领导者认识到，别人对自己的看法在很大程度上取决于自己是否满足了这些隐性期望。

各利益相关方对领导者的评价同时来自显性期望和隐性期望，哪怕这些期望中有一些并不现实或让人费解。当你承担起领导角色时，追随者会默默相信"你肯定会同时满足我的显性和隐性期望"并且对此翘首以待。然而由于有些期望根本不切实际，而且经常没有表达出来，所以要实现别人眼中的承诺对于领导者来说不亚于身陷早就埋伏好的地雷阵，几乎注定会失败。因此，领导者的成败取决于他们是否澄清了对自己角色的期望并信守承诺。组织的成败同样取决于领导者是否履行了这些领导力承诺。

领导者如何才能发现别人对自己有哪些显性期望和隐性期望呢？答案

显而易见：主动去问。可最常出现的情况却是，面对自己的同僚或下属，领导者很少主动询问他们对自己有什么期望。其实所有的领导者都可以通过询问、了解进而管理这些期望的方式对这些期望进行澄清，借此获得明确的评价标准，加速自己领导效能的提升。

身负重望

当我们让人们列举自己身边杰出的领导者时，大部分人最多只能说出一两个。这表明我们不管是对别的领导者还是对作为领导者的自己，衡量的标准都很高。这些期望高到只有很少数的领导者能够达到或者超越；事实上，只有 5%～10% 的领导者被视为实现了领导力承诺。

反差既然如此强烈，我们不免纳闷为什么还会有人想要承担这份工作。领导者肩负着巨大的责任，置身于一个千变万化、纷繁复杂、互联互通的世界当中，经受着比过往更严苛的监督，因此必须以更加公开透明的方式开展工作。尽管面临如此多的挑战，很多领导者依然热爱自己的工作，并将自己的所作所为视为一种使命。他们乐于影响他人、创造成果、改变世界。

领导力至关重要

不同的领导力所创造的成果和造就的生活品质大不相同。

比尔：毕业后，我踏上职场的第一份工作是在佛罗里达州蓝十字蓝盾公司（Blue Cross Blue Shield of Florida）担任管理和组织发展顾问，主要负责提高整个公司的管理者及其团队的效能。这是一份令人梦寐以求的工作，因为公司正在从大学中招聘高潜员工，打造人才梯队。通过积极的招募工作，大约有 100 名年轻的高潜领导者进入了公司。可以想象，我们这批新人之间建立了紧密的相互关系，并且一直持续到今天。

这批高潜人才遍布公司各个不同部门，我和他们之间展开了长达 18 个月的合作。这期间我注意到一个规律：在进入公司大约 12 个月后，很多新人开始在公司内部谋求调动，寻求那些有成长机会和影响力、前景看好的职位，很多人都放弃了他们原先规划的职业发展路径；然而他们投奔的新部门虽然各不相同，却有一个共同点，那就是这些部门的领导被公认是最棒的，大家都想追随这样的领导者工作。

在谈论这些事儿的时候，他们常常这样说："奥布里是个很棒的领导者，一旦有机会你要赶紧争取调到她那儿去。"他们将这些领导有方的辖区称为"避难所"，因为只有这些地方才能够帮助他们逃离组织中四处弥漫的冰冷刻板的文化。最优秀、最聪明的高潜人才纷纷逃离那些差劲的领导者，用脚投票，跑去为那些出色的领导者工作。

最终，我也做了同样的事情。三年后我跑去为一位名叫拉里·L. 佩恩的领导者工作，因为他愿意帮助我学习和成长，也因为那里的文化鼓励人们有所成就、能给员工带来满足感。拉里创建了一种能够滋养生命的高绩效文化。我们的团队成果卓著，大家都热爱本职工作，那里是我的避难所。

当然，并非所有新人都能如愿以偿。原因很简单，没有那么多避难所可供选择，出色的领导者总是屈指可数。由于缺乏高素质的领导者，很多高潜员工在工作三四年后就会选择跳槽。离职面谈中常被提及的离职原因就包括领导太差劲，企业文化低效严苛等。这意味着企业煞费苦心打造人才梯队，却因为糟糕的领导力和文化，大部分投入都付之东流。

职业生涯早期的这一课，既影响到我对如何评估领导效能的看法，也让我切身体会到真正的领导力为何如此重要。很多时候，大多数领导者倾向于传播组织中盛行的文化，而不是将其改造得更有成效。而我却发现，无论组织中盛行什么样的文化，出色的领导者都可以在自己的那方天地中打造出出色的文化。作为领导者，他们知道自己每天都可以身体力行，对文化做出扬弃和改造。

领导力承诺表明领导力是重中之重，其发展刻不容缓。众所周知，领导者的成功不仅在于天资优秀，更在于后天的锻造，他们需要随着时间的推移不断地学习和成长。经过培养，杰出的领导者可以达到乃至超越众人的希冀。而为了实现领导力承诺，领导者必须了解并管理人们对他们的期望，并且不断成长，培养与之相匹配的能力。只有这样领导者才能打造出卓越的执行力和高绩效，带动各利益相关方的积极参与，使工作有趣而且充实。

普遍适用的四项领导力承诺

经过研究和实践检验，我们确认了普遍适用的四项领导力承诺：（1）树立正确的方向，创造有意义的工作；（2）激发所有利益相关方积极参与并对绩效负责；（3）确保流程和体系支持战略重点及其落地执行；（4）高效领导，维护信任关系，以达成并保有预期成果。（见图1-1）

我们在与高管们的早期对话中经常探讨这些承诺。我们发现，虽然他们大多对这些话题非常熟悉，却少有人将其

图1-1　四项领导力承诺

视为一种承诺。现在，就让我们从首席执行官（L1）及其直接下属（L2）的角度来诠释每一项承诺。

承诺1：树立正确的方向，创造有意义的工作。

L1和L2两级领导者共同构成了高管团队。他们负责制定方向、明确愿景和战略，以满足可持续增长和利润需求。他们确立市场和产品，建立使命、愿景、价值观和文化，以上种种共同构成了组织中有关意义的基本要素。一个组织想要蓬勃发展，树立方向和创造意义至关重要。各利益相关方会敦促领导者履行这项承诺。

在组织给自己制定的方向和赋予的意义中，蕴藏着它的身份认同或者说品牌定位。高层领导需要清楚地阐明这家组织将如何创造价值，并且能

够回答这样一个问题："我们这家组织将为世界做出哪些独特贡献？"

工作时，我们将自己的生命热血（时间、才华和精力）投入组织当中。因此我们会欣然乐见自己工作的意义、金钱之外的回报，并为组织更高层次的使命做出贡献。领导者创造工作环境，为个人和组织蓬勃的发展创造条件。当高管团队将手头工作与公司发展方向有机地结合在一起的时候，每个员工都会清楚地看到公司是如何因他们的贡献而有所不同的。这种共同的身份认同是企业存在意义的基础，而这正是实现第二项领导力承诺的前提。

承诺2：激发所有利益相关方积极参与并对绩效负责。

如果只有高管团队了解组织的方向和意义，其价值微乎其微。因此这项承诺要求领导者致力于调动员工积极参与的热情，促使员工了解并认同企业的方向。领导者要向员工说明工作"做什么"背后的"为什么"，这样才能赢得他们的信任和执行的决心。

"为什么"来自将组织创造的价值和每个人的个人贡献直接关联起来。员工期待领导者能够充分激发他们的内在潜力——未曾展露的才华、自主状态下的能量，以及在工作中倾注的激情——这需要领导者打造一种文化，使得身处其中的员工能茁壮成长，愿意全力以赴地做出贡献，并因此倍受组织看重。例如，领导者在设定具有挑战性的目标时，会非常清楚地说明为什么要努力实现这些目标，每个人分担什么角色，所做贡献有何重要意义。他们既认可个体优势和才华对目标的贡献，也能看到激发集体潜力众志成城所带来的贡献，两者之间息息相关。

这项领导力承诺很难维系。尽管高管团队（L1和L2）甚至高级经理们（L3到L5）通常都非常清楚组织的发展方向，以及为什么要朝着那个方向奋力前进，但他们往往低估了在整个组织中创造意义感和激发每个人敬业度所需要的精力和决心。可悲的是，这样的清晰度和敬业度往往在管理团队层面上戛然而止。当员工无法回答诸如"我所做的事情对公司有什么意义？"之类的问题时，也就是我们目睹这项领导力承诺被打破的时候。更有甚者，员工在感觉这份工作除了薪水以外再无任何意义的时候，便根本不再问类似的问题，而是直接选择另谋高就。

承诺3：确保流程和体系支持战略重点及其落地执行。

员工的福祉最终要与组织绩效挂钩，组织绩效又与组织的战略执行能力密不可分。每个利益相关者之所以愿意全力以赴，是因为他们相信领导者的"承诺"：只要将关键的战略举措执行到位，就能在市场上创造佳绩。因此，确保组织聚焦于战略落地执行成为第三项领导力承诺。高效的执行系统能将行动有效地转化为成果，为组织中正在进行的各项工作提供反馈；行动令局面渐趋明朗，努力与成果紧密相连，这使每个人的视线都清晰地锁定在长远的、富有意义的成功上。

以下四种做法可以轻易破坏这一承诺：（1）不给组织提供确保战略落地所必需的各项资源（比如，时间、人员和资金）；（2）任由组织分散精力，去追逐其他"银弹"或"闪闪发光的东西"（那些诱人但不重要的事情）；（3）由于流程缺失或者无效造成每件事情每一次都是"头一回做"；（4）太过拘泥于流程，使流程凌驾于战略执行之上。密歇根联合煤气公司和DTE能源煤气公司（Michigan Consolidated Gas Company and DTE Energy Gas）的总裁兼首席运营官史蒂夫·尤因指出："没有过程的结果无法复制，没有结果的过程毫无价值。"

这些问题的出现令人们不再关注工作成果或更高层次的使命。违背这项领导力承诺使组织疲于奔命，自主状态下的能量和热情被吞噬殆尽，绩效受损。这时组织会陷于超负荷运作，事务性工作优先于真正的成果，解决眼前问题代替了长期的成功。反复违背这项承诺导致组织中形成一种充满挫败感、不满和绝望的文化氛围。于是饱受切肤之痛的人们开始变得对所有的战略变革举措都充满怀疑和嘲讽，这样的氛围会毒害整个组织——即便是新上任的领导者也无法幸免。

承诺4：高效领导并且持续提高效能。

我们期待领导者能够有效甚至卓有成效地发挥领导作用，并且用很高的标准来衡量他们。此外，我们还期待他们日新月异，全力以赴地提高领导效能，持续不断地进行自我和专业提升，以便成为最高效的领导者。我们对这一切满怀期待，因为我们知道，不能有效地领导必然导致我们背离其他三项领导力承诺。

领导力发展的步伐必须跟上当前复杂且瞬息万变的商业环境，才能保持有效性和相关性。领导者想要提升业绩，必须不断自我成长，提高能力、觉察力和意识水平。

我们最近开始与一家行业标杆企业的扩大化领导团队（公司高层和 L3 级领导团队）合作。作为公司继任计划的一部分，团队中有三位成员被确定为总裁的潜在接班人。其中一位公认的杰出领导者每年都在不断进步。当我们问及他自身的领导实践时，他说自己已经写了 20 多年日记，坚持记录下那些他所见过的非凡的领导力时刻及当时的做法。迄今为止他已经记满了好几个日记本，他还将其中一些有效的领导要素整合到自己的实践中。毋庸置疑，他是我们合作过的最高效的领导者之一。这种有意识的、深思熟虑的成长过程使他成为一位杰出的领导者。年复一年，他的领导力不断地成长和提高。

领导者还必须认识到，领导效能远不止个人效能，推动业务绩效必须依靠集体领导效能。因此，坚守全部四项领导力承诺的关键是团队成员相互守望，共同信守承诺。领导团队必须有意识地、不遗余力地提高团队成员参与集体领导的质量。他们必须讲真话，越艰难的情况下越是如此。这样的对话常会令他们备感煎熬，却能帮助他们紧密地团结在一起，从而创造共同使命、方向和切实可行的战略。他们必须共同努力，以一种能够汇聚个人和集体领导能量的方式，确保团队和组织武装起来，走向成功和满足。

那些能够在这种高度上运作的个人和集体，为我们勾勒出了兑现有效领导这一承诺的至高标准。我们需要在这项承诺上不断精进，因为它是另外三项承诺的基础。那些我们耳熟能详的最优秀的领导者，无论是作为个人还是作为领导团队的一分子，他们成长的最大动力都来自那份想要成为卓有成效的领导者的内在渴望。

违背领导力承诺

信守承诺的领导者信誉卓著，员工对其信任有加；违背承诺的领导者会丧失信誉和员工的信任。我们对于违背领导力承诺的后果耳熟能详，常听说一些领导者因为做了很恶劣的事情导致颜面扫地，其实破坏信任远比这简单得多。有些领导者口口声声重视每个人的才能和贡献，实际工作中却只相信金字塔尖上少数人的智慧，这就是在违背诺言。领导者违背承诺的行为还包括：以牺牲可持续性和长期增长为代价寻求短期利润；大谈各种变革措施却对潜在的隐患刻意回避；不能容忍员工犯错，只许成功不许失败；传递信息模糊不清，遇到困难躲躲闪闪，听不进任何不同意见等。任何一项领导力承诺没有得到很好的重视或履行，都会损害员工的信任度和敬业度，从而令绩效受损。

违背承诺 1(方向与意义)，组织会缺乏富有感召力的方向指引，失去竞争力，走向衰退。违背承诺 2(敬业与担当)，员工会离心离德，表现不佳，纷纷走人，市场份额被竞争对手抢走，导致组织走向衰退。违背承诺3(聚焦与执行)，组织会白白浪费资金、人力资本和时间，战略执行不到位。组织在开始陷入不满和绝望的文化泥沼时，就会走向衰退。如果违背承诺 4(领导效能)，那么承诺 1、承诺 2 和承诺 3 压根就无从谈起。

信守承诺

员工和其他利益相关方都寄希望于领导者能够信守承诺，制定正确的战略方向，有序推进、执行有度，并且高效引领组织创造成果，确保业务长足发展。这些是领导者身上交易性领导力的一面。与此同时，众人还期待领导者发挥其变革性领导力的一面。人们期待领导者建立共享愿景，激发大家的热情，吸引员工参与到富有意义的工作中来，并为如何对待员工和评估员工价值设定基调。

为满足显性和隐性、交易性和变革性的领导力期望，领导者必须同时提高自身能力和意识水平。这意味着领导者既要致力于培养他人，为他人服务，也要致力于自己的个人成长。能力越高就越高效；自我觉察的意识越强就越能在更高的意识层面上展开行动，越明白自己的一举一动、一言一行是在传递怎样的信息，以及别人会如何看待这些信息。一旦领导者履行各项领导力承诺的能力得到认可，并对自己"展现出来"的样子了然于心，就可以立足本职岗位和权限范围，秉持真心有所作为。

领导者如果能在更高的意识层面上发挥才干并且行事光明磊落，就可以赢得众人的爱戴和信任。领导者和追随者之间是相互成就的关系。领导者有权期待他人推己及人，认可他们也是普通人、也会犯错。当领导者公开承认自己的弱点和错误时，员工们也会善意地把这看作是领导者学习和成长的机会。信誉需要时间的沉淀和历练来积累；风度却是生而为人就可以拥有的。

最优秀的领导者会厘清自己到底要坚守哪些承诺，管理各方期望，并履行自己的承诺。他们通过身体力行创建了一种丰富多彩、激动人心的文化。在这种文化里，组织价值观、信念、商业道德、贡献和成果贯穿一致。他们所创造的组织和文化令当今世界焕然一新：个人在工作中寻找到意义，让商业活动造福于千家万户的梦想得以实现。伟大的领导力本身就是奖赏，付出的努力会得到成倍的回报。

领导力议题

在接下来的几章中，我们将从深度和广度两个方面阐述领导者如何实现个人和集体的长期承诺。这四项承诺及在个人和集体层面需要达成的有效程度（即便不是精通）构成了组织的领导力议题。最高管理团队需要将其作为关键的战略举措和业务重点给予重视，因为它不仅能够帮助领导者精通领导力的艺术和实践，而且决定了组织的经营业绩，以及与业务相关的每个人所创造的意义和价值。

本章盘点

(1)你可以开创怎样的可能性？谁会在乎？

(2)你会让自己的孩子到你正在打造的组织中工作吗？

(3)你是否展现了对下属员工的爱？怎么展现的？

(4)你如何在周围人的身上塑造出你所期许的勇气？

(5)如果这家组织不复存在，世界将会失去什么？这要紧吗？你能说明原因吗？

第 2 章
领导效能和经营业绩：
首要竞争优势

如果我们相信领导者成效的提升会带来更好的业绩，并且加速培养高效领导者切实可行，就需要找到更好的领导力模型，并且将领导力发展议题列为战略重点。

领导者的第四项承诺是：高效领导并且持续提高效能。当被问及时，领导者们会异口同声地将良好的经营业绩和成就首先归功于高效领导（个人和集体），却很少有人真正地将其列为工作重点。事实上他们常常把这项工作托付给自己的副手或幕僚，夹杂在一大堆事情当中拼命争取领导层的关注。而且大部分组织即便重视领导力的开发，也不过是将焦点放在个人领导效能维度，对集体领导效能的巨大潜力熟视无睹。

领导效能领域的研究成果

领导效能至关重要，这是整个领导力调查和研究框架的基本前提。TLC 公司在这方面的贡献是：我们邀请领导者从收入、市场份额、销售、盈利能力、产品和服务质量、新产品开发和整体业绩等维度对本公司（或业务单元）的经营业绩与行业水平进行比较，开发出一套业务表现评价指标。而后使用这些指标构建了一个经营业绩指数，并将该指数与 LCP 及360 度测评中有关领导效能的测评结果相关联，从中发现了一个规律。（见图 2-1）

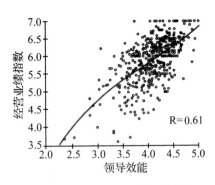

图 2-1　领导效能与经营业绩指数

我们的研究表明，领导效能与经营业绩指数之间有很强的相关性。这项研究起初覆盖了 500 家企业，后来扩展到 2000 家，呈现的结果前后相一致：经营业绩主要归功于领导效能。事实上，这些数据强烈表明，只要改进领导效能，你就有 38％ 的概率看到它转化成更高业绩。换言之，领导效能的杠杆率是 38％，对于组织整体绩效的贡献度相当大，远高于大多数企业的利润率，因此在培养高效领导者方面进行投资是非常值得的。

更耐人寻味的是，我们分别计算了业绩排名前 10％ 和后 10％ 的企业的领导者的平均领导效能得分，将两者比较得出下图（见图 2-2）：

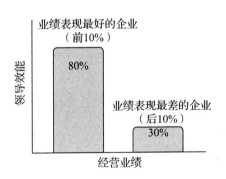

图 2-2　业绩表现最好/最差企业的领导效能

业绩表现最好的企业（排名前 10％）中的领导者的领导效能平均百分位排名得分是 80％，这意味着他们的得分高于我们测评数据库中 80％ 的领导者（数据库中收集了 50 万个测评结果）；业绩表现最差的企业（排名后

10％)中的领导者的领导效能平均百分位得分是 30％，低于数据库中 70％的领导者。

这与曾格-福克曼(Zenger-Folkman)的研究成果是一致的：当领导效能百分位排名得分超过 80％ 时，领导力趋向卓越。在《卓越领导者》(*Extraordinary Leaders*)一书中，杰克·曾格(Jack Zenger)和乔·福克曼(Joe Folkman)对此做了详细介绍：他们大范围地研究了各种有关领导能力的文献，建立起一个包括 25 万份测评报告的数据库(Zenger，2009)，从中得出一个惊人的结论——在一个设计得当的 360 度领导能力测评中，百分位排名得分大于等于 80％ 的领导者(跟庞大的数据库相比)为公司所创造的成果两倍于百分位排名得分在 20％～80％ 之间的这 60％ 表现中等的领导者。

我们在曾格的研究成果上进行了进一步计算，发现领导效能百分位排名得分超过 80％ 的卓越领导者占总人数的 2/10，中等表现的领导者占6/10。也就是说，中等表现的领导者在数量上是卓越领导者的 3 倍，而实现的业绩却只有后者的 1/2——也就是说，百分位排名得分超过 80％ 的卓越领导者的业绩表现是中等表现领导者的 6 倍！

吉姆·柯林斯(Jim Collins)在《从优秀到卓越》(*Good to Great*)一书中以作家兼研究者的身份探索了伟大组织长期保持高绩效的秘诀。他写道：

我们首先系统地整理出一份包含 1435 家知名企业的名单，以求不错过任何一家从表现平淡跃居卓越的出色企业。至于卓越，则要求这家公司在过去 15 年中，剔除行业普涨因素，其股票累计收益率至少超出股票市场平均水平的 3 倍。事实上我们最终找到的 11 家从优秀到卓越的企业，它们的平均表现是市场的 6.9 倍。(Collins，2001)

柯林斯在开展这次研究时特意下决心不再关注领导力，他不想再写一本强调领导力对绩效有多重要的书。然而随着研究日渐深入，他根本无法忽略领导力对于一个组织的成功带来的巨大影响。他称之为第五级领导力——强烈的职业意志与极度的个人谦逊之间的神奇结合。(Collins，2001)

柯林斯的研究结论显而易见：领导效能对经营业绩的贡献首屈一指。尤其当领导者身处这样一个日益复杂的时代(详见第 3 章)时，领导效能已然成为一项极其重要的竞争优势。最优秀的组织是那些领导得最好的组织，但这件事情不会自然发生。最高领导层必须将培养高效领导者视为战略要务。

你的领导力商数是多少

领导力在你的组织中究竟是竞争优势还是高昂的成本？为了衡量这个问题，我们建立了一个指标，称为领导力商数（Leadership Quotient，LQ）。它的计算公式非常简单：

$$LQ＝LE/LI$$

领导力商数＝领导力的有效程度/领导力的无效程度

例如，假设某组织的领导力有效程度的百分位排名得分是 50%（这意味着他们恰好位于本行业的平均水平），则这个组织的领导力无效程度得分应该也是 50%，因此他们的集体领导力商数就是 1.0。

$$1.0＝50\%/50\%$$

LQ 得分是 1.0 意味着不好也不坏（1 乘以任何数都等于所乘的那个数）。因此，我们在看到 LQ 得分为 1.0 的时候，大致可以假设这样的领导力尚且有些竞争力，算不上竞争劣势，却也意味着你很容易被 LQ 得分更高的组织打败。

让我们回到图 2-2，计算一下业绩表现最好和最差组织的 LQ 得分：业绩表现最好的组织的领导力有效程度（LE）的分数平均为 80%，也就是说，按简单算法推算得出的领导力无效程度（LI）的分数是 20%（100%－80%，我们开发的通用模型中的算法要更复杂一些）。由此业绩表现最好的组织（业绩排名前 10%）的 LQ 是 4.0。

同理，那些业绩表现最差的组织（排名垫底的 10%）的 LQ 平均得分是 0.4：

$$LQ＝LE/LI＝30\%/70\%＝0.4$$

业绩最好和最差组织之间的 LQ 居然相差 10 倍。10 倍差别看似巨大，其实却也正常，因为我们对比的是业绩排名前 10％ 和后 10％ 的组织之间的差距。据此我们认为，通过计算组织的 LQ 得分可以看出一家组织的领导力是竞争优势还是劣势。LQ 得分低于 1.0 的组织，领导力是一项成本高昂的竞争劣势；LQ 得分高于 1.0 的组织，得分越高领导力就越会成为竞争优势。如你所见，LQ 在高达 4.0 的时候，意味着领导力已经成为这家组织的一项巨大的竞争优势。

几个挑战性问题

我们邀请你问自己几个挑战性问题：

(1)你所在团队的成员们个个表现优异、团队 LQ 分数远高于 1.0 吗？

(2)你所在公司主要领导的领导效能百分位排名得分是否能够达到或超过 80％？

(3)你个人和所在集体的领导效能如何？你是如何得知的？

(4)跟竞争对手相比，你的领导效能如何？

(5)你有没有持续跟进自己的领导效能，以便衡量自己进步的幅度？

(6)领导力是你的竞争优势还是劣势？

如果回答不了以上问题，很可能是因为你还没有认真对待领导效能这个话题，尚未把领导力视为组织的当务之急和战略重点。

我们和吉姆·麦格伦(Jim McGrane)曾经合作过 10 多年时间，这期间他先后在三家企业中任职。2006 年，吉姆在第三家企业任职期间引入了我们的 LCP。核心团队成员对他的领导效能给出的平均得分是 80％，这意味着他进入了表现最优秀的前 20％ 的领导者行列——我们会在第七章详细介绍吉姆的故事。第七章中，我们用更严谨的方法计算出吉姆的 LQ 得分是 2.0[①]，这是一个相当高的分数，领导力显然已成为他强有力的竞争优势。

---

① 第七章采用全景领导力测评报告的得分来计算 LQ。公式是：LQ＝创造性半球平均百分位排名得分/反应性半球平均百分位排名得分。

综合他的测评结果和极高的 LQ 分数，难怪公司在他的带领下能够成为行业内一颗冉冉升起的新星。吉姆把领导力发展这一课题作为战略重点。在跟我们合作的整个过程中，吉姆和他的团队始终可以回答上面所有那些挑战性问题，这说明他们确实能够将团队的个人和集体表现与获得的业务成果关联起来。

集体领导效能

企业里的集体领导效能并没有得到充分利用，能够转化为资本的更是少之又少。大多数领导力发展项目都聚焦于个体的领导者——那些身居领导岗位的领导者和经理人员，却忽视集体领导效能和整个领导体系的建设。

我们重点研究组织中第 1～4 级领导者：首席执行官(L1)，L1 的直接下属(L2：高管团队，常务副总裁，高级副总裁)，L2 的直接下属(L3：主要是副总裁)，有时候还会包括下一级领导者(L4：主要是高级总监)。这个扩大化的领导团队(Extended Leadership Team，ELT)形成了一个组织的领导体系。尽管组织中的各级领导者都需要具备领导力，不过在本书中，我们在提到集体领导力或者领导体系的时候，主要是指这个扩大化的领导团队。

扩大化领导团队的成员数量因组织规模而异。大型组织中多达几百人，小型组织里可能不到 20 人。无论规模大小，这个团队都担负着向整个组织输出领导力的责任，它对组织绩效的影响远大于其他任何团队。

前面列出的挑战性问题同时适用于向领导者个人和 ELT 发问。ELT 决定了组织的发展方向和战略执行，它的工作涉及组织的方方面面，比如，设立方向，创建共同的愿景和使命，就关键战略和举措达成一致，对战略形成清晰的共识，将战略转化为执行，了解各自承担的角色并相互协同，决策，创建担责、敬业、基于绩效的文化，专注于取得成果，动员并吸引所有利益相关方共同参与取得成果，以及培养能够实现上述所有目标的领导力。集体领导效能在很大程度上取决于 ELT 在以上各方面的表现。

组织能否达到优异的绩效表现，取决于领导体系中集体领导效能的水平和一致程度。能够给组织带来高绩效的不仅仅是个人领导效能。对于卓越的绩效表现，个人效能是必要但不充分条件。个人领导效能可以促进集体效能，但最终发挥决定作用的是集体效能。任何一个组织的绩效表现都不可能超越组织中的集体领导效能水平。

过去30年里，我们合作过从小型创业公司到大型跨国企业的数百个高管团队和ELT，目睹了很多有效或无效的集体领导实例。无论企业的规模大小和成熟度如何，我们发现有一些共同特点影响了领导者的集体效能及其创造的成果。

初创企业的案例格外有趣，因为其集体领导有效或无效所造成的后果通常立竿见影。领导效能变化所带来的影响在成熟的大公司里很可能短时间内无法显现。但在初创企业里，无论是在迅猛增长的上升期还是在陷入困顿的下降期，人们可以体会到集体领导效能的表现会对这种起伏变化起到显著的加速和放大作用。

初创企业早期的愿景、领导、方向和管理工作依赖于创始人，要求他们必须每天给予指导。当企业开始摸索出一些成功之道或感到力不从心的时候，企业的未来很快就不再取决于创始人是否具有出色的领导能力，而是到了考验集体领导效力的时候。很多初创企业正是依靠集体领导团队的有效运转摆脱了一条腿走路的困境（对创始人的严重依赖），使组织效力和能力得以扩展和提升，借此迎来第二轮发展。

通常，在那些挣扎求生或彻底失败的初创企业里普遍存在着集体领导力的缺失。我们合作过的一些初创企业明显需要从根本上调整战略转变业务，但对这些企业进行的全景领导力测评结果显示，那些集体领导力商数小于1.0的企业往往缺乏战略执行的能力或效力，想要推动业务转型更是无从谈起。这一发现在不同的企业客户身上屡试不爽，无论是那些曾经历过两位数增长、收入超10亿美元辉煌历史的企业，还是那些尽管资金充裕却就是闯不出自己的路子的困难企业。

我们曾与美国东南部一家从事抵押贷款业务的创业公司合作过。他们原本隶属于某区域性银行，独立运作抵押贷款业务，直到该银行最近被一家寻求业务多元化的制造企业收购。收购方将一名财务主管派到这家创业公司的最高管理团队担任首席财务官，而团队其他成员则全部来自被收购银行的抵押贷款业务团队，并且在一起合作了很长时间。

我们是在收购发生一年后开始跟他们的高管团队合作的，那时他们在管理团队内部和业务基础等方面已经出现了大量问题。合作启动后我们对管理团队的 8 位成员进行了采访，梳理哪些地方做得好，哪些地方做得不够好。采访时我们提出了这样一个问题："以现有的战略和团队，你对公司的成功有多大信心？"领导团队中的每个人，包括首席执行官都回答说"信心很小"，"没啥信心"，8 位领导者都觉得成功的可能性不到 25％。这个团队无论在愿景还是在关键战略方面都未能达成一致，并且他们无论作为个人还是作为集体都极力认定这家公司必将走向失败。

我们立即着手帮助这家企业的高管团队建立共识，让大家齐心协力致力于集体性的高效执行。不幸的是他们已经偏离跑道太远，在此后不到 12个月的时间里新股东便选择退出，出售了这块业务。股东方代表在访谈中告诉我们，这个高管团队从来没让他们感受到成功的信心。考虑到领导团队成员各行其是，公司上下充斥着劣质的领导力对话，出现这样的结果显然毫不意外。在不到两年的时间里，领导团队就从被收购并且鼎力资助、寄予厚望滑落到被出售、集体离职的地步。最有意思的是领导团队的每个成员都坚信自己清楚在战略和操作层面如何取得成功，然而整个团队却始终无法在这些问题上协商一致，结果这些想法甚至还没开始实施，便已结束。

简言之，能否在愿景、方向和关键战略上达成一致，以及在执行过程中相互协同是领导团队获得成功的关键因素。而做到这些的能力又仰仗我们互动和沟通的质量，以及彼此之间能否开诚布公地相互信任，这就是我们所谓的"领导力对话"。这样的对话在很大程度上决定了我们的集体领导效能，以及我们能为企业发展提供多大的能力。

集体领导效能取决于领导力对话的质量，其重要性不容低估。任何组织的绩效表现都无法超越其领导层的集体领导效能。如果我们忽视了领导力对话，就会降低集体领导效能，进而影响最终成果的达成。

集体领导效能和集体智慧

领导力是一种对话。领导者大部分时间都花在对话上——会议、电话、电子邮件和战略沟通。领导者个人在这些对话中展现的风貌决定了个体的领导效能水平。同理，我们在这些对话中共同展现的风貌决定了我们的集体效能，集体对话的质量在很大程度上决定了我们的集体领导效能和企业的经营业绩。

有一家与我们合作的大型专业服务公司，领导者是一位杰出的女性。她特别善于通过开展领导力方面的谈话持续发挥扩大化领导团队的优势。她说，每次进行这样的谈话，她自己都会围绕三个目标进行：（1）加深团队对话题的理解和认同；（2）达成预期成果；（3）增进相互关系。她举例说，自己曾经和某位核心高管做过一次棘手的绩效面谈。她在整个面谈过程中紧紧围绕这三个目标，使得双方对谈话的内容有了充分的认识，达成了预期成果，双方的关系也得以改善。在大家眼中她一贯思路清晰、开诚布公、公正和仁爱。员工跟着她干心里很踏实，她的业绩表现也远超同伴，是他们的三倍。她之所以这么高效在很大程度上归功于她能够以身作则，精心设计每一场领导力对话，无论是一对一会谈还是团队一起讨论。

在大多数组织中，领导团队的集体领导效能和智慧不尽如人意，远没有得到充分开发。管理专家彼得·圣吉指出，在大部分情况下，群体的智商和表现远低于个体成员的平均水平（Senge，1990）。我们和别人一起合作时常常过度谨言慎行，团队只能以最低的共识度行事，致使负面行为在大多数团队中随处可见，诸如，固执己见、咄咄逼人，严重缺乏倾听的作为，消极被动，过于敏感、谨小慎微，野心勃勃地谋求个人利益，相互猜忌，出尔反尔、反复无常等，这些做法严重破坏了集体领导效能。因此，大部分领导团队的整体表现都远低于团队成员的平均智商，这导致集体

LQ 小于 1，这样的企业往往在市场上节节败退，最后沦落到被贱卖出局的下场。

突破离不开集体智慧。圣吉曾专门介绍过如何在系统内寻找杠杆点（Senge，1990）。所谓杠杆点是指那些可以对预期结果产生积极的放大作用和持久影响的动作和改变，就像通过一根足够长的杠杆可以轻易地撬动很重的物体一样，它相当于金融行业术语里的倍增，即投资是为了获得成倍的回报。寻找杠杆点意味着寻找某项创新、创举、变革或其他措施，在实施之后所带来的巨大、持久而积极的影响远远超过先前的投入。

ELT 的集体领导效能就是一个常被人忽略的杠杆点。为了找到杠杆点，我们请领导者从两个方面评估自己所投入时间的回报率。首先，你是否正在大幅提升整个组织的创造性效力和能力？如果你的时间回报率（ROI）不到 5∶1 就是偏低的。然而有太多领导者把时间花在投资回报率只有 1∶1（甚至更糟）的领域，这些领域的杠杆率很低，需要进行升级或者彻底放弃。总之，我们提升何种效力和能力要视投资回报率而定。其次，你有没有着力培养组织中各级领导者的领导效能？领导者必须首先认识到自己肩负培养其他领导者的职责并尽力去履行好这份职责，只有这样才能使组织更上一个台阶。一旦进入管理层，你的工作就是培养其他领导者，以及尽早发现哪些人在规定时间内无法成长，果断处置减少损失。领导者对于"回首往事会做哪些和现在不一样的事情"这个问题的回答总是："我应该更加迅速地对管理团队做出调整。"他们在那些高付出、低回报率的领导者身上花费了太多时间，付出了高昂的代价。制订领导力发展议题具有很高的杠杆率，是开发应对市场竞争所必需的集体领导效能和集体智慧的关键。否则企业就不能保持发展的步伐，领导力的付出只能维持在低水平，即便最优秀的执行官也难免心力交瘁，收效甚微。

集体智慧高的领导团队能够持续地发现杠杆点，集体智慧低的领导团队则难以进行创新和创造，难以找到使组织保持竞争力的杠杆点。组织以及竞争环境的复杂程度很难纯用理性梳理清楚，能够给系统带来持续改善的行动或改变并非显而易见的，否则它们肯定早已被采纳。在复杂环境中寻找我们所需要的杠杆点远非易事，因此组织中需要不止一位杰出的领导者来不断寻找那些若隐若现的杠杆点，并且提升组织的领导效力和能力。我们需要一个高效能的领导团队，聚众人之所长，使集体领导智慧超越成员个人的平均才干。

找到杠杆点离不开诚实乃至勇敢的对话。例如，我们曾与世界上最大的私人控股公司之一卡尔森公司(Carlson Companies)有过合作，当时领导公司的是创始人柯特·卡尔森(Curt Carlson)的女儿玛丽莲·卡尔森·纳尔逊(Marilyn Carlson Nelson)。她的高管团队正在着手解决一些棘手的战略问题，其中涉及公司的绩效和文化。多年来这个团队已养成彼此开诚布公的习惯，把重要的事情摆到桌面上说。某次对话中出现了一个特别有争议的时刻，玛丽莲勇敢地直抒胸臆，使得整个对话和最终成果焕然一新。她说道："我们容忍什么，就会成为什么。"

那一刻，整个领导团队因她清晰而诚实的表达而备受鼓舞，终于联手做出了一个艰难的决定，使公司文化和绩效得以齐头并进，双双更上一层楼。

领导力对话的质量决定了集体领导效能，集体领导效能决定了集体智慧，集体智慧决定了经营业绩。作为高管，我们对话的质量及与他人的关系直接决定了我们所创造的成果。

如果不能培养出有效的个人领导力，这一切都无从谈起。个体领导效能是催化集体效能的必要条件。在领导力咨询实践中，我们会同时致力于个人和集体领导效能，从而提高集体对话的质量。

跟任何一个领导团队共事超过一年，大家都异口同声，对我们做出这样的反馈："你们令我们与以前大不相同之处在于，现在我们可以彼此坦言相告，通过勇敢的对话达成目标；现在我们面对那些复杂、带有政治色彩却对业务前行至关重要的问题时，可以快刀斩乱麻，无须顾忌会引发某个人的不快，从而形成高质量的决策。"

集体领导效能对于实现领导力承诺至关重要。对集体领导效能的开发，以及领导力的精进，是领导体系中的一项高杠杆投资。领导体系(或者说领导力议题)的有效性理应被视为管理层的头等大事。

本章盘点

(1)你的领导效能如何？你如何得知？跟同行相比如何？

(2)你的领导力成长的步伐是否足以跟得上形势的发展？你如何得知？

(3)你身上的哪些表现会使别人不愿给你善意的反馈？

(4)你是要事优先效率颇高，还是终日操劳碌碌无为？

(5)你是否在听从自己的本心做事？

第3章
技能精湛与心智成熟，意识与复杂性：
领导力发展议题

天下皆谓我道大，大而不肖。

夫唯不肖，故能大。

若肖，久矣其细也夫！

——老子，《道德经》

我们常常把在某个领域成效卓著的人称为大师。无论体育、艺术还是领导力，精通任何事情都需要借助高度成熟的内在底蕴来发挥娴熟的专业技艺：在高度进化的"内在游戏"基础上千锤百炼"外在游戏"，内外兼修，缺一不可。精湛的领导力是一种意识高度进化的领导能力。

内在游戏驱动着外在游戏，内在游戏的成熟度影响并管理着外在游戏。但这一事实在很大程度上被人们所忽视，因此大多数对领导能力的培养都聚焦在技能上，也就是一种属于外在领域的游戏玩法（the outer game），却很少关注在意识发展上，属于内在领域的另一套游戏玩法（the inner game）。我们必须找到一种促使内在和外在游戏（意识和能力）共同进化的方式，使二者相辅相成，只有这样我们对未来领导者的培养才能跟得上时代的步伐。

内在游戏的胜利与失败

在 1988 年冬季奥运会上，三名女子花样滑冰运动员进入了决赛之夜。排名第一也最有希望获胜的是黛比·托马斯(Debi Thomas)。她曾荣获两届全美锦标赛冠军，也是 1986 年世锦赛冠军。她是技术水平最高的滑冰选手，在比赛中以绝对优势领先。排名第二的是来自东德的卡塔琳娜·维特(Katarina Witt)，她是上届比赛的金牌得主，曾四度获得世锦赛冠军，这是她奥运生涯的最后一战。排名第三的是来自加拿大的伊丽莎白·曼利(Elizabeth Manley)，她是一匹黑马，没人(除了她自己)认为她有机会夺冠。

我们一直在研究内在游戏对一个人的表现会产生怎样的影响，因此我们对每位滑冰运动员在赛前接受的采访给予了密切关注。黛比·托马斯在接受采访时说道："我只是想丝毫不差地完成此次表演。"卡塔琳娜·维特慷慨激昂地表示，要用奇迹般的出色表现来为她的运动生涯画上圆满的句号。伊丽莎白·曼利则说："没人料到我会进入决赛，我没啥可以患得患失的。我要上场玩个痛快，滑出我这辈子的最佳状态。"

人们的意识活动总会表现出内在游戏驱动外在游戏。黛比·托马斯最不想出错，却偏偏在场上摔倒了，表现大失水准；卡塔琳娜·维特滑出了一场不错的告别演出。反倒是伊丽莎白·曼利成为当晚的亮点，她的表演激情四射，获得了全场最高分，从第三名跃居银牌，与金牌之间仅差一分。卡塔琳娜赢得了金牌，黛比·托马斯跌至第三。

黛比的外在游戏是否足够支持她夺得奥运金牌呢？是的，没人比她更有能力赢取这枚金牌了。而那一刻站在赛场的舞台上，她的内在游戏又是否足够成熟呢？从她赛前说的那段话来看还不够成熟。那么，对于你所处的舞台或热望的一切，你的内在游戏足够成熟吗？它是否足以支持你引领自己的组织，把握前行的速度和复杂性，在百舸争流的汹涌波涛中破浪前行？

黛比·托马斯陷入了拉里·威尔逊（Larry Wilson）所说的"避败型策略"（Wilson，1998）。在这样的玩法中，我们通过竭力避免失败来争取胜利。这本质上是一种防御性玩法——当内在游戏在用我们称为的"反应性心智结构"运行时，我们就会采用这种玩法。伊丽莎白·曼利和卡塔琳娜·维特在比赛中采用的是拉里·威尔逊提到的"求胜型策略"。在这样的玩法中，我们全力以赴，输赢好像不需要再放在心上。当内在游戏成熟到我们称为"创造性心智结构"时，我们就会开启这种求胜型玩法。

黛比·托马斯现在正在为那些志向远大的滑冰运动员们提供内在游戏方面的教练。同时，作为一名成功的外科大夫，她必须保证自己的外在游戏和内在游戏时刻保持正常。

你又是哪种玩法？

能力只占半壁江山

单凭能力不能形成高效领导。然而目前对领导效能的培养，主要还是着重于提升领导者的能力。提升能力虽然重要却远远不够。

几年前，我们为一家大型企业的扩大化领导团队主持了一场关于团队建设的讨论会。我们让大家畅所欲言，谈谈在他们心目中出色的领导者需要具备哪些突出特点。当我们把大家提到的要点都列出来后，公司的首席执行官非常惊讶，他说："能力是我们选拔高管时最看重的标准，却没有出现在大家列出来的这个清单上，一个都没提到！"

能力在高层领导取得和保持成效的过程中不可或缺，但是仅有能力却远远不够。在描绘卓越领导力的时候，我们并不局限于技巧、能力和胜任力，反而更加看重诸如正直、诚实、激情、远见、冒险、无畏、同理心、勇气、本真性、协作、自我意识、无私、使命感、谦逊、直觉和智慧这样的词语，这些都是内在游戏的特质。伟大的领导力根植于我们内心的最深处。比起某些特定的技巧或能力，它与品格、勇气和信念的关系更大。领导力需要智慧、自我认识和品格培养，这些都是心理和精神层面上的东西。精通领导力要求我们加强这些深层次的修炼，有意识地培养自己的觉察力走向成熟。

两种不同的领导力游戏

我们一直在同时玩两种游戏：外在的与内在的。外在的领导力游戏包括运用我们所有的知识和经验，以及沿用技术性和管理性的领导能力来取得成果。由于应付外在游戏的消耗非常大，学习曲线也特别陡峭①，因此大多数领导者理所当然地将大部分时间花在无底洞一般的外在游戏上。打磨自己的能力，以便能够高效、娴熟、高质量地思考和应对工作中的不同情境，这是管理和领导工作取得成效的基本要求。忽略这些外在游戏的训练是极度危险的，离开了技术、管理和执行能力，我们的有效性根本无从谈起。

当今领导者需要在三大领域取得成效。（见表3-1）

表3-1　领导效能的两类游戏和三大领域

外在游戏 （外在能力的世界）	流程领域的领导力： (1)领导科学； (2)业务节奏和管理流程。 能力领域的领导力： (1)领导力的外在游戏； (2)领导者胜任能力研究。
内在游戏 （内在心智的世界）	意识领域的领导力： (1)领导力的内在游戏； (2)领导者的意识进化。

先看一下流程领域的领导力，即领导科学和管理领域。领导者负责人员、时间、资金等资源的分配和有效使用，他们分配和利用资源的有效性影响着组织的成效。领导者据此部署整个管理系统，包括业务节奏、战略、方向、执行、流程、衡量指标和决策等。缺乏有效的管理程序，企业

---

① 学习曲线越陡峭，意味着短时间内要掌握越多的新技能。——译者注

就无法有序运转。

再看一下能力领域的领导力，即领导者成功所必须具备的胜任能力。我们将其称为领导力的外在游戏，后面会专门针对这些与领导成效密切相关的能力进行回顾。

然后看一下意识领域的领导力。这是领导力的内在游戏，即领导者的内在操作系统——包括驱动领导者的是什么，他们如何定义自己，看重及相信什么。我们将在整本书里详细论述这一点。

领导角色承担着巨大的压力，所以我们可能认为只存在外在游戏；然而它不过是冰山露出水面的部分，真正影响和驱动外在游戏效能的是正在水面之下发生的事情，即内在游戏。内在游戏包括：

(1)我们的意义建构系统——我们如何理解这个世界，赋之以意义；

(2)我们的决策系统——我们如何分析、决策和行动；

(3)我们的价值观和心灵上的信仰；

(4)我们的自我意识和情商水平；

(5)我们用来理解现实、思考、行动和创造的心智模型；

(6)构建自我身份的内在信念和假设——借以了解自己是谁，以及如何在所处环境中定义和调整自己的位置。

所有这一切共同构成了我们复杂的内部系统，我们借此与外部世界相互联结。领导者的有效性既源于外在游戏的熟练度，也取决于内在游戏的成熟度，二者相辅相成、缺一不可。只有一位领导者外显的十八般武艺，是借由其深厚的内功施展出来，才能成为领导力方面的大师。

内在游戏驱动外在游戏

如上所述，目前对领导者的培养大部分聚焦于外在游戏。主流方式是基于胜任能力：衡量胜任能力、提供反馈，然后制定行动计划。这些做法并非毫无用处，但它很少带来突破性成长，因为它忽略了内在游戏。换言之，领导者可能确实在学习新的胜任能力方面需要帮助，但其实更多时候，他们更需要在内在游戏方面得到帮助。很多领导者受困于自己内在游戏的运作水平。然而由于大部分内在游戏都在水面之下运行，所以领导者往往对自己身陷困境的状态并不知晓。

内在游戏的突破会导致外在游戏的效能突然跃迁，进而促使领导者的成效显著提升。

一年前，我们和供应链高级经理罗布坐在一起解读他的全景领导力测评报告。结果显示，大家认为他是一位咄咄逼人、独裁、傲慢而且挑剔的管理者。他在人际关系、团队建设和领导效能方面的得分很低，领导力商数得分远远低于1.0——这表明他的领导力代价高昂，而且负面作用明显。

罗布对此极为震惊。在共同审视测评结果的过程中，罗布对自我、自己的领导方式、精力的损耗，以及对他人造成的影响都有了新的认识。对于罗布来说这并不轻松，但他以过人的坦率和勇气直面了这场对话。

最近，我们给罗布打电话询问近况。他首先报告说，自己已经完成了我们设计的全年领导力发展流程，然后说道：

"我永远不会忘记我们之间的那场对话，醍醐灌顶，我因此对你们感激不尽。回到办公室后，我多次探索自己的心灵，自我审视。之前谈话的内容在我面前越来越清晰。我意识到自己对目标和结果的执着超乎一切。我也在意他人的感受，可一旦出了问题我就会出手干预。我总担心如果达不到预期成果别人会怎么想。我不能容忍失败。我们之间的对话使我意识到，对失败的恐惧如何操控了我，过去的我多么需要通过持续不断的成功来衡量和证明自己。因此每当出现问题时，我就会化身为张牙舞爪的怪物！现在一想起曾经的我是怎样的一个怪物，我就会哑然失笑。"

罗布继续说：

"大约六个月前我升职了，负责公司在海外新工厂的供应管理。这完全得益于过去一年来的改变。这里的文化非常重视人际关系，人们上班见面时会互相拥抱，打招呼时会认真看着对方的眼睛。如果我沿用以前的领导方式在这儿肯定行不通。现在遇到问题时，我会妥善处理，不再大发雷霆，责怪别人办事不力，然后自己出手干预。我现在的做法是与团队并肩工作，通过团队实现目标。我依然做事直接、立场坚定，但使用的方式方法更能让团队有担当，加强相互信任，促进相互关系和团队合作。偶尔我还会有发火的冲动，不过我能够管理自己的情绪，而不是让情绪控制我。现在我也不再用结果好坏来评判自己，让人哭笑不得的是，这反而促使我能更加高效地取得成果。"

罗布继续说道，在来这家公司前，他在底特律的一家制造企业工作。在那里他亲历了行业衰退和工厂关闭，亲身感受到这些给员工和家人造成的冲击，这令他极其痛苦。他说："现在，在另一个社会组织里，我可以起到正面的积极作用了。我终于成了自己梦寐以求的那种领导者，成了一个更加幸福的人。"说到这里，他禁不住热泪盈眶。

罗布不再受困于自己的外在游戏，内在游戏的成熟提高了外在游戏的有效性。罗布做到了一件不同寻常的事情，他深入探索与自己的对话，勇敢地面对所看到的一切，重构了自己的内在游戏，因而成长为一名更加高效的领导者。公司和罗布本人都因此而受益匪浅。

对内在游戏的忽视和无视会招致巨大的机会成本。只有首先掌握内在游戏的运行机制，个人和集体的效能才会展露出来。尽管人们一直在撰写有关内在游戏重要性的文章，但是如何在这方面培养领导者却鲜少有人涉猎，无论是在态度上还是在方法上。

相关文献摘录

图书馆里不乏介绍内在游戏与外在游戏之间密切联系、相辅相成的巨著，它们无一例外地敦促我们从内心寻求高效、精通或杰出的源泉。

以下谨举数例：

(1)在《做你想做的人》(As a Man Thinketh)一书中，作者詹姆士·艾伦(James Allen)提出了超越自我的核心原则：

"思想与品格是一体的。品格只有通过环境和处境才能展现和自我发现，人们生活的外部处境总是与其内在状态一脉相承。虽然这并不意味着一个人在任何时候的处境都是他整体品格的表现，但这些处境与他内心深处的底层思考息息相关，而这些思考又深刻地影响着这个人当下的成长。

"人如果相信自己是所处环境的产物，就会被外部环境扼住喉咙。但如果他能意识到'境由心生'——自己可以把握影响自我状态的隐形土壤与种子，外部处境也会随之改变——便可以成为'自己'真正的主人。"

"灵魂所吸引来的，恰恰是那些自己内心深处隐秘的渴望，那些自己深爱和恐惧的东西。一个人的处境只不过是灵魂安放自己的方式。

"人们身处的外部世界按照他们内部的思想世界来改变自己的形态。人类从自己播种的痛苦和幸福中都能有所学习和收获。

"环境不会塑造一个人，而是让他看清自己。人们吸引什么并不取决于他们想要什么，而是他们自己是什么样子。人们渴望改善自己的处境，却不愿改善自己。"(Allen，1905)

(2)在成功学经典著作《思考致富》(Think and Grow Rich)一书中，拿破仑·希尔(Napoleon Hill)向人们展示了多个领域杰出的领导者获得成功的思维方式。(Hill，1937)

(3)领导力之父沃伦·本尼斯(Warren Bennis)在《成为领导者》(On Becoming a Leader)一书中提出，成为一个伟大领导者与成为一个伟大的人需要经历相同的历程。(Bennis，1989)本书的英文名字与他的朋友卡尔·罗杰斯(Carl Rogers)的《个人形成论》(On Becoming a Person)一书的书名遥相呼应。

(4)在《活出生命的意义》(Man's Search for Meaning)一书中，维克多·弗兰克尔(Viktor Frankl)写道："人的一切都可以被剥夺，除了一样，人类最后的自由——选择自己如何应对某一特定环境的自由。当实在无法改变处境时，我们就要挑战自己去做出自我改变。"弗兰克尔在纳粹集中营里学到了这一课。(Frankl，1959)

(5)心理学领域以内在游戏和外在游戏的相互关系为前提。意识和无意识层面的信念、假设和思想共同组成了我们的内在现实，它驱动着我们如何生活，决定着我们的情感状态、采取的行动和创造的结果。改变内心深处的固有习惯会改变我们在生活中取得的结果。

(6)提姆·加尔韦(Tim Gallwey)写了一系列关于"内在游戏"的书，讲述内在和外在游戏的相互关系。(Gallwey，2000)

(7)在具有开创意义的著作《第五项修炼》(*The Fifth Discipline*)一书中，彼得·圣吉把自我超越列为创建伟大的学习型组织的五项修炼之一。(Senge，1990)彼得的商业合作伙伴罗伯特·弗里茨(Robert Fritz)在其作品《阻力最小之路》(*The Path of Least Resistance*)一书中，将自我超越称为从反应性取向到创造性取向的转折点。(Fritz，1989)

(8)威尔逊学习公司的创始人拉里·威尔逊(Larry Wilson)描述了与弗里茨的创造性取向和反应性取向非常相似的两种内在心智模式，分别称为"求胜型"和"避败型"。这两种不同取向带来的结果天差地别。

(9)人类潜能运动是建立在我们的内心世界塑造外部世界这一法则之上的。内心世界改变，一切随之而变。

(10)中国的《道德经》(Mitchell，2008)和印度教经典著作《薄伽梵歌》(*Bhagavad Gita*)(Mitchell，2000)都描绘了领导意识和效能的至高境界。

(11)宗教、神话和诗歌作品鼓励我们内观自我，探索那些给我们带来自由、快乐、和平、和谐、福祉和福音的根源和关键。

(12)同样，我们(个人和集体)在意识层面持有的东西会自然流露于外。外部世界因由内部世界而塑就。意识创造现实。人类社会出现的任何事件都有其最初的思想根源。

四大基本前提

我们提出的通用领导力模型及所有致力于帮助领导者提升个人和集体效能的工作都基于下面四个基本前提。

前提1：结构决定行为。

这是一条系统和设计原则：无论任何系统，设计是决定其性能的首要因素。

例如，本田某款节能型车每加仑汽油的行驶里程为 60 英里①，是大部分汽车的两倍。该车型的设计理念是经济省油，所以无论驾驶员多么疯狂地踩油门，它永远也不可能跟纳斯卡赛车（NASCAR）一较高下。也就是说，决定这款车性能的首要因素是这款车在操作空间和限制方面的设计，而不是驾驶员。类似地，来自个人和组织层面的设计决定了我们取得的业绩。结构决定行为。

前提 2：你自己就是一个结构。

你拥有思考的头脑和行动的身体，因此你自己就是一个生理上和心理上的结构。你有内在游戏和外在游戏，它们各自都有自己的结构。特别是内在游戏，涵盖了一个人意识和无意识层面对意义的定义、决策系统、价值观、心智模式、信念、假设、自我觉察、情商和自我身份定义等元素，非常复杂。这个复杂系统当然拥有属于它自己的结构。

你一生都在设计自己的内在游戏的结构，我们称之为内在操作系统（IOS）。它的功能就像计算机的操作系统，大部分时间在你看不见的后台运行，调节和管理着你看得见的所有外在游戏。IOS 管理着我们正在运行的各种程序，决定了它们能够执行何种任务、执行的效果和熟练程度。作为内在游戏，IOS 通过调用各种程序实现外在游戏中的成果。

与电脑操作系统一样，内在游戏也是一个结构，其设计决定了它的性能。随着操作系统不断进化，人们可以更加快速、敏捷、富有创意和艺术感，以及更高水平地完成各种越来越复杂的任务。升级操作系统可以帮助我们更加高效，这也是为什么苹果和微软不断努力升级其操作平台的原因。操作系统的每一次进化都能帮助我们更加事半功倍地提升驾驭更高复杂性的能力。

你是一个结构。内在游戏是你的 IOS，它的结构左右着你个人和领导效能的水平。

前提 3：意识是行为表现背后的操作系统。

---

① 1 英里≈1.6 公里。100 公里约用油 4 升。——译者注

意识(内在游戏)是外在表现的深层结构。著名物理学家戴维·玻姆(David Bohm)曾经说,意识创造了现实,随后却说"不是我干的"(Senge,1990)。由于操作系统大多在表面之下运行,我们很少察觉到它的影响,但是它掌控这一切。想法总是先于可见的做法、说法和获得的结果。我们的思想、信念和假设的性质和结构,无论是有意识的还是无意识的,都创造了我们当下的现实。操作系统的结构决定了我们关注什么,影响了我们的选择,驱动着我们的行为,决定着我们行动的效果(短期和长期)。因此,意识是外在表现的操作系统。无论是个人还是集体的绩效表现,总是与我们的意识水平相一致,永远无法超越我们内在操作系统的水平。同样,组织的绩效永远无法超越领导团队的集体意识水平。

前提4:唯有重构自我才能实现性能升级。

结构决定行为。每个人自身就是一个结构,要想获得突破和更高水平的成就,就必须重构自我。

黛比·托马斯的故事让我们看到,完善内在游戏对于运动场上的表现有多么重要,罗布的故事则向我们展示了重构内在游戏给领导者带来的改变。罗布对于那些影响他发挥领导效能的隐形假设的深刻洞察促使他重新思考。新的假设带来了截然不同的结果。罗布旧有的内在假设并未消失,但他现在可以更有效地管理它们,并使自己的言行更多地与新假设保持一致。重构 IOS 帮助他在新的领导岗位上更能担责、抗压并善于应对复杂性,从而显著地提升自己的工作成效和团队的集体领导效能,最终实现绩效倍增。

想要有更加精湛的表现,你就必须使你的 IOS 进化到更高层次的心智—情志结构。值得庆幸的是,我们通过深入研究,已经寻找到一条路径,通向成熟的内在游戏和更高层次的心智结构。我们从修行传统中借用了一个术语——心灵的转变(Metanoia)①来描述如何在更高层面上实现自

---

① [美]彼德·圣吉:《第五项修炼》,张成林译,北京,中信出版社,2009。该书对"Metanoia"这个词做出了详细解释:"我们和各种组织合作的 10 年里曾使用这一词语,但也经常提醒他们和我们自己,在公共场合要尽量少用。这个词就是'Metanoia',意思是心灵的转变。这个词有很丰富的历史。对于希腊人,它曾意味着根本性的转变或变革,或更直接地指超越心灵。"——译者注

我超越，意为心和思维的转变，需要同时在结构上和形态上产生蜕变。

蜕变就像毛毛虫吐丝结蛹、自缚其中，最终破茧成蝶那样，是一个解体——重构或者死亡——重生的过程。旧的自我结构解体，在更高层面上重新整合（毛毛虫蜕变成蝴蝶）。罗伯特·凯根写道："假如毛毛虫知道自己有一天能够展翅飞翔，就不会仅用陆地生物的视角来体验当下。"

因此，领导者必须重构自我才能更加高效。这是自我超越之路，也是通往更出色的领导效能的唯一路径。在每一位杰出的领导者身上，我们都能看到基于更高意识水平施展出来的高超的专业能力。

意识与复杂性

个人和集体 IOS 的成熟度必须高于外在挑战的复杂度。因此意识必须进化到较高水平的复杂度才能应对当前商业挑战的复杂性。

几年前，我们与一家中型保险公司的首席执行官合作，这家公司的两个业务线正在经历重大变革。大家彼此熟悉后，我们问这位首席执行官最近过得怎么样。他说："好吧，我就像只水面上的鸭子。"我们惊讶地问他什么意思。他说："从上面看好像我游得平稳从容，但如果你从水下看，就会发现我的双脚在拼命地快速划水。尽管如此，我都还不确定这个速度是否足够快。"

他紧接着给我们讲述了在动荡的金融和经济形势下，他本人和高管团队在指导组织进行重大变革中所面临的艰巨任务。他坦率地承认，他很担心自己作为领导者力不从心，以至于他在"凌晨 4 点俱乐部"里度过了无数个夜晚，我们身边的很多领导者都是这个俱乐部的成员，为如何应对眼前的复杂局面忧心忡忡。

这位首席执行官的经历并非个案。2010 年国际商业机器公司（IBM）在全球范围内采访了 1500 多位首席执行官，了解他们所面对的挑战及应对策略（*Capitalising on Complexity：Insights from the Global Chief Executive Officer Study*）。其中有两大挑战高居榜首：（1）日益增加的复杂性；

（2）如何培养应对这种复杂性所必需的创造性领导能力。这两大主题在2012 年和2014 年IBM 的首席执行官研究报告中再度出现。很多首席执行官坦承，他们怀疑自己"脑子是否够用"，是否有足够的能力带领组织经历这么多改变。

"凌晨4 点俱乐部"会员众多。包括作者在内的很多领导者都时常会在深夜无法入睡，辗转反侧苦苦思索如何驾驭面临的复杂性局面，怀疑自己是否具备所需的领导能力，"脑子是否够用"，并且为自己是不是最佳人选而疑惑焦虑。通过与很多领导者的对话，我们得知，像我们这样内心默默挣扎的企业家和高管在现实中比比皆是。

复杂性还将继续升级。未来学家鲍勃·约翰森（Bob Johansen）在《领导者决定未来》（*Leaders Make the Future*）一书中忐忑不安地说道："过去40 年我一直在预测未来，然而最可怕的预测都还在没有到来的未来。"约翰森描绘了一个VUCA 的世界——一个在不稳定性（Volatility）、不确定性（Uncertainty）、

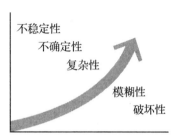

图 3-1　VUCA 商业环境

复杂性（Complexity）和模糊性（Ambiguity）方面不断升级的全球商业环境（Johansen，2009）。我们在此基础上又增加了破坏性市场这一要素。（见图3-1）

对于我们所有人来说，VUCA 还将不断加速。没有人能躲过调适性挑战波浪的冲击，并且一浪快过一浪、一浪高过一浪。海菲兹（Ron Heifetz）将调适性挑战描述为一系列纵横交错的挑战，看似无法解决但却必须解决。（Heifetz，1998）

之所以称为调适性挑战，是因为它们超出了我们当前操作系统的解决范围，因此我们必须对个人和集体的操作系统进行升级和进化。这与IBM首席执行官研究报告中的第二个主题——培养应对这种复杂性所必需的个人和集体创造性能力——殊途同归。

理解复杂性：一般问题和冗余极性问题

巴里·约翰逊（Barry Johnson）对一般问题和极性问题做了区分。一般问题是可以解决的，而且通常存在若干最优解，一旦达成便会形成一个稳定的解决方案。然而极性问题是一种两难的困境，是无解的，因为它是由两个同样合理但相反的端点之间的张力构成的。例如，关键业务部门应该集权还是分权？答案是：两者都对，但过度集中和过度分权都有问题。这个极性问题，和所有极性问题一样，可以管理却无法解决。况且所有极性问题的优化点还会随着公司的更高发展阶段的变化、战略调整及市场环境的变化而不断移动。总之，极性问题无法解决，只能持续地进行管理和优化。

很多极性问题会与一般问题交织在一起，它们相互关联，而且都涉及冗余性。冗余是我们从工程专业借用的术语——在设计稳定结构时，比如建造飞机，工程师必须从设计上消除张力，这样才会得到坚固和稳定的结构。当结构中一个张力的消除有赖于另一个张力，且反之亦然的时候，我们就需要引入冗余。因为结构的第一部分在第二部分解决之前无法得到稳定的解决，而第二部分的解决又同时取决于第一部分的解决。

这相当于数学上的一元二次方程式（simultaneous equations）——两个方程、两个未知数，任一方程都无法单独求解。冗余的相互关联性非常强，以至于只能同时加以解决。在系统思考中我们会经历同样的情况。

令人惊叹的是，很多复杂结构在设计时必须要解决一长串的冗余。例如，波音747飞机在1969年进行测试时居然有大约700个冗余！想象一下，要设计的东西中竟然存在700个相互关联的元素，要想最终获得稳定的结构就必须使这700个部分同时得到解决。

冗余极性问题是指在寻求最佳解决方案过程中相互关联、交织的多个极性问题。单独对两三个极性问题进行优化已经不易，如果要同步解决所有问题，复杂性必定急剧上升。现在你可以把冗余极性问题的数量乘以

10，再往里面丢入一些具有挑战性和冗余性的一般问题，然后倒进一个加速升级的 VUCA 世界，便得到了一锅复杂性大杂烩——调适性挑战套着调适性挑战。这便是当今领导者面临的复杂性。我们如果不能在领导工作中统揽整个系统，同步设计和解决多个相互关联的变量，意料之外的结果就会层出不穷。

不明显的杠杆点

我们这些引领系统变革或者提供这方面咨询的人，常常用"剪不断、理还乱"来形容组织系统。能够起到持久的积极作用、符合预期结果的解决方案固然存在，却很难一目了然或通过理性推断出来。当用"问题—矫正"的逻辑来处理系统性复杂问题时，我们得到的解决方案常会使系统变得更为复杂，或者在其他地方引发我们看不见或者不想要的问题。非系统化的解决方案常常在把问题搞得更糟之前带来一些起色——短期内情况似乎有所好转，之后就回到老样子，甚至还不如从前。美国在伊拉克的战争（第二次海湾战争）就是一个很好的例子，被动、仓促的解决方案使整个局势在曙光乍现之后急转直下。

寻找系统化的解决方案，使系统在进化的过程中持续完善，是可能的，但绝非易事。这类方案通常并不明显，单独一个人的才智根本不足以支撑对这类方案的连贯性探索和实施，所以需要集体效能。寻找长期、高杠杆的解决方案需要采用一种立足于整个系统的方式。这意味着要将各利益相关方的代表汇聚一堂，借助一套精心打磨过的流程，才能创造出针对系统性复杂问题的解决方案。这种做法的理念是：智慧就蕴含在我们面对的、各种错综复杂的问题所构成的系统当中。领导者很少懂得如何萃取集体才智和系统智慧，在不断升级的复杂性中找到杠杆点。大多数领导团队都缺乏实现这一目标的集体效能。因此，我们必须拥有高度进化的个人和集体操作系统，才能在 VUCA 世界中蓬勃发展。

领导力的当务之急

不断增加的调适性挑战、多重冗余极性问题和一般问题，加上杠杆点不明显的复杂性系统，各种因素相互混杂，势必要求领导者发展出更为精妙的操作系统。爱因斯坦说过："我们无法在引发当前问题的意识层面上找到它们的解决方案。"这些问题只能在更高的意识层次上加以解决，该意识层次的复杂程度要超过我们所面对的复杂性。

为了迎接当今调适性变革的挑战，我们必须进化出更为精妙的思维和存在方式。不能适应和进化就会被淘汰。一言以蔽之，领导力的当务之急就是：领导效能的成长必须至少跟加剧增长的变化和复杂性保持同步。

领导者如果跟不上快速增长的复杂性，就会成效日减并失去与世界的同步联结。因此，个体领导者和集体领导体系的思维复杂度都必须不断进化，跟上甚至超过外界复杂性的增长速度。如果所需应对的挑战超过我们自身的复杂度，领导力就会缺位并成为一项竞争劣势。但如果我们能够不断进化个体领导者和集体领导体系的思维复杂度，使其至少与我们所面临挑战的复杂度相匹配，就可以在 VUCA 世界中蓬勃发展。

快速增长的复杂性越发凸显领导效能的重要性。当个人和集体的内在操作系统的成熟度进化到更高的意识层级和心智复杂程度时，整个集体领导班子的领导力就会更加精进、高效和睿智。为此领导力商数至少要大于 1.0 才行；领导力商数达到 2.0，意味着领导力已成为一项巨大的竞争优势。

领导者的首要任务是培养集体领导效能来提高创造性能力。随着复杂性的增加，高效领导成为核心竞争优势。作为通用电气的首席执行官，杰克·韦尔奇(Jack Welch)充分认识到这一点，并对此不遗余力。他对人才培养工作进行了系统部署，并将领导力发展、系统化思维和行动转化为通用电气公司的核心竞争优势之一。

培养高效的个人和集体领导力是企业的当务之急，领导力发展必须成为重点战略议题。高管团队在致力于打造整个领导体系时，需要将自身的成长作为首要战略任务，因为组织的整体表现不可能超越领导团队的意识水平。

本章核心论点

急剧增长的复杂性要求组织中的领导者必须以同等甚至更快的速度提升创造性和调适性能力。因此无论个人还是集体，领导者的外在游戏和内在游戏的成熟度必须跟上这个步伐，保持相当的竞争力，这一点非常重要。领导力的精通程度或者说效能水平，取决于领导者的心智或意识复杂性的演变能否超越市场和业务挑战的复杂性。意识是一种结构，结构决定行为。因此，要想在复杂环境中获得更高的成效和更好的业务表现，领导者必须重构自我。这是一个蜕变的过程——是一场心智结构的根本性改变。蜕变最初发生在单个领导者的内心，然后单个领导者意识的成长推动集体领导效能的提高，从而实现业务绩效的改变。

有些领导者看到了这项领导力议题中所蕴含的巨大的上行潜力，并且采取了行动，个人和公司因此创造了与众不同的竞争优势。这种未雨绸缪型的成长势必需要投入时间、资金和人员，其中最为宝贵的是时间。那些领先企业即使在预算紧张的情况下依然坚持这项投入。

凯瑟琳是一家知名媒体公司的首席执行官，也是我们的客户之一。2008年她遇到了公司成立50年以来最糟糕的一场经济衰退。为了应对这场经济危机，凯瑟琳带领公司主动削减各项成本，也因此导致了公司历史上第一次大规模裁员，而这还只是一个开始。在经济衰退期，她决定加倍重视自己和团队其他领导成员的成长。幸运的是，过去多年良好的业绩基础为她赢得了决策空间。因此尽管有抗拒之声，她仍然坚持在领导力发展方面积极投入，并坚信终将有所不同。

此后3年，凯瑟琳带领扩大化的领导团队在公司业务和自身的领导效能方面紧密合作。他们迅速而果断，制定了强有力的发展方向，坚定不移地向前推进；同时不断打磨自己领导力的内在游戏和外在游戏。那段时间他们做了第二次全景领导力测评，结果显示，尽管公司减少了人力和资源投入，他们的集体领导效能却从 45％ 集体跃升到 75％。

当 18 个月后走出艰难时期时，他们发现自己的领导效力和能力已经大为提升，这帮助他们在竞争中赢得了多个全国性的新客户，这一年成为公司历史上业绩最辉煌的一年。

凯瑟琳在最近的一次汇报中说道："如果不是过往如此专注于成为更加高效的领导者，我们就不可能像今天这样闯过难关并引领潮头。当市场开始好转时，我们已经比身边最强劲的竞争对手领先了 12 个月，并且我们一往无前，毫不留恋过去。即便是在砍掉 30％ 成本的时候，我们依然战略性地投资于自身领导力的发展，我们有清晰的指标可以衡量这种做法所带来的不同。我们接下来的表现会把每个人都震翻。"

这位了不起的首席执行官面对自己公司、董事会和部分团队骨干勇敢地表明自己的立场。她预见到了后面会出现的结果，组织正在从她持续展示的领导力中获益。

领导力是常识吗

几年前，我们接受了一个视频摄制组的采访。采访者一上来就问了一个出人意料的问题："领导力不是个常识性的东西吗？"

我们不知该如何作答。领导力方面的著作如汗牛充栋，它似乎极其常见又罕见。书店货架上也摆满了有关成功领导的最新秘诀。

很多作品将培养领导者简化为一套肤浅的技术和步骤，这样一来，领导力似乎很容易培养，也很常见。我们对此持批评态度。我们确实正面临着全球化的领导力危机。这难道还不能说明问题吗？当一些管理者和领导者认真对待自己的领导力发展的时候，另一些人却被所谓通往卓越领导力的捷径所蛊惑。

稍做犹豫后，我们回答采访者："如果出色的领导力只是常识性的东西，那么它就会很常见。事实上尽管有各种各样的培养方式，但领导力却并不常见。设想一下，要是真有捷径，我们便可以早早买好工具包，现在应该已经在享受成功的果实了。"

当我们理解了领导效能的精进之旅不仅限于技能和胜任力的提高，而被视为一个心灵脱胎换骨的深刻过程时；当我们承认它需要质的变化、向更高层次进行自我重构时，我们才开始理解为什么前辈们将其称为英雄之旅。它是一项后天的修炼，完全不适合懦夫。领导力的精进既不寻常也非常识，事实上它很不寻常。通往卓越的道路没有捷径。正如艾略特（T. S. Eliot）所说，它"要求付出的代价不比任何东西少"。这样的代价完全值得。

集体智慧

集体效能是集体才智的基础。随着集体才智的出现，集体智慧成为可能。领导者面临着极其艰巨的挑战，要想避免全球灾难，为地球居民创造繁荣的未来，领导们需要前所未有的集体效能、才智和智慧。只有领导们完成了他们内在的、堪称英勇的功课，才能形成足以扭转乾坤的集体领导力。最不可或缺的是深层次的心智转变。更高层次的意识和智慧紧密相连。我们必须在领导力的意识层面不断进化，并发展出作为地球守护者所必需的集体智慧。

可悲的是，由于我们抵制与学习和改变相伴而来的脆弱性，这导致我们在领导效能方面的成长经常变成一种装扮或者陪衬。面对真实的自己需要勇气。真理赋予我们自由，但首先它可能令我们痛苦。共同学习是提升集体效能的过程中经常采用的一种学习方式，但很多参与其中的高层领导会小心地维护自己的信誉，害怕丢脸。我们对自己的定位，以及我们如何走到今天的成功，构成了我们的 IOS。变化令人恐慌——如果这不是我，那么我又是谁？过去的方式曾经奏效，现在我真的想要推倒重来吗？如果颠覆自己，我还能保持高效吗？这一切将如何展开？直觉告诉我们，改变没有安全保障。然而直觉同时还告诉我们，改变会带来现在无法企及的能力；而且世上并没有通往伟大的捷径，唯一的办法是奋勇举步前行。

全球视角的领导力势在必行

领导效能的开发对企业绩效有着巨大的影响，理应将其视为战略重点给予优先关注。同时，在领导力上的精进还可以服务于人类更大的需求。世界渴望更有成效、意识更加成熟的领导者。当我们在组织的领导体系中提高成效时，我们也在这个星球上建立了更加高效的领导力。我们内在的、固有的合一性意识及共同福祉会伴随着领导者的成长一起涌现，我们将以地球守护者的身份携手同行，一起迈向繁荣发展的未来。

我们将在接下来的两章里定义 IOS 的各个发展阶段，它们逐步进化，直至其复杂度足以让领导者应对全球性的复杂局面。

本章盘点

(1)你存在于这个世界的根本原因是什么？

(2)如果给你两个选择——面对现实或是编织幻象自我安慰，你通常会选哪个？

(3)上面这个问题迫使你学到什么？要想彻底解决这个问题，你需要学些什么？

(4)如果你确信自己是周遭发生的事情的起因而非结果，那会怎样？

(5)什么是你不能不去做的——这件事令你欲罢不能？

第4章
成人意识发展层次论：
通用领导力模型的支柱

到目前为止，我们始终围绕着一个核心论点，即意识层次与个人、组织、系统绩效之间和谐统一、相互关联。我们认为，公司结构和业绩表现取决于领导团队中占主导地位的意识层次，公司的领导力、文化、组织架构、执行和创新无不受制于此。这一事实之前被严重忽视。无论是个人还是组织，想要获得更好的表现就必须进行重构。心智结构的每一次实质性进化都会使更多，而且越来越多的事情成为可能。

好消息是心智结构或者层次可以进化。成人发展领域中相当多的出色的研究已经勾勒出整个发展轨迹，即意识如何在一个心智层次上构建自己，然后通过自我重构进入下一个更高层次的结构，并以此类推。本章将简要介绍心智进化的各个层次和结构，它们如何被整合到通用领导力模型当中，以及它们与领导效能和经营业绩之间的关系。下一章我们会详细介绍心智结构的每一个层次，以及与之相对应的领导力发展阶段。

比尔：我们花了30年时间研究系统如何转型才能提升绩效，并将领导力打造成为一项竞争优势。我在攻读博士期间就开始接触成人发展领域，但直到2005年研发全景领导力模型才将二者紧密地联系在一起。通过将成人意识发展层次的理论框架融入全景领导力测评和通用领导力模型中，我们找到了一条能够规模化培养领导者并产生切实成果的路径。而且当这个理论框架与我们的"全系统"变革模式相整合的时候，我们就更有能力支持组织提升文化和员工的敬业度和绩效表现。在我们采用"全系统"模式打造组织的领导体系时，成人意识发展层次论是我见过的最强大的文化变革源泉。

多项研究表明，70％～85％的组织转型工作未能产生切实成果，这跟我们数年来与多家组织合作的亲身经历如出一辙。出现这种情况的原因是，我们没有认识到：当我们试图重新构想和改造组织以获得更高绩效时，每个人，尤其是每位领导者都需要经历深刻的自我转变。许多善意的改进措施和变革举措无法达到预期成效，是因为领导者没有考虑到创建和维持高绩效需要意识层面的转变。组织不会变革，变革的是组织中的人。我们只有进化到更高的意识层次才有足够的能力引领变革，实现短期和长期的绩效转变。

成人意识发展层次论的框架解释了很多领导力发展领域的空白。从沃伦·本尼斯到吉姆·柯林斯，许多伟大的领导力研究者都欣然承认，尽管他们能够描述出色的领导者做什么，却不知道出色的领导力是如何发展起来的。成人意识发展层次论的框架清楚地解释了卓越的领导力是如何发展起来的，以及如何加速其发展的。我们围绕着如何打造卓越领导效能做了很多思考和实践，然而到目前为止，成人意识发展层次论尚未登上这一舞台的中央。它诞生于发展心理学领域中领导力对话问题的边缘地带，如今刚刚在领导力发展领域找到了自己的一席之地。

成人意识发展层次论的框架

你如果同意个人和集体的领导效能与组织的经营业绩密切相关，同意领导力的发展必须作为一项战略要务被最高管理层视为己任、身体力行并亲自推动，就务必了解意识进化是如何产生的，否则很容易导致在领导力发展议题上的设计和投入不足。由此引发的风险是，开发领导效能的方式无法给组织带来持续性的绩效改善。成人意识发展层次论的框架在被整合进通用领导力模型之后，就可以为我们提供在开发高效领导力的过程中所欠缺的东西。逐步提高的意识发展层次促使领导效能和经营业绩也随之逐渐提升。

我们最早通过罗伯特·凯根的作品（Kegan，1998）接触到有关成人意识发展层次论的理论框架。幸亏如此，否则我们可能会错过用它来整合整个成人发展领域的机会。凯根的模型确有独到之处，最适合用来整合整个领导力和组织发展领域。除此以外，还有许多优秀模型［库克-格雷特（Cook-Greuter）、托伯特（Torbert）、贝克（Beck）、威尔伯、吉利根（Gilligan）、霍尔（Hall）等］，它们分别关注进化过程中的不同侧面，以不同的方式讲述了相同的意识进化轨迹。所有这些模型都可以与凯根的理论框架联系起来或整合进去。凯根的理论框架是独一无二的，大部分的优秀理论和研究都可以在他的意识发展框架结构中找到一席之地，这当中包括领导力和组织发展、心理学、励志、成功学、潜能，甚至修行成长等众多领域。

在罗伯特·凯根的五层次模型中，第一层涵盖了童年时期的所有发展阶段。第二层是以我为尊（self-sovereign mind）的心智模式（Kegan & Lahey，2009），我们称之为唯我性（egocentric）层次，它讲述了青少年时期的意识发展水平。另外三个进阶式进化层次是凯根框架体系的核心。它们分别是：规范主导（socialized self）、自主导向（self-authoring self）和内观自变（self-transforming self）。我们在通用模型中修改了凯根的这几个叫法，以便更好地与其他领导力框架体系兼容。我们把这三个层次分别称为反应性心智、创造性心智和整合性心智（见图 4-1），每一个层次都比前一个层次更加成熟。我们另外增加了一个新的层次（合一性），借此把传统修行体系中所描绘的更高层次纳入进来。因此我们的通用模型的五个层次分别是：唯我

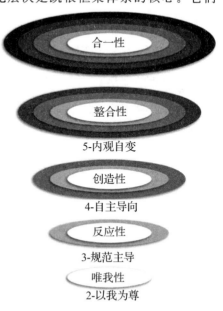

图 4-1　成人意识发展层次理论框架

性，反应性，创造性，整合性，以及合一性。

通用领导力模型

在展示通用领导力模型如何将上述意识发展层次整合进来的时候，我们将介绍通过 LCP 获得的部分研究成果，以及它们与现实世界之间的联系。测评工具中使用的测量指标非常强大，而且这些研究具有突破性意义。

全景领导力 360 度测评是我们为这项研究开发的独特"镜头"，它是仅有的可以针对不同意识发展层次的行为和信念同时进行测评的工具，也是唯一一个架构在综合、通用的元领导力模型①基础上的测评工具。借此，我们的研究对于是什么造就了有效的领导力，以及如何开发有效的领导力提供了独到而深刻的见解。

图 4-2 用一个圆圈将通用领导力模型和全景领导力测评报告集为一体。这个圆圈既用来显示全景领导力 360 度测评结果，又描绘了通用领导力模型的完整内容（附录 1 列出了所有维度的定义）。正如我们所看到的那样，将模型和测评结果在同一个圆圈中呈现出来，拥有很多优势。

我们在设计通用领导力模型的时候，采用了凯根的成人意识发展层次理论框架作为支柱。鉴于成年人大部分处于反应性和创造性层次，只有很少一部分处于整合性层次，因此全景领导力测评主要覆盖反应性和创造性这两个层次，并指向整合性层次。成人发展领域将从一个层次进入更高层次称为纵向成长，所以通用领导力模型和全景领导力测评的纵轴代表了纵向成长——跨越不同意识层次的进阶式成长（见图 4-3）。

图 4-3 展示了我们设计的全景领导力圆圈和通用领导力模型与凯根的成人意识发展层次之间的对应关系。需要注意的是，LCP 衡量的并不是成人意识的发展层次，因为那远比 360 度测评复杂得多。然而它确实是围绕

① 元模型，指模型的模型。——译者注

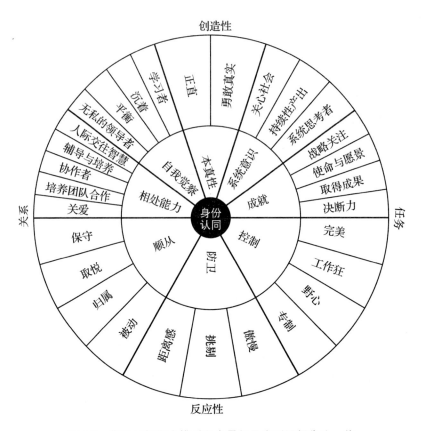

图 4-2 集通用领导力模型和全景领导力测评报告为一体

成人意识发展层次的框架来构建的，并且与不同发展层次的测量具有相关性。LCP 旨在测量：（1）处于反应性和创造性心智层次的领导行为，以及驱动那些行为的内在假设；（2）整合性层次的某些方面。然而考虑到只有5％的领导者能够企及整合性层次，因此我们将圆圈的上半部分标注为创造性（creative）、下半部分标注为反应性（reactive）。

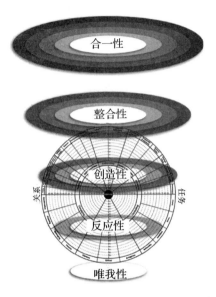

図中文字：
合一性
整合性
创造性
关系　任务
反应性
唯我性

图 4-3　围绕成人意识发展层次论构建的通用领导力模型和全景领导力测评报告

相关性分析结果

　　为了了解成人意识发展层次与领导效能和经营业绩之间的关系，我们联合在领导力开发方法上居于领先地位的圣母大学门多萨商学院斯塔尔高管教育中心（University of Notre Dame's Mendoza College of Business Stayer Center for Executive Education）共同开展了一项研究。该中心推出的高管整合领导力项目（Executive Integral Leadership，EIL）是以威尔伯2000 年提出的整合模型（Wilber，2000）为基础的，该模型兼容了凯根的成人意识发展层次理论。EIL 是一个影响深远的项目。由于我们与圣母大学之间的长期关系，自然也就携手共同进行了这项研究。我们在研究中同时应用了全景领导力测评和苏珊娜·库克-格雷特开发的意识成熟度测评（Maturity Assessment Profile，MAP）这两种工具。MAP 是当时成人意识层次测量领域中最符合心理测量学的纸笔测量工具。

　　我们对 90 位领导者同时开展了这两项测评并取得了突破性成果。其中，MAP 采用完形填空的自评方式对领导者所处的意识层次进行评估；LCP 则通过 360 度反馈打分来衡量他们的领导效能。两项测评结果之间的相关系数高达 0.65，令人震惊。

图 4-4 显示的是这 90 位领导者在 MAP 成人意识发展层次测量得分与 LCP 领导效能测量得分之间的最佳拟合线。显然，领导者的意识发展每提高一个层次，都会带来领导效能的显著提高，越往后的层次（高阶）曲线越是呈指数级增长。

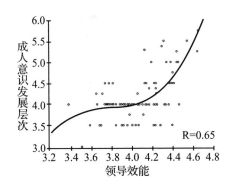

图 4-4   成人意识发展层次与领导效能之间的相关性

这项研究意义深远。它有力地表明，领导者所处的心智层次或结构是影响其领导成效的一个重要因素。简言之，本书第一部分的全部论点都得到了有力的证实——领导者成效在很大程度上受其所处的心智发展层次的影响：意识与能力共同提升，内在游戏驱动外在游戏，技能精湛与心智成熟相得益彰，卓越的领导力是在更高层次的意识平台上锻造出来的一种能力。

于是我们不禁要问："每个意识发展层次所对应的领导效能大概处于什么水平？"这个问题启发我们尝试用一种不同的方式重新审视这些数据。结果发现了一幅很耐人寻味的画面，它愈发彰显了意识发展层次和领导效能之间的关系。（见图 4-5）

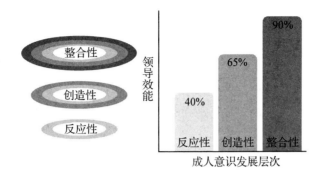

图 4-5　成人意识发展层次与领导效能平均水平之间的对应关系

在 MAP 中，处于反应性意识层次的领导者，其 LCP 领导效能的平均百分位排名分数是 40％（在我们 50 万份的全球数据库中仅仅高于其中 40％的测评结果）。换言之，那些在 MAP 中处于反应性心智结构的领导者，其领导效能得分比全球平均水平低 10％，落后于数据库中 60％的领导者。他们的平均领导力商数为 0.67，在领导效能上处于竞争劣势。

在 MAP 中处于创造性意识层次的领导者，其领导效能的平均百分位排名分数是 65％——高于全世界 65％的受测者。他们的领导力商数为1.9，这说明领导效能为他们提供了强大的竞争优势。

那些在 MAP 中意识进化到整合性层次的领导者，其领导效能的平均百分位排名分数是 90％，领导力商数平均得分高达 9.0！

与此前的研究结果结合来看，我们所得出的结论足以改变游戏规则：不仅领导效能与意识发展层次高度相关，经营业绩也跟领导效能高度相关。总之，这两项研究强烈表明，组织绩效在很大程度上取决于领导层的意识水平。

意识是行为表现的深层结构和操作系统。意识（内在操作系统）的每一次进化都会给领导者的能力和技能带来巨大提升，使领导者的外在能力更加纯熟，因而能够更加高效地应对复杂性。这一点从我们的研究和与组织高层领导们合作的经历中都得到了证实。意识水平决定行为表现的水平。

贯穿一生的意识发展轨迹

通用领导力模型的核心前提是，意识沿着一系列清晰勾勒出来的层次推动心智结构从低向高进化，从而获得更高层次的能力以应对复杂性。众多心理学家——皮亚杰（Piaget）、科尔伯格、吉利根、洛文格（Lovinger）、马斯洛（Maslow）、霍尔、福勒（Fowler）、贾克斯（Jaques）、贝克、托伯特、库克-格雷特、凯根、韦德（Wade）、威尔伯等人都曾描述过我们在从幼年走向成熟时，在道德、自我和精神意识方面要经历的一系列进阶式发展层次。值得注意的是，这么多的理论家通过各自独立的研究，对于意识发展层次给出了极为相似的描述。几个世纪以来，世界不同文化的大智慧中也都讲述了相同次序的发展层次。

最容易的方式：透过孩子的成长过程观察意识发展

观察孩子的成长是理解和见证意识发展层次（纵向发展）最好的切入点。孩子的意识发展非常快。如果你为人父母或者曾跟孩子在一起，就会知道孩子的心智演化何等迅速。几年时间就可以看到孩子从一个内在操作系统进化到下一个。这些变化很明显，有连续性，并且是实质性的变化。就在我们刚刚搞懂怎么跟这个年龄或这个成长阶段的孩子建立联结的时候（无论任何年龄和发展阶段），他们已经在继续向前发展了，我们必须再次学习如何与他们建立联结。

5岁大的孩子生活在魔幻世界中：他们真心以为现实世界中充满了圣诞老人、牙仙子和各种各样想象出来的朋友。圣诞老人能够在一夜间周游世界，给地球上每个孩子留下礼物！某个东西可以神奇地出现、消失，或一下子变成别的东西。在这个想象的世界里，一切皆有可能。

虽然魔幻世界这个操作系统很美好，却没法适应成人生活的需要。因此，作为家长，我们把孩子送去参加各种有关成长的课程，比如，学校、体育运动、兴趣爱好等。10 岁时，孩子们最喜欢的书变成了《吉尼斯世界纪录》，魔幻世界渐行渐远，心理学上的所谓具体运思功能逐渐开启。孩子们现在知道了圣诞老人的真相，并且很惊讶自己曾经如此信以为真。他们生活的世界其实并不会变形和幻化，事物的长度和尺度是稳定的，那些最大、最小、最多、最高的人或事物深深吸引了他们，他们很想搞懂这个新的现实世界。

我们之所以从孩子成长的话题切入成人和领导力发展的讨论有以下四方面原因。第一，孩子的成长非常明显，每个新的意识层次都会带来新的能力，这点很容易看到。在领导者的意识发展中，每个层次也都会带来应对复杂性的新能力，虽然这点很难察觉。第二，更容易看到每个层次都不可或缺，都那么美好，那么有价值和尊严。我们永远不会因为一个 5 岁的小孩表现出与年龄相称的想法和做法而鄙薄他。在孩子身上我们很容易接受这一点，面对成人却并非如此。第三，更容易看出各个层次是连续的，这在孩子的成长过程中是显而易见的。魔幻思维先于运思思维。就像我们不会指望一个 5 岁的孩子会做微积分。意识发展遵循着一定的层次和先后顺序，每个层次都承上启下，这是人类固有的身心设计方式决定的。每个层次也都不可跳跃：我们必须成长到这一层次，并最终超越它。第四，更容易看到每个意识层次的转变都有得有失。作为父母，我们会为 9 岁孩子的成长喝彩，因为他们现在更能适应成人生活的要求。我们也会为失去 5 岁时的他们而难过，因为那些美好而神奇的日子已经一去不复返了。父母体会到的得与失为我们提供了关于意识成长过程的线索。随着每一次发展演变，旧的操作系统（我们认识自己和现实世界的方式）走向解体，随着它的分崩离析，新的、更加高效的操作系统得以重新构建。

成长是一个解体—重构的过程，是心智的转变和蜕变。每一次进步都有得有失。在每个成长的拐点，我们都面临着挑战，要在新的意义建构方式出现之前就放弃旧的认知方式。这令我们处于一种不稳定状态。因此无论是在孩提时代还是在成年之后，这些转变往往都充满艰辛。无论自己清楚与否，其实我们都倾向于抵触这样的转变。

鲍勃：我十几岁的儿子斯科特最近告诉了我他和最好的朋友的一段对话。他们的结论是 5 岁时他们最快乐。我问他为什么会有这种感觉，他说："爸爸，5 岁时我们不知道害羞。我们每时每刻都自由自在地做自己，不在乎别人的看法。现在的我们得不断努力以求达成外界的标准、出人头地。我们在意自己的外表，如何穿衣打扮，怎么跟学校其他孩子相处，这些可都不容易。5 岁时这些都不是事儿，我真怀念 5 岁时的自己。"

我也很怀念孩子 5 岁时的样子，但我依然很高兴他们逐渐走向成熟，这样他们就可以更好地应对成年后的生活。每一次转变，我们都在失去原来的自己获得新生。随着意识沿着纵向成长过程不断推进，这种解体—重构的发展模式会多次出现。作为孩子，我们无从选择，因为我们出生在一个成人世界，这意味着我们会一直面临调适性挑战，直到我们的内在操作系统进化到足以应对成人生活中的日常挑战。

然而多数人的意识发展很难突破常人的层次，原因有二。首先，意识发展常常因人们的抵触而难以实现；其次，步入规范期以后，刺激意识进一步发展的调适性张力便会逐渐减弱，大多数成年人终生无法超越规范主导的反应性心智。以上两方面原因导致大部分成年人不再有显著的意识进化。

自我身份认同是意识进化的核心

凯根的研究重点在于，自我如何通过重构身份从一个意识层次进化到下一个，其他研究者则更专注其他方面的进阶式发展（道德理性、决策、价值观、情商、认知复杂度等）。每当意识进化到下一个层次，相关的多个方面肯定会随之共同进化。我们和凯根一样侧重于身份认同方面，但是其他具有实质意义的进化也在同时发生，只不过速度不同罢了。

我们通过身份认同来构建自我的概念及对自我的了解。意识每上升一个层次，我们就会建构一个不同的身份认同；每次我们都会被所处层次的存在方式所定义。我们会说："这就是我，我就是这样。如果这不是我，那我又会是谁呢?"当我们用某些东西来定义自己时,我们自己就成为那些东西。它定义了我们。我们借由成为那些东西来衡量自己的价值,维护自己的安全感。那些东西与我们关于自我的概念融为一体、无法区分,我们误将那些东西拿来等同于自己。其实,那些用来定义我们的东西并不是真正的我们,虽然它们看起来很像是一回事。

身份认同常被用来指代自我,因为它定义了我们是谁,时刻影响着我们的行为,决定了我们为人处世的核心策略。(见图4-6)身份认同居于我们内在操作系统的核心位置,承载着我们对自我的感知,指导我们如何了解自己,如何建立自珍、自尊、个人价值和安全感。身份认同时时刻刻决定着我们在不同情境下如何扮演自己的角色,进行自我调整。身份结构决定了我们如何调节自己的想法和行为,相应地,我们取得成果的模式与我们的身份结构相一致。在身份认同进化时,我们自身也在进化,我们在外部世界取得的成果随之进化。

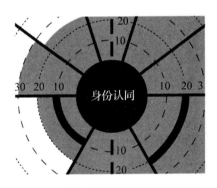

图4-6   自我身份认同居于核心位置

在通用领导力模型中,自我身份认同居于核心位置。自我身份认同一旦进化,就会自行重构为更加成熟的操作系统。每一次进阶式进化都能提高领导者处理复杂度的能力。

LCP的中心是一个黑色的圆点,上面标明"身份认同"一词,表示我们设计这个测评报告的目的是衡量处于不同意识发展层次的不同身份所引发的不同的领导行为。当我们从一个层次进入下一个层次时,通用领导力模型能够追踪这种自我身份认同的演化。

领导力涉及自我与环境如何相处。身份认同是我们了解自我与世界的核心，自然也就管理着领导力在各种状况下的发挥。结构决定行为。身份结构决定了我们作为领导者如何表现并调整自己融入环境。因此，身份认同一旦发生转变，领导力就会随之转变，所有一切也随之改变。

在下一章里，我们将介绍身份认同如何以进阶的方式，随着每一级心智结构的建构、解构和重构而进化，以及每一级进化如何与领导效能、组织结构、文化和绩效紧密相连。

本章盘点

(1)你有多久没有用新学到的东西颠覆自我认知了？

(2)你一直不敢说"不"的是什么？（Block，1993）

(3)不能每一天都活出真我的代价是什么？每一刻呢？

(4)当尘埃落定时，你希望人们怎么谈论你和你所做出的贡献？

(5)你的激情和才能与世界最深切的需求在哪里交汇？

第5章
领导力发展的五个阶段[①]：
心智结构和行为表现

　　真正有所成长的领导者会经历一系列连续的发展阶段，而这些阶段在所有文化中都同样存在，因此，它们是普遍恒定的，是人类本性的一部分。忽视这一事实会使我们在改造组织和培养高效领导者方面的努力付诸东流。这种具有蜕变性的变革要求所有利益相关方一起实现向更高意识层次的转变。由于外在游戏受内在游戏驱动，所以除非个人发生转变，否则任何改善都将是昙花一现，组织将回归既往状态，恢复先前的均衡。

　　个人的转变来自意识从一个发展层次进入下一个发展层次。我们在每一个进阶式的发展阶段都会建立起一个新的、更高层次的结构设计原则来关联自己和世界。现实并没有改变，改变的是我们如何设定自我与世界之间的关系。一旦启用了一个更高层次的内在操作系统，自我与世界之间的接口马上就会变得更加复杂、纯粹、优雅，于是我们便能够处理更加复杂的情况，而且处理起来更加优雅、自在和轻松——总之，更加游刃有余。前一发展阶段里无法解决的困境（调适性挑战）在新的现实面前直接消失，前一发展阶段里的不可能成为可能。由此，个人感受到体内迸发出崭新的创造力、效能、自由、力量和快乐，组织感受到站在面前的这位领导者散发出更加丰盈的领导能力，世界则获得了一位能为其更好地服务、做出更大贡献的人。

---

　　① 译者特以"成人意识发展层次"和"领导力发展阶段"区别称呼两者。——译者注

领导者向更高阶段（更高版本的自我）发展必将带动系统和文化随之进化。个体的进化和组织的进化相互依赖。组织的经营业绩无法超越领导者的意识层次。除非组织系统进化到新高度，能够满足人们更高的发展需求，否则组织中大部分人的发展都会受限。而且，先进的业务架构要求所有利益相关者都要随之进化。意识高度进化的领导者在打造更高层次的系统时，必然对身处其中的每个人提出成长的要求；只有当关键群体成长到一个新阶段、达到一个新的临界点时，系统才能在新跃升的高度上站稳脚跟。

组织要变革，首先需要领导者的意识进化。文化的进化发端于个人的觉醒。这部分人对系统施加影响并加以改造，改造后的新系统鼓励关键群体的成长；随着关键群体的成长，处于更高层次的新系统的潜力得以全部释放，回归前一发展阶段的可能性降低，此时平台也为下一次跃升做好了准备。

确实，70％～85％的变革都以失败告终。但是如果我们能够以创造性和整合性的方式管理变革，解决变革的内在需求和外在需求，就可以做得更好。我们希望企业脱胎换骨，就必须自己愿意经历同样的转变（思维和心灵的转变），并且愿意倡导持续而艰难的对话，让文化中潜藏的部分浮出水面，从而将个人的转变汇聚成文化和系统性变革。

为了将组织变革落到实处，我们需要进行自我变革。很多时候"抵制变革"实际上是人们在自我身份重构过程中的抗争。面对这样的内心旅程，我们需要帮助和支持，而在现实的变革过程中却很少能够得到。我们知道，个人转变先于组织转型；然而直到最近我们仍然缺乏能够带来持续性的个人和业务变革的成长路径。

身份认同的内在动能是强大的力量，同时作用于个人层面（我是谁）和集体、文化层面（我们是谁）。对于大多数人来说，这些强大的力量在多年前便已形成，业已积蓄了几十年，一旦被忽略，那么即便是最为善意的变革措施也会被它们轻易地破坏。

只有当我们首先践行自己希望看到的转变时，深刻的系统性变革才会发生。这里所说的转变是指领导力从一个阶段进化到下一个更高阶段。在这一章里，我们会介绍领导力的五个阶段，它们分别是：（1）唯我性，（2）反应性，（3）创造性，（4）整合性，（5）合一性。

唯我性领导力

这个阶段开始于 8 岁左右，经历青春期走向成熟，一直到成人早期。青春期是青少年为适应成人生活做准备的过渡期。接下来我们将围绕这个阶段开启成人发展的探索之旅。

正如大多数父母所知，青春期是以自我为中心的。唯我性领导力的身份定义是"我是我的需求"。我们将身份定义为我们满足自身需求的能力。这个身份并不关注他人的（通常是竞争性的）需求。凯根称之为"以我为尊"阶段（self-sovereign），因为这个阶段以自己的需求为主（Kegan & Lahey，2009）。我们生活在自己的孤岛上，与他人互动的主要目的是满足自己的需求，还不知道如何把他人的需求放到同等重要的位置上。

以自我为中心的优势在于它能培养我们满足自身需求的能力，进而获得独立。为了满足自己的需求，我们可以推迟即时满足的冲动，花足够长的时间进行计划和组织，直至达成所愿。

这一阶段的主旋律是"我即世界"。自我是世界的中心，我们的首要任务是着重满足自己的个人和生理需求。满足自身的需求是主体，也就是说，我们并未意识到自己是被"满足自身需求"所定义的。于是，这一首要的任务在我们头脑中处于自动驾驶状态，我们从属于这一身份，受其支配。需求尚未成为让我们看见与反思的客体，它驱动着我们。我们过于自我，看不到自己的这种行事方式，也不能很好地把自己和需求区别开来，以便很好地管理需求；恰恰相反，需求管理着我们。我们从始至终只关注自我。我们的决策主要基于满足自己的生理和个人需求。缺乏对现实的共识是这个专注于自我的阶段的典型特征。

我们如此在意自己的需求，以至于别人的需求压根不会出现在我们的雷达屏幕上。我们的需求没法和他人的需求整合。我们的决策并非基于自己的行为给别人造成的影响（不会转换视角），而是取悦或触怒别人给自身造成的影响。比如，撒谎时我们在意的不是失去对方的信任或者伤害他人的感情，而是如果谎言被识破，会给自己带来什么后果，以及是否值得如此冒险。在我们眼里，看不到那个与其他人共享的、更为真实的现实世界，更谈不上为此负责。我们在意的只是在追求自己的需求时，哪些效应会反弹到自己身上。

对于这一阶段的大多数人来说，被抓到才算是犯了错。至于我们的所作所为会对你们的现实世界造成什么影响，你们又会作何感受，这些一概都不重要。这一阶段的特点是过于自我，根本不考虑世界上其他人的需求、价值观、规则和道德法则。

对现实缺乏共识，即没法认同大部分人的世界，是这一阶段的结构性限制。既然我就等于满足自身需求的能力，那么，想让我的利益屈从于别人的利益，还不如让我去死。然而这正是青春期的进化过程。随着成长，我们会更多地考虑别人的需求和期望，不再执着于自己的观点，而是会服从于某种更广阔的认知方式。它要求我们在定义自己时把各种关系考虑在内，这样我们就不再自我利益至上，而是更加忠实于各种关系（朋友、父母、家庭、组织和社会）。这是一个社会化的过程，一个把过于独立自我的青少年转变为社会中的人的过程。

当这一切发生时，我们的需求由主体转换为客体。凯根主要用我们身份的主客体转换——我们对于自身与世界关系的理解——来解释意识进化。当我们受制于某种事物时，我们通过它来看待世界，却又看不到它自身的存在，就像水中的鱼看不见水一样。因此，在成长的任何阶段，我们都是"主体"，用这种方式构建意义、看待自身及周围的世界。就像生活在幻想世界中的孩子，认为事情就是这样，我们就是这样，世界就是这样，我们假设这一切就是"真实的世界"。事实上，当受制于任何阶段的身份时，我们用来定义自己及世界的假设和心智模式是如此的不假思索，以至于我们根本注意不到它们的存在。它们以我们看不见的方式驱动着我们，我们却无法驱动它们；它们掌控着我们，我们却无法掌控它们。我们既然看不见它们，也就无法管理它们。我们受制于它们，被它们管理，却无法意识到自己其实有多种选择。主客体转换将原先制约我们的主体转变成可供观察的客体，这样我们就不再受制于对自身及世界的有限理解。此时我们的思考和行动便会有所不同，更多的行为选择得以涌现，我们自身也变得更加自由和自主。

主体—客体的转换发生在每个阶段。就青春期来说，这种转换发生在我们注意到自己不仅等同于满足自我需求的能力的时刻——我们不等于我们的需求；我们拥有需求而非需求拥有我们。这个主体向客体的转换使我们在置身于更大的群体中、面对着各种相互矛盾的需求时，能够在照顾到自身各种需求的同时，为更大的社群承担相应的责任。

青春期的末期是一个过渡期。在这一时期，我们将学习如何在一个更大的、各方需求相互竞争的系统中追求自己的欲望和需求。这是一段艰难的时期，因为我们会失去一些东西：我们和世界之间的关系不再以自我为中心，世界不会围着我们转。我们认识到，为了在这个世界上取得成功，我们得放弃以自我为中心的打算和来之不易的独立自主，以便成为社会的一员。

大约有 5% 的领导者没有完全实现这种转变，而是继续以唯我性的心智模式运行。他们往往表现为专制和控制——"顺我者昌，逆我者亡"，无法接纳更能促进他人参与的联结形式。虽然个性化可以带来更高层次上的联结，但他们却仍旧只关注自我的需求而无视他人的需求和意见。他们最在意的是对领导者本人而非组织的不容置疑的忠诚。组织和员工的存在是为了服务于他们。他们与人保持距离感，对人际关系极度不敏感。他们待人苛刻，对下属的期望极度不切实际，令人心生沮丧。他们通过严格的等级制度进行管理，自己就是那个不容置疑的权威。以自我为中心的员工往往扮演了受害者或反叛者的角色。在以自我为中心的文化氛围里运作的团队和组织充满了独裁和压抑的气息。

唯我性心智模式在青春期是正常的，但在成人世界就是一种病态。领导者采用这种方式，会极具压迫感和破坏性。一个人的发展之路如果不能超越青少年时期的心智继续成长，就会误入歧途，在成年后发展成自我主义和种族主义。在世界舞台上，以自我为中心的领导力是压迫独裁、法西斯主义、纳粹主义、极端恐怖主义、种族清洗、帮派暴力和不道德治理行为的罪魁祸首。

能够同时关照自身和他人的需求和感受，是进入下一阶段，即规范主导、反应性心智的标志。我们大多数人进入成年时都已经形成一种社会定义的自我，一种从青春期向前迈进却又不断抗拒的自我。

反应性领导力

每进入一个新的发展阶段都是一次成长的胜利。我们总希望孩子能够从青春期走向成熟，成为一个好人，并且能够认识到这个世界自有其运行规则，想要安身立命，就得接受它的规则、价值观、期望和运作方式。只有这样，作为父母，我们才能如释重负。这样的成长性转变在发生时，就意味着孩子已经长大成人。

如何融入社会是反应性心智面临的成长性挑战。年轻人不得不放弃对独立性的过度追求，学习融入社会以求被社会接纳。进入反应性阶段后，我们学到了很多社会规则，努力按规矩做事，以求满足各方期待。我们构建起一种能很好地符合这些期望的生活方式，而且还可以过得有声有色。

我们投身于自己选择的职业，努力打磨自己的外在游戏。我们汲取成功所需的专业领域的知识，经营生意和事业，攀登职业阶梯，结婚生子，努力建设自己的家庭。我们努力掌握各项专业和管理能力，学习行业知识，认真履行生命中需要扮演好的各个角色——无论是在职场还是在家庭、在社区。我们不断学习，只为在生活的各个方面取得成功；而所有这些学习曲线都相当陡峭，因此我们要制定一份成长议程，帮助自己变得更加高效，从而获得个人幸福，成为有所贡献的社会一员。

想要获得成功的人生，这种进化必不可少。有能力成为社会的一分子，与他人一起工作和生活、在组织中共事，就是这一发展阶段的胜利。它使我们获得生活的意义、自我价值及安全感。这是这一阶段的优势，但同时也是一种负担。

我们在接受反应性心智模式时，也就是在通过不辜负他人和文化的期望来建立自己新的身份认同。来自主流思想、机构和重要人物的信息和期望塑造了我们是谁、应该活成什么样子。这些信息塑造了我们对自己的看法，个中结论又帮助我们成为有存在意义的、有安全感的、成功的、有价值的、善良的和有所贡献的社会成员。我们根据这些期望精心打磨自己的身份，将其内化，据此定义个人价值和安全感。

我们对这一切浑然不觉，只是从周围吸收各种定义自我的信息并据此构建自我。我们不是由内及外，而是由外及内地定义自己。我们的自我价值和安全感经由外部验证，掌控在他人手中；因此，我们必须不辜负他们的期望，才能感到成功、安全和有价值。这样一来，这个所谓的自我实际上是坐落在真正自我的外部，与周边环境融为一体的。我们由外及内地定义了自己。这就是为什么凯根将反应性心智称为规范主导。（Kegan & Lahey，2009）

在反应性心智层次，外界的期望造就了我们。此时我们认同自己的身份是："我是我独一无二的、精心打磨的角色和能力。我不仅拥有某种能力，而且还可以通过这种能力定义自己（我的价值和安全感）。这不仅是我拥有的力量，同时它也拥有我、定义我、造就我。我没有意识到自己被某种存在状态所定义并受其支配，我受制于这个新的身份却看不到它。我通过它看待事物，通过这个新建构的自我来了解和调整自己。我就是这样，如果别人不用这样的方式来看待我，我就搞不清楚自己到底是谁。"

我们有一位很棒的领导力教练去给一位高级经理[姑且称其为卡尔（Carl）]解读他的360度全景领导力报告。多年来，卡尔一直以能够帮助钢厂扭亏为盈而著称。卡尔在工作与生活"平衡"一项的得分很低，当教练提到这一点时，卡尔笑着说："是啊，我没啥个人生活。"通过一系列发问，教练得知，这已经是卡尔第三次订婚了。即便跟新未婚妻一起待在家里，他也总是忙着在电脑上跟工厂联系，全天候不分昼夜。卡尔承认："我时刻都在工作，我不知道除此之外我还能干点儿啥，如果没有这份工作，我真不知道自己是谁。"

作为一名领导者，卡尔认为自己的身份就是自己取得成果的能力，这是一种外在定义自我的方式。这种身份建构有点类似：“我是我取得成果的能力——把工作做对、做好，是这一点造就了我，让我相信自己是个有价值的人。这种能够取得成功的能力，不仅定义了我，还保护我，给我安全感。如果这不是我，那我是谁？”这种自我身份认同所带来的优势和负面效应都很突出。

鉴于反应性心智是由外及内地建构自我，我们往往倾向于通过我们在关系、智力或取得成果这三种能力中的一种来定义自己。因此，反应性心智主要包括三种类型——顺从、控制和防卫。

首先是顺从型。我们在围绕人际关系方面的能力构建自己的身份时，很可能是在透支自己宽宏大量的本性。在我们眼中，自己是否是个好人，是否有价值和有安全感，取决于自己是否是个善良、体贴和热心肠的人。我们把自我等同于自己的人际关系能力：如果我们被别人喜欢、接受或者钦佩，我们就知道自己是有安全感的和有价值的。这样一种基于人际关系的身份陈述是：“如果你喜欢我、接受我，并且认为我能提供支持，我就会自我感觉良好，有价值和安全感。”如此一来，“我便是我的关系。我不仅拥有关系，这些关系也拥有我、定义我”。我们管理自己的言行以求始终被看作体贴和热心的人。为了有效地取得成果，顺从型的人往往放弃太多权力来换取他人的接纳。

其次是控制型。卡尔就是这样一位领导者，他将自己的身份等同于自己取得成果的能力。他的身份陈述是：“我是我的成就。我不仅创造了它们，它们也创造和定义了我。”卡尔放大了他在取得更高成果能力方面的优势，并被这一能力所定义，而这是有代价的。控制型往往运用权力去达成所愿，为此不惜牺牲他人利益，这会削弱集体效能和智慧。

最后是防卫型。有些领导者利用天资聪颖来构建自己的身份。他们知道才华横溢能带来种种好处。反应性心智会放大这一优势，进而将其发展成自己的身份。这样一种基于智商的身份所认同的是：“我是我的才智。

我不仅拥有才智，这份才智还定义了我。用好这份才智，我就可以被看作是一个有价值、有贡献和有存在感的人。"防卫型的人往往认为自己智商高，在情感上与他人保持距离，这限制了他们发挥影响力。

以上每个反应性类型都采用外部定义模式。我们把自己变成外部社会认为是好和对的样子，我们认同外部期望，努力成为那样的人。史蒂芬·柯维（Stephen R. Covey）将这一自我发展阶段称为依赖期，因为在这个阶段，我们由外及内地定义自己，依靠外部验证自我价值、自尊和安全感。（Covey，1989）凯根称之为规范主导（Kegan & Lahey，2009），心理学家称之为外部控制型，我们称之为反应性阶段，因为当我们受制于外部身份时，外部影响力左右了我们的行为，其力度超乎我们的想象。我们无意识地对各种情境不断地做出自动反应，并因此扼杀了做出更富创意和更高效的自主回应的机会。

任何一种优势，过度扩张就会成为劣势。反应性心智就是过度扩张了其优势。我们在认同某种优势时就会经常使用，过度开发这项优势，而在其他优势上开发不足，结果常会导致过度使用这一优势。既然是这个优势定义了我们，我们就会很自然地一直用它，如果转而去使用其他不够发达的优势，即便不是一种冒险，用起来也会觉得笨拙。

大约一年前，我们和加拿大一家工厂的总经理一起工作。他手下有大概3000人，他本人被看作是业内表现最好的工厂经理之一。当时我们正在谈论强控制型的人有哪些表现，这位领导者说："我懂了。控制型行为对我来说是信手拈来的首选策略，我把它称为'刀刃向下'模式，一遇到问题，我就会对自己说：'刀刃向下'。"

这位领导者指的是雪犁上的刀片。在下雪的公路上，只要领头的雪犁把冰刃向下立起来，就可以开出一条清晰、安全的通道，后面的人只要整齐跟上就行。我们大家都可以联想到这样一个画面：领头的雪犁"刀刃向下"，为后面所有的人清出一条通道。这位领导者说，使用"刀刃向下"策略，他可以排除一切障碍。没错，这种做法常会造成一路尸痕累累，但这种模式对他管用，给了他很好的回报。他害怕不这么做的话，又该如何定义自己呢，他担心失去手中的权力。

在被提拔成总经理之后，他看到多年来一直管用的做法开始起反作用。当他需要得到员工的支持、跟合作伙伴一起共事，或者需要别人来把事情考虑清楚时，从前那种"刀刃向下"的优势反而成了一种劣势。

"刀刃向下"有它的优势——他知道如何把事情做好并创造出色的结果。然而，现在继续使用这个策略却产生了意想不到的后果。只要不在现场盯着，他那些强硬的指令就得不到落实。原先起主导作用的运作模式已经无法匹配现在的职权范围及对效力和能力的额外要求了。"刀刃向下"只在他要做的一小部分事情上有效。现在人们拒绝他的领导方式，他不得不从"刀刃向下"转为"刀刃向上"。他需要发挥与人协作的力量，而不仅仅是依靠自己的力量。

我们都倾向于调动自己身份的主导优势来应对各种局面，并且习惯性地自动做出这种反应。于是我们就会过度扩张自己的优势，使之成为反应性心智的主要限制和负担。

何塞(Hershey)和布兰查德(Blanchard)开发了广受欢迎的情境领导力模型(Hershey，1969)。这一模型表明，当领导者能够改变自己的领导风格以适应不同情境的特殊需要时，他们会更加高效：领导者有时需要提问，有时则需要告知。这个模型很有用，但是反应性心智做不到这样灵活的转换。我们以某种特定的存在方式获取认同，这一事实限制了我们做出其他行为选择，因此我们采用自动驾驶模式对情境做出反应，任何其他回应方式都被视为无效的和冒险的。

认知和理性情绪心理学家已经对我们在反应性阶段建构自己外部化身份时所使用的核心假设做了概括。这些内在假设构成了我们内在操作系统的核心。它们是我们对自己所持有的信念，这些信念使我们将自我价值和安全感与别人看待我们的方式之间画了等号。这可以用如下等式呈现：

$$价值和安全 = X(X 是某种优势)$$

在形成反应性心智时，我们只是围绕自己借以定义身份的优势构建了这些等式（关系、智力和/或成果）。不同的人只是把不同的 X 代入这个等式中，自我的心智结构都一样，只不过定义自我的信念不同罢了。随着这些等式的建立，我们成为被外部定义的人。反应性的身份认同可以表述为：“如果我是 X，而且在其他人眼中也是 X，那我就是有价值的。”或者是：“活着就是成为 X。”把这句话倒过来就是：“不能成为 X 就意味着毁灭。”这样我们就能明白这些信念为何如此强大，为什么它们会导致我们在大多数情况下都使用 X（我们借以定义身份的优势）做出反应，尽管在特定情况下使用其他优势可能更加有效。

反应性结构的信念天然是自我设限的，因为它们限制了我们在不同情境下做出不同的行为选择。问题不在于优势本身，而在于将自己的身份等同于该优势。这些信念导致我们做出限制领导效能的行为。我们越需要通过别人的认可来定义自己，就越有可能害怕被拒绝，厌恶风险，优柔寡断，懦弱顺从。我们越需要通过取得成果来定义自己，就越有可能害怕失败，不善于授权、协作、培养团队合作。我们不是推动他人富有意义和创造性地参与其中，而是倾向于采取独裁和控制的做法与他人相处。如果我们通过智力方面的能力定义自己，就会害怕表露脆弱，不能与他人很好地联结，无法承认他人的才华。跟人相处时，我们就会采取自我保护、傲慢、分析批判和居高临下的做法。反应性信念是自我设限的，会给自己背上沉重的负担。越受其驱动，我们的领导效能就越低。鉴于领导效能驱动经营业绩，反应性领导方式使我们处于竞争劣势。

通用领导力模型和 LCP 的下半圆代表反应性，由 11 个维度构成了反应性心智地图。每个维度衡量一组我们在受制于某一特定的反应性信念时会自然引发的领导行为。

图 5-1 显示了通用领导力模型和 LCP 报告中反应性心智部分的全貌，包括三类反应性心智模式（内圈）、11 个具体的反应性维度（外圈）以及它们之间的从属关系。每个反应性维度上都列出了被代入公式用来构建核心身份、驱动反应性行为的 X。

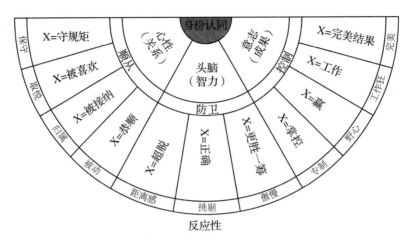

图 5-1　反应性心智及其对应的信念

我们在研究中使用 LCP 的下半圈反应性维度的平均得分（来自为领导者提供 360 度反馈的评估者）来衡量反应性领导力。而反应性领导力的平均得分与 LCP 中领导效能的得分之间具有相关性。图 5-2 总结了我们的研究结果。

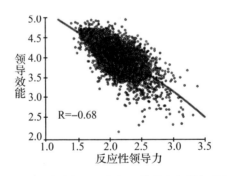

图 5-2　反应性领导力与领导效能之间的相关性

如图所示，随着反应性行为的不断增强，领导效能持续下降。可见，反应性领导力与领导效能之间存在着切实的负相关性（-0.68）。这一强相关性是采集了全球 50 万份测评结果得出的。图 5-2 中代表反应性领导力得分的圆点在代表相关程度的趋势线四周呈散点状分布，这是因为反应性心智的核心优势在某些情境下确实是我们所需要的，但过度或错误使用会使它们变成一种负担。反应性倾向越强，就越难以积累经验成为高效的领导者。

当今的领导者都在努力创建具有更高参与度的组织文化，这种组织文化提倡更加高效、创新、创意、客户导向、敏捷，鼓励参与和自我管理。完成这些变革需要领导者进入创造性心智阶段。这意味着在新型的变革组织当中，领导者的行为方式需要超越反应性心智的一般能力。随着创造性心智的开启，这些新的、更高效的领导方式将会变得唾手可得。

反应性心智负担太重，导致领导者即便付出再多努力也很难持续引领和维系变革。例如，我们给强控制型的管理者开出的药方往往是"停止防卫性反应"、启用"积极聆听技巧"。但如果我们用自己的表现来定义身份，相信只要发挥积极进取的优势就可以保护自己，那么当被人批评或质疑自己的表现时，我们就会觉得自己受到了攻击。如果我的价值等同于我的表现，那么当我的表现受到质疑的时候，这就意味着我这个人受到质疑，我没法不将其视作对我的人身攻击。这种"非防卫性"的能力在成长的下一个阶段会更自然地出现。

如果"我就是我的关系"，很可能我永远都无法自如地使用各种技巧表达自己的主张，因为坚持观点就意味着会招来反对意见，这对于一个把自我身份等同于取悦别人的人来说简直要命。然而，领导力和团队合作要求领导者学会放下防卫心理，认真倾听，自信地表达意愿。这些都是创造性心智层次上的行为，除非我们能够摆脱反应性的自我，否则无法持之以恒地做出这样的行为。

大部分成年人都是在反应性心智层面运作，5%的人尚处于唯我性心智层次，只有大约20%的人处于创造性心智层次及以上，约75%的成年人依然活在反应性心智中（或者处于从反应性心智向创造性心智的过渡期）。鉴于结构决定行为，而意识是行为表现的操作系统，反应性心智自然而然会被吸引到那些以相同心智模式运作的组织当中。

处于反应性阶段的领导者通常不再是以自我为中心、压迫性的独裁者，他们希望员工忠于组织及其目标而非领导者个人，机构权威取代了唯我性领导者所要求的个人忠诚。处于反应性层次的领导者通常非常关心员工，其管理和运作模式更像是慈爱的家长或部落的族长。组织里有相应的秩序和效率。这样的组织崇尚能力，机械刻板，醉心于所有的科学化管理工具。员工会被征求意见，但决策和发挥创意依然是高管团队的事。领导方式人性化，但缺乏广泛分享权力的能力。员工有知情权，但不会深度参与决策过程。在这里，人们觉得收入有保证，待遇相对公平，但大多数人都没有机会参与重大决策，也就难以产生很高的敬业度。

当领导力处于反应性阶段时，与之相伴的体制风格必然是庞大而注重效率的等级制——一种强调秩序和层级的官僚体制，政治风气看重忠诚和服从。这样的组织虽然还很常见，但是大部分致力于变革的努力都是为了创建更加扁平、精益、敏捷和敬业的架构和文化，需要更多来自基层员工的主人翁精神和创造性参与，这些都超出了反应性心智结构所能容忍的程度。

将近75％的管理者运用的是反应性心智，其领导效能的平均得分为40％，领导力商数（LQ）为0.67（见之前的研究报告）。反应性心智已经远不能适应今天组织运转的复杂程度，领导者需要发展到创造性心智或更高阶段才能自如应对日常工作的复杂局面。我们中大多数人每天都在接受各种挑战，这要求我们进化到更高的心智。这种从反应性心智走向创造性心智的阶段性发展转变应该被任何一个想要长期繁荣发展的组织视为一项战略重点。

大多数变革举措都力图创建一种创造性心智的文化。这些努力大多以失败告终，因为只有当领导团队的心智处于创造性，这些举措才能见效并得以持久。由于大部分领导团队达不到这个层次，因此常见的结果是，很多旨在打造高绩效组织的做法不见成效。当这种情况发生时，反应性心智的领导者看不到自己才是失败的原因，相反，他们会继续去追赶下一个管理领域的新潮流。这种"口味月月新"的变革方法一直持续，领导者却从未注意到，想要其中任何一个方法发挥作用，都需要领导者自身的进化。意识是行为表现的操作系统，想要这些变革方面的举措取得成功，高层领导必须从反应性意识进入创造性意识，这并非易事。

　　作为专业顾问公司，我们在做业务转型工作时，会非常仔细地设计和组织每一次会议和变革活动，力求打造一个创造性心智的结构，让客户的整个组织都参与进来。多年来我们一直这样做，却没有意识到这其实相当于创建了一个创造性心智的练习场。在这样的场域里，人们总能灵活地应付出现的各种情况，持续发挥出创造性心智层次的水平。多年来，我们一直想知道为什么组织中无法保持这种创造性的运作方式。我们认识到，除非领导者自己走上创造性心智的进化之路，否则当离开练习场回到组织的现实文化中时，他们是不可能以创造性方式开展领导工作的。大多数转型和重大变革举措都无法持续下去，是因为那些保有反应性心智的领导者无法凭借自己的能力再现创造性的举措和结构（比如，再现我们为其设计的练习场）。他们无法从内部转化组织，因为他们的反应性的内在操作系统无法再现创造性结构，并且无法在这样的结构中进行创造性运作，这就是转型性变革无法持续的根本原因。

创造性领导力

　　向创造性心智转变的标志是内在操作系统发生的两个变化：首先，我们摆脱了一些过往一直在驱动我们的旧有假设；其次，当我们从反应性转向创造性心智时，我们开始书写更为真实的自我篇章。

　　通过摆脱那些模式化的假设，我们开始看到我们在成长过程中养成的、被社会化的惯性思维方式。这些思维习惯嵌入内在自我，构成了反应性内在操作系统的核心。它们曾经很好地服务于我们，现在却已经到达运行极限。其复杂度不足以帮助我们应对日渐复杂的生活和领导力挑战。我们必须放弃这些假设，代之以新的假设。

　　我们从反应性假设的桎梏中解放出来后，就会提出新的问题："如果我不再被我成长过程中的外界期望所束缚，那么我真正想要的到底是什么？"对于独立、自主导向的创造性心智来说，核心问题是："我是谁？我最关心什么？我代表什么？如何让我的生活和领导力创造性地表达出我最在意的东西？"至此，我们开始按照梭罗的所谓"不同的鼓手"①的节奏前进，成为有愿景的领导者。

几年前，我们为一家大型医院的高管团队主持了一场研讨会。每位团队成员都完成了LCP，所有人都在"完美"这个反应性维度上得分甚高，这是一项衡量完美主义的指标。当被问及其中含义时，我们解释道："当我们抱有一种信念或假设，认为自己的个人价值、自尊和安全感是通过被视为完美无缺和能力超强建立起来的时候，就会导致完美主义。我们因此会为自己和他人设定极高的标准——高得难以企及。犯错、局限性、失败和不完美都让人无法容忍，表现不错意味着还不够好，每件事都必须以极高的标准执行。领导层正在以一种不可持续的方式推动成果的达成，对人员和系统的要求已然超出其能力范围。"

此时，有位经理大胆地说道："这话说出来有点冒险，可我还是得说。你们还记得吧，我们提交给董事会的战略计划有26个关键战略方向。董事会把计划打了回来，说这份计划缺乏重点，我们根本不可能全都实现。战略既关乎你选择做什么，也关乎你不做什么。我们是怎么回应的呢？我们把计划表上的项目归拢到五大标题下，就又提交了上去。他们说：'不错，现在你们聚焦得不错。'我知道我们永远无法实现所有这些战略，可我怎么也不能败下阵来，成为咱们当中第一个承认自己能力有限的人。我需要自己永远在你们眼中显得完美、英勇、能干、精力无限，这使我跟你们串通起来，同意了一份我深知根本无法实现的战略规划。"

在他这番勇敢的发言之后，整个小组都承认有类似的想法。之前他们只不过是串通一气，假装能完成一切。此外，他们也知道之所以缺乏战略重点是因为他们根本就没有厘清重点。他们也承认自己很累，有些人甚至想辞职不干了。他们承诺要重新制定战略计划，使之既具有战略性又可

---

① 美国作家亨利·梭罗在《瓦尔登湖》中写道："如果一个人与他的同伴步伐不合，那也许是因为他听到的是另一个鼓手的鼓声。不论那节拍是多么从容不迫，或多么遥远。他究竟应该以苹果树还是以栎树的速度成熟，这并不重要。"——译者注

实现。

从本质上说，完美主义的假设是错误的。个人价值和安全感并非取决于他人如何看待我们，更不用说想让别人认为我们可以永远如此完美，永远具有无可挑剔、远超预期的表现。这个高管团队的每个成员都在一个错误的假设下运行："完美能让我过得更好。"这个假设乍一听感觉是对的，其实不然。当领导者将旧有假设换成新的、更加成熟的假设的时候，他们就有能力在纷繁复杂的环境中更加高效地引领团队了。

一旦摆脱反应性假设的自我限制，新的可能性就打开了。我们在定位自己的生活和领导工作时，不再出于成长过程中对别人期望的揣度，而更多的是出于我们对个人使命与愿景更深层次的理解。向创造性自我的转变是成人生活、领导力的重大转变。为了实现这一转变，我们不再忽略或扭曲灵魂发出的独特呼唤，而是直面这样一个事实：走自己的路往往意味着让别人失望、冒失败的风险，或者违背那些我们以为会让自己（反应性自我）感觉有意义、能成功和有价值的准则。

这一转变何其艰难。想要踏上这一征程，我们必须放下过往那些定义自我的方式，虽然它们曾把我们带到今天。我们曾经深信自己存在的意义和价值与他人如何看待我们，与我们做什么、多么聪明、多受欢迎密不可分，如今却必须放下这份执念。文化对我们定义自我身份的影响逐渐降低。人生第一次，我们由内及外地重构自我，内心的愿景欢呼雀跃。我们开始体会到从自己内心深处活出力量、创造力、自由和满足。我们重视和鼓励他人也这样做，开始将他人视作平等的参与者，他们的权利、看法和人生使命也应被考虑进来并创造性地相结合。看重自我表达和相互合作成为我们的新原则。

只有当我们以创造性的心智投入生活和领导工作时，这种自主导向、富有远见、真实和勇敢的领导力才能始终如一地成为可能。通用领导力模型和LCP报告圆圈的上半部分勾勒出了创造性心智的全貌，这种心智模式受创造性内在操作系统驱动，是围绕着由内及外、自主导向和主动创造的身份构建的。

LCP 报告鉴于模型和测评报告浑然一体，以下主要围绕测评报告论述展开，上半部分的外圈（见图 5-3）展示了 18 项属于创造性心智的领导能力，这些能力来自大量实战研究，预示着高领导效能，与领导效能和经营业绩呈显著的正相关性。

领导力研究领域一直在倡导那些在创造性心智层面会自然涌现出来的领导力，却没有意识到反应性心智和创造性心智之间在发展顺序上的关系。对此，罗伯特·凯根在《超越头脑之上》（*In Over our Heads*）一书中指出，这些行动层面的能力在主动创造、自主导向的心智中确实会自然产生，但在反应性心智中它们却无法正常萌发。（Kegan，1998）那些在大量研究中位居前列的关键领导能力描述的都是处于创造性心智的领导者是如

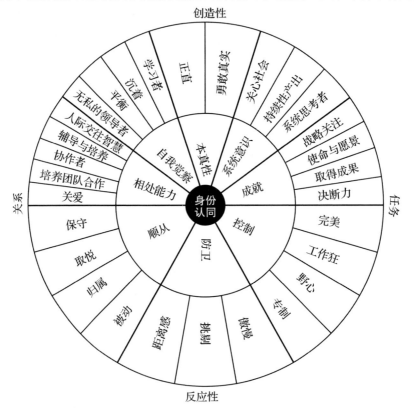

图 5-3　集通用领导力模型和全景领导力测评报告为一体

何领导的。换言之，对领导者胜任力的研究非常适合填充 LCP 模型中上半部分的内容。

LCP 报告上半部分的内圈(见图 5-4)将这 18 种领导能力分为五大类：(1)成就，高瞻远瞩和取得成果的能力；(2)系统意识，系统思考和设计组织体系以获取更高绩效的高级领导能力；(3)本真性，采取正直行动的意愿，甘冒风险说明真相；(4)自我觉察，保持平衡和沉着的能力，来自高度的自我觉察力、情商，以及持续的学习和成长；(5)相处能力，在与他人建立良好关系、打造团队、相互协作和培养他人方面至关重要的领导能力。这五大类概括了领导力发展的各个领域，作为 LCP 内圈的总结性维度，将 18 项创造性心智层面的能力归入其中。全景领导力的上半圆勾勒出了通用领导力模型有关创造性的部分。

在研究中，我们用 LCP 报告中受评估者全部 18 项创造性能力得分(来

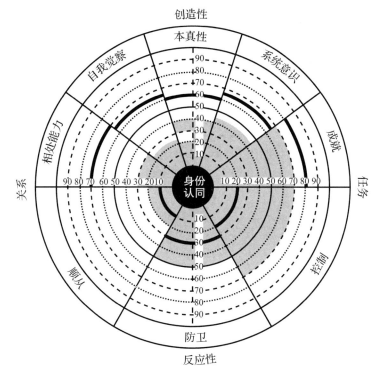

图 5-4　全景领导力测评报告的内圈

自 360 度评估者)的平均值作为衡量其创造性领导力的指标,并发现创造性
能力与领导效能得分的相关性为 0.93。图 5-5 显示的是对全球 50 多万份测
评报告的相关性分析结果。

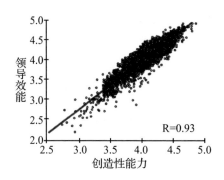

图 5-5　创造性领导力与领导效能之间的相关性

1.0 是完全相关,因此 0.93 代表了非常强的相关性,这意味着提高创
造性领导能力就能提高领导效能。两者关系近乎一比一:关键创造性领导
能力的每一点提高,都能带来领导效能的同等提升。

反应性领导力与领导效能之间的相关系数为-0.68,表现为较强的负
相关性。创造性领导力则恰恰相反,其与领导效能呈现的系数为 0.93,表
现为正相关性。结论显而易见,创造性领导力远比反应性领导力更为
有效。

在之前的研究报告中,我们发现在领导者的意识发展层次和领导效能
之间有很大关联——它们之间的相关系数为 0.65,呈现显著的正相关性。
这意味着领导效能随意识进化而提升。在这项研究中,经评估处于反应性
心智层次的领导者,其领导效能的平均得分为常模组的 40%;处于创造性
心智层次的领导者,其领导效能平均得分为常模组的 65%,领导力商数接
近 2.0,这意味着领导力是他们的一项巨大的竞争优势。

无论是创建精益、敬业、创新、有远见、有创造力、敏捷、高参与
度、高成就感的组织,还是引入当今组织蓬勃发展所必需的调适性组织设
计和组织文化,创造性领导力都是最低限度的要求。然而,只有 20% 的领
导者具备创造性心智,这正是领导力发展的当务之急。大部分高层领导团

队集体意识的复杂度还不足以引领保持组织竞争力所必需的文化和系统变革。因此，在组织中保持、推动领导力向创造性心智或更高层次进化是高管团队在领导力发展领域的重要课题。

当领导者的意识进入创造性层次时，他们所设计和创建的组织架构和文化常能促成业内领先的绩效表现。领导者开始分享权力。这不再被认为是"放开"管控，而是通过分享来获得权力。自我和他人的发展都很重要。培养他人成为领导者的一项主要工作。对于那些正在打造规模化领导效力的领导者来说，聚焦于此可以起到很好的杠杆作用，领导者投入的时间可以因此获得数倍的回报。在这一阶段，领导权是共享的，但还不是完全的伙伴关系。各级领导者的创造力和关键决策能力都受到培养和鼓励。呈现出来的领导风格是授权、鼓励参与和协作，争取大家更广泛的信任和支持。通过协作，领导者可同时兼顾个人表达和成长及团队表现。领导者不再是唯一的决策者，其职责是促进团队的发展，使其更善于自我管理，更愿意创造性地参与管理，推动组织走向成功。领导者支持、挑战和直面团队及成员，专注于通过团队合作和自我成长实现高绩效。领导力呈现出更多的协作性。此时，领导者负责绘制愿景，并让其他人参与进来，帮助他们发现这一愿景如何助力他们共同实现每个人自身的使命。

这样的组织里盛行的是高度参与的机构风格。每一级员工（更少的层级和更广的控制范围）都深度参与相关决策，形成了一种成功的、高质量的文化，有时甚至演变成一种自我管理的组织。

在世界这个大舞台上，我们所共同面对的商业环境和复杂挑战正在对领导者造成巨大的调适性压力，迫使他们进化到创造性心智，进而发展出整合性心智。当前的全球商业环境，以及经济、环境和地缘政治都极为复杂，我们深信在这种情况下，创造性心智的领导力是对领导者的最低要求。我们更是越来越深信，要为我们所在的星球成功开创繁荣发展的未来，领导者需要拥有整合性意识层次的领导力。

整合性领导力

整合性心智带我们进入有能力应对复杂环境的领导力层次。在这一阶段，领导者更加富有创造力和远见，其愿景扩大到涵盖整个系统的福祉。创造性领导者所具备的远见卓识的能力，在这一阶段进化成系统思考和系统设计能力。整合性领导者对整个系统的福祉持有更宏大的愿景，并成为面向未来的设计师。他们关注的不仅是自己组织的愿景，还包括更大系统的福祉。组织置身其中，与更大的系统之间相互依存。在这一阶段，仆人式的领导力充分显现，领导者成为服务于整个系统的公仆。

整合性心智很好地契合了复杂性的需求。处于这一层次的心智和领导力水平，能够引领组织在丛生的两极分化问题中穿行，应对这些问题引发的复杂性挑战。整合性心智能够使领导者抱持紧张的对立局面，而非即时做出反应、解决表面问题，并且在各种不同类型的利益相关者间撑开看似矛盾的未来愿景，不分厚薄。它汲取各方视角中的长处，并致力于相互协作形成合力。

这种能力允许对立、冲突、张力和两极分化的存在，而不是回避它们、过度简化或者诉诸快速修复的解决方案，这是整合性领导力的特点。通过促进与不同利益相关方的建设性对话，它为产生协同和系统性的解决方案创造了平台。集体智慧超越了团体成员的平均智慧，从而产生了高杠杆、系统性、突破性的思维和行动。

这种能力来自自我结构中所发生的另一种质的变化，它使管理者能够看到并把握整个系统（诸如，系统包括哪些功能，哪些要素功能失调，系统的完整性和破碎性如何，哪些张力无法解决正在寻求出路，以及系统的一致性和冲突性程度等），在对变革做出强有力承诺的同时又能够对现状心存仁爱。

我们在创造性阶段好不容易建立起来的真实、自主导向、富有远见和创造力的自我开始瓦解。我们开始意识到，自己身体里不仅住着一个真实且富有远见的自我，还住着一个与之完全相反的自我。此时，内在的自我定义从"我是一个完备的自我，与其他完备的人们相互配合"，转而意识到：事实上"我并非具足完备"。

与之相反，"我是由很多个自我组成：我是一个生态体，里面有很多个自我，它们经常处于分裂状态"。正如禅师诺曼·费雪（Norman Fisher）所说："我们每个人都是很多人的集合体。其中有些人我们认识，有些不认识——只有别人认识。有些人是我们想要的样子，有些是不想要的。这都是音乐；让我们停下脚步，只是静静地聆听，这就是我们生命的音乐。"（Wenger，2002）

认识到我们由许多迥然不同、相互矛盾的部分组成并不是一种精神分裂，而是与自我的阴影面、与被忽略和未开发的那部分自我的一种深度会见。阴影并不意味着黑暗或糟糕，而是被忽视或遗忘。

在有关反应性心智的讨论中，我们展示了它如何倾向于认同某些优势，过度开发，并对其他优势开发不足——后者会进入我们的阴影部分。正如卡尔·荣格（Carl Jung）所说，"大部分阴影是纯金的"（Jung，1976）。在阴影中，很多未经开发的优势常常会以心理弱点和黑暗元素的形式表现出来。在进入整合性阶段时，我们开始认识到，如波戈（Pogo）所言："我们已经遇见敌人，他们就是我们自己。"（Kelly，1972）敌人不仅在外面，还在我们内心。放眼更大的系统，那些相互冲突和功能失调的部分也都在我们内心。无论是作为个人还是作为集体，我们自己恰恰是我们试图引领和改变的系统的一个缩影。

在拥抱自己的片面性时，我们不再需要假装自己是完备的，而是可以带着慈悲和好奇探索自己未被认可的方面。如此，我们便可以保持自己个性中全部的复杂性，好与坏，光明与黑暗，坚硬与柔软。我们可以直面这种内在的复杂性，无所畏惧，亦无须通过艰苦的计划提升自我。我们也会这样去看待别人——他们也同样是复杂多维的生命体。把自我看作是既纷乱又和谐的丰富的生态体，可以帮我们打开职场和世界的丰富性和复杂性。对自我的不完备性心怀悲悯，使我们能够以接纳的心态接洽他人和更大的系统。这种内在进化使整合性领导者能够看清整个系统，尊重多元分歧，在多点对立的冲突中，带动整个系统走向创造性解决方案。

只有大约 5% 的成年人会发展到整合性心智，这么低的百分比说明这种成长挑战巨大。整合性心智造就高效的领导能力。我们的研究显示，评估结果处于整合性心智的领导者，其领导效能平均百分位排名得分为 90%，领导力商数平均分数为 9.0。领导力明显成为他们的一项竞争优势，这确实是一个非凡的领导力水平。

整合性领导力不仅高效，而且最适合引领复杂系统的变革。比尔·托伯特是成人意识发展方面最负盛名的研究者，他对首席执行官的意识发展层次与组织变革能力之间的关系进行了长期研究（Rooke ＆ Torbert，1998）。在这项研究中，比尔用长达 10 年的时间跟踪了 10 家组织，评估了 10 位首席执行官所处的意识发展层次，收集各项指标来评估组织是否真正发生了变革。他得出的结论是，只有那些从整合性心智出发来引领组织的首席执行官，才有能力发动并持续推进业务变革。在他的研究中，有五位首席执行官处于整合性心智，他们发动并持续推进了 15 次可衡量的组织变革。处于意识发展更早期阶段的领导者们则未能实现任何可衡量的持续性变革。

整合性领导者在经由创造性心智走向成熟的过程中收获了各方面能力，包括远见、战略、真实、团队和人际交往能力。可以说，他们建立在创造性文化和结构上，并将其进一步发扬光大。弗雷德里克·拉卢（Frederic Laloux）在《重塑组织》（*Reinventing Organizations*）一书中（Laloux，2014），很好地描述了在这一领导力层次上出现的组织文化和结构：领导者变得更具系统性，更加放眼于整个社会。组织具备了自我更新的能力，团队成员可以真正参与其中并成为合作伙伴。领导者留下的财富是培养这个组织，使其成为一个服务于更大社会群体乃至全世界的工具。组织被看作是一个由各方利益相关者织就的网络，嵌套在一个由多个网络共同编织的更大的系统中。此时的愿景更能够放眼全球，谋求服务于整个人类的福祉。可持续发展和长期的共同利益成为最重要的价值观。这就是仆人式的领导力。

　　所有的首席执行官都在努力应对日益加剧的复杂性。他们经常感觉头脑不够用，怀疑自己是否有能力引领组织。整合性层次的领导力最适合领导复杂局面。显然，这是一项竞争优势，我们相信这一层次的领导力有能力化解地球上的危险局势。

合一性领导力

　　任何意识发展理论，如果不能包括最高层次的觉知，都是不完整的。在一些作品中，意识会逐步通过连续发展的各个层次，进入万物结合的最高层次。我们一致认为，这是人类能够企及的发展水平。事实上，它可能是人类存在的目的：进化到对"我们是谁"的最高认识层次。

　　研究和实践强烈表明，诸如正念、冥想和沉思之类的修行，能够加速我们向更高层次发展。事实上，如果没有长期的修行，即便有也很少有人能发展到合一性的发展阶段。

　　在合一性阶段，自我再次面临一个重大的转变。到目前为止，自我已经把自己看作是一个分离的个体，坐落于身心之中。现在，自我认识到："我既非这具身体，亦非这份思想。"在合一性心智的早期，我们会用"灵魂"——一个与神圣实相对话的本我来定义自己的身份。整合性自我并没有被丢弃，那个细致入微的自我被用来在这个世界上行动。它功能强大、成效显著，已经成为一种有用的工具。

　　在合一性心智的更高阶段，在多样性的背后和底层呈现出惊人的统一性，而且这一点变得显而易见。这是体验到世界一体性的狂喜阶段。这种合一不仅是头脑中的一个想法，也不是从书本上看来的，而是与生命本身合一的切实体验——万物与自身合一。这是大慈悲的发源地，因为我们终于明白："我就是我的兄弟，我就是我的姐妹，我们都是彼此！地球和万物是一体的。"

　　尽管长期的修行有助于进化到这一领导力层次，但它确实世所罕见。

发展到合一性心智层次并不意味着脱离世界。相反，这一层次的领导者具备全球视野，能够调动整个世界行动起来，服务于全球利益。从合一性的视角来看，我们都是彼此。在遥远大海彼岸死去的孩子是我们的孩子，全世界是一个大家庭，整个生态就是我们自己的身体。

我们需要不断精修领导力，而这需要意识层次的成长。我们生活在一个充满机遇和危险的时代。未来50年将会"非常有趣"并且至关重要。我们既能建设一个生机勃勃的带给全球福祉的新秩序，也可能自己毁灭自己。当然，随着触角遍及世界每个角落，商业在世界的未来中扮演着重要的角色，对最后的结果有着巨大的利害关系。只有认可我们的内在相互统一，万物不可分割，依靠合一性领导力的强大能力，我们才能在全球范围内找到解决现有困境的办法。

本章盘点

(1)上一次你甘冒一切风险只为超越自我是在什么时候？

(2)你是怎么为自己前行的道路设置障碍的？

(3)在通往卓越的道路上，你在等待别人的允许吗？

(4)如果可以活得更加真实，你会有什么不同的做法，成为怎样不同的自己？

(5)你准备好在这个想要改变你的严苛世界上生活了吗？（Whyte，1992）

第 6 章
通用领导力模型及度量：
跨越文化和性别差异——广泛适用的全球性领导力

在上一章，我们介绍了成人发展理论的框架和通用领导力模型的部分结构。本章我们会通过深入探索全景领导力测评（LCP）的研究成果，对通用领导力模型进行更加全面的介绍。

横轴：任务和关系

通用领导力模型和 LCP 的纵轴代表了领导力发展的两个不同阶段。反应性和创造性阶段；横轴显示的则是领导者在关系和任务两者之间的平衡：左半部分是关系，右半部分是任务。如果领导者既能有效组织和执行任务，又能建立良好的人际关系，就会非常高效。任何一方面的能力缺失，都会降低领导效能。1950 年在俄亥俄州州立大学进行的领导力研究表明，没有比任务和关系的变量组合更能解释领导者的效能了。这一研究结果一直无可辩驳。

由此形成的四象限坐标成为通用领导力模型和 LCP 报告的基本框架。（见图 6-1）

领导者可以用创造性心智来管理人，使员工乐于积极参与，并且通过赋能授权使员工发挥出最佳水平；领导者也可以停留在反应性心智阶段，以人为本，关注员工的内心，却因太过在意对方的喜好和接纳而让渡太多权力。领导者可以用创造性心智管理任务，以使命来驱动，聚焦愿景，进而落实为以成果为导向的高效执行以及组织系统性提升；或者，领导者也可以用反应性心智管理任务，但若过度管控，就会迫使组织和员工长期承压，成果难以为继。

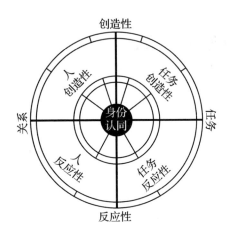

图 6-1　通用领导力模型的四象限

LCP 报告上半圆的外圈展示了一系列创造性领导能力，它们与领导效能和经营业绩密切相关。

LCP 报告上半圆的内圈（见图 6-2）将 18 种具体的创造性领导能力沿关系—任务坐标轴从左向右分为五大类："相处能力"和"自我觉察"位于左侧，或者说关系侧；"成就"和"系统意识"位于右侧，或者说任务侧。"本真性"位于中央，因为它是建立个人和集体领导效能的核心。

图 6-2 圆的下半部分列出了三种反应性模式，其排列位置与上半部分相呼应："顺从"是反应性的人际导向，位于左边的关系侧、"相处能力"的下方；"控制"则是反应性的任务导向，位于右边的任务侧、"成就"的下方；"防卫"位于中央。

内圈是通用模型的核心，各大维度的分布方式直观地反映出大部分领导力理论和研究成果，以及它们之间的动态互赖关系。

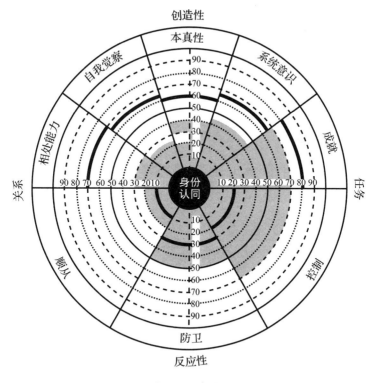

图 6-2　内圈

动态变化的模型

　　库尔特·勒温和爱因斯坦等人都曾说过："好理论最实用。"通用领导力模型是动态变化的，各维度之间相互关联、相互依存（包括理论和统计数字）。因此，它把领导力不同侧面之间的主要相互关系绘制了出来，此前尚无一个模型整合了这些内容。模型各个方面动态相关。这意味着领导力的一个方面在发生变化时，会以可预见的方式影响到所有其他方面。

　　在上一章，我们展示了反应性领导力与领导效能之间的负相关性，以及创造性领导力与领导效能之间的正相关性。（见图 6-3）

　　我们对创造性领导力和反应性领导力之间关系的研究，证明这个模型

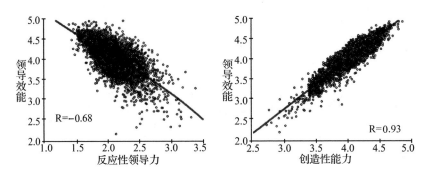

图 6-3　反应性领导力和创造性能力与领导效能之间的相关性

具有动态变化的特点。图 6-4 显示了反应性领导力的平均得分(来自评估者)和创造性领导力的平均得分(来自评估者)之间的关系。

　　强烈的负相关性(-0.76)意味着随着反应性领导力增强,创造性领导力很可能下降。这种负相关性使得通用领导力模型极具动态变化和指导意义。当评估者的反馈表明领导者在模型的上半部分有某项特定创造性能力偏低时,他就可以检视下半部分,看看是怎样的反应性策略正在削弱其领导效能。模型中的所有维度均出自顶尖的领导力和组织发展研究,评估者的反馈也刚好能够契合所有这些研究。数据将它们导入模型并在模型中得到很好的解释。好模型最实用。

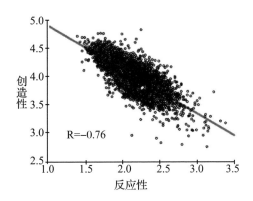

图 6-4　反应性领导力与创造性能力之间的相关性

最佳领导力

一个优秀高效的领导者的 LCP 报告会是什么样子的呢？他们的报告通常表现为上半部分得分高，下半部分得分低，左右两部分之间有很好的平衡。LCP 报告中分数高低表现为与圆心距离的远近，分数以百分位排名的形式表现，得分越高(与全球常模组相比)离圆心距离越远，得分越低离圆心越近。优秀的领导者会在创造性部分得分很高,任务和关系能力都很强,而且均衡发展。

我们邀请全球范围内 5 万余位管理者参与了 LCP，来检验什么是能够帮助组织繁荣发展的最佳领导力。图 6-5 的汇总报告向我们展示了最佳全景领导力测评汇总报告。

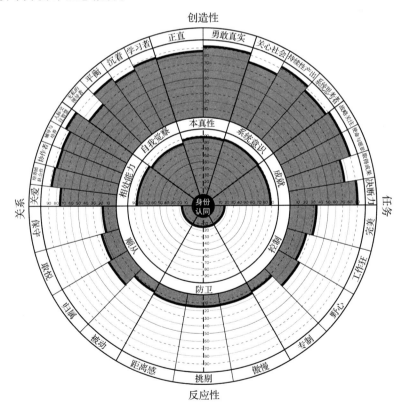

图 6-5　最佳全景领导力测评汇总报告

全球调研结果一致显示，最佳领导力表现为很高的创造性和很低的反应性模式。这个图包含的信息量很大。首先，它适用于不同文化，其图形概貌在不同文化中虽然略有不同（在反应性维度上有所差异），总体却极为相似。

其次，每个人都同意高效的个人和集体领导力是业务成功的强大助力。对最佳领导者的研究表明，我们对于什么是高效领导力的看法也高度一致。那么，为什么很少有组织拥有这些确定有效的领导力文化？为什么我们仍然没能找到更好的方法来衡量、跟踪和发展个人和集体领导效能？为什么高层管理者很少将推动、落实领导力发展的议题视为建立竞争优势的战略重点？

领导力模式与经营业绩和领导效能紧密相关

我们的研究已然表明，领导效能与经营业绩之间存在很强的相关性（0.61）。现在，让我们来看看领导效能和经营业绩与模型的创造性和反应性维度之间的关系。前面我们介绍了一些研究结果，展示了在业绩表现最好的企业（前10%）中领导效能的平均分，接下来我们把它跟业绩表现最差的企业中领导效能的平均分做个对比。

我们问自己：将业绩最好（或前10%）的企业的领导力测评报告汇总起来是什么样子？业绩最差（或后10%）的企业的领导力测评报告汇总起来又是什么样子？图6-6是我们的发现。

被认为业绩最好的企业，它们的领导力文化很有创造性；在业绩不佳的企业中，反应性领导风格盛行。

图6-7用另一种形式对图6-6中的信息进行了汇总。业绩最好的企业，创造性半球的百分位排名平均得分为80%，反应性半球得分低至30%。业绩最差的企业，反应性半球的百分位排名平均得分为70%，创造性半球平均得分为30%。显然，创造性领导力的表现远超反应性领导力。创造性领导力是一项具有决定意义的竞争优势，反应性领导力则是一项竞争劣势。

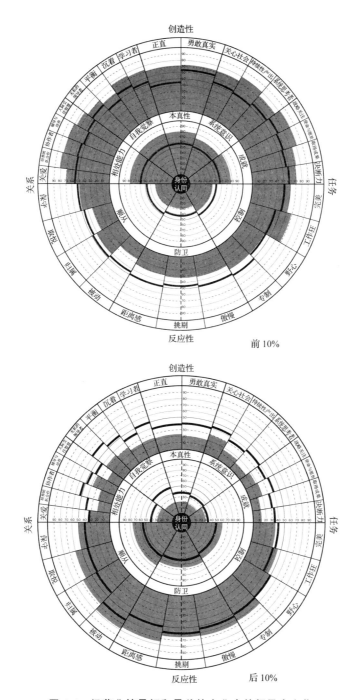

图 6-6 经营业绩最好和最差的企业中的领导力文化

之前，我们将领导力商数（LQ）定义为有效领导效能除以无效领导效能。现在，在了解整个通用领导力模型之后，我们可以用创造性能力得分来衡量有效领导效能，用反应性得分来衡量无效领导效能。业绩最高的企业LQ得分为2.7，业绩最差的企业LQ得分为0.4。要知道，得分高于1.0时领导力就成为一项竞争优势。显然，这表明，在业绩最好的企业中，个人和集体领导力是一项突出的竞争优势。业绩最好的企业LQ得分6倍于业绩最差的企业[1]，领导效能的差异导致经营业绩截然不同。

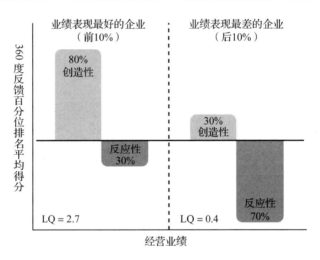

图6-7　业绩表现最好和最差的企业中领导者的反应性和创造性得分

这一发现与曾格和福克曼的研究结果相一致。在他们的研究中，能力测评的百分位排名得分在80%以上的卓越领导者，其绩效产出6倍于中等水平的领导者（测评百分位排名得分20%～80%）。

此外，在业绩最好的企业中，受评估者的自评得分（图6-6中的粗实线部分）略低于他评得分的平均值（图6-6中阴影部分的外沿）。在业绩不佳、反应性领导风格的企业中，情况则刚好相反。这表明，创造性领导者进行建设性自我批评的能力更强、更成熟，反应性领导者往往对其反应性领导

---

[1]　作者的计算方式为：业绩表现最好的企业LQ得分＝80%/30%≈2.7；业绩表现最差的企业LQ得分＝30%/80%≈0.4；2.7/0.4＞6，因此得出结论：前者的LQ得分是后者的6倍多。——译者注

风格所带来的负面作用视而不见。

在业绩最差的企业中，主要的领导风格是反应性模式中的顺从型。与其他风格相比，顺从大大降低了领导效能和经营业绩。在这种反应性领导力画面中，我们会看到控制欲很高的领导者驱动着顺从型文化，这是反应性、家长式组织的核心动力，这样的组织之所以表现不佳，是因为反应性文化动力结构使其付出了高昂的代价（见第 9 章）。

动态的两极

正如 LCP 圆形报告的上下两部分之间（创造性和反应性）存在动态和反向关联关系一样，报告的左右，即关系和任务维度之间亦是如此。横轴的左右两极分别是关系和任务。这些相反的领导力倾向常会成对出现在各类领导力著作和研究中——擅长完成任务的领导者可能不善于打理人际关系，反之亦然。因此，整个圆形报告被设计成一整套两极行为或相反倾向的组合。

请注意，在图 6-8 中"顺从"（左下）和"成就"（右上）在 LCP 模型中成对角线关系，这是因为它们在各个方面都刚好相反：（1）两者的领导力风格和行为刚好相反；（2）驱动这些行为背后的信念结构刚好相反；（3）"成就"和"顺从"之间具有最强的负相关性。表 6-1 显示了内圈的各个维度与领导效能和经营业绩之间的相关性。

"顺从"会严重干扰我们取得"成就"（-0.75），鉴于"成就"与领导效能之间高度相关（0.91），而"顺从"会降低效能（-0.63），因此一味顺从会有很大问题。随着顺从程度的加剧，领导效能和经营业绩会受损，因为"成就"是跟经营业绩相关性最强的维度（0.61）。

"相处能力"（左上）和"控制"（右下）也是对角线上的两极（图 6-9）。这两个维度在报告中居于相反位置，这同样是因为两者的行为表现相反，驱动这些行为的信念相反，而且两者之间负相关（-0.64）。因此，当"控制"升高时，"相处能力"就会下降。鉴于"相处能力"与领导效能（0.85）和经营业绩（0.50）相关性很强，"相处能力"下降时，领导效能降低，经营业绩因此受损。

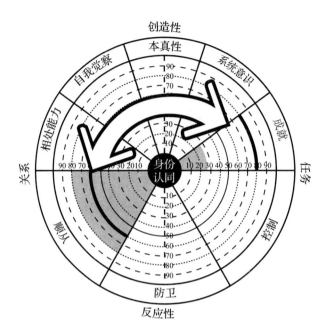

图 6-8 "顺从"和"成就"之间的两极对立关系

表 6-1 LCP 内圈相关性

	经营业绩指数	领导效能	相处能力	自我觉察	本真性	系统意识	成就	控制	防卫	顺从
经营业绩指数	1	0.61	0.50	0.48	0.50	0.57	0.61	−0.21	−0.31	0.40
领导效能	0.61	1	0.85	0.76	0.78	0.84	0.91	−0.41	−0.56	−0.63
相处能力	0.50	0.85	1	0.87	0.72	0.80	0.76	−0.64	−0.75	−0.44
自我觉察	0.48	0.76	0.87	1	0.66	0.73	0.66	−0.74	−0.74	−0.36
本真性	0.50	0.78	0.72	0.66	1	0.78	0.86	−0.23	−0.38	−0.72
系统意识	0.57	0.84	0.80	0.73	0.78	1	0.88	−0.40	−0.51	−0.61
成就	0.61	0.91	0.76	0.66	0.86	0.88	1	−0.24	−0.41	−0.75
控制	−0.21	−0.41	−0.64	−0.74	−0.23	−0.40	−0.24	1	0.83	0.09
防卫	−0.31	−0.56	−0.75	−0.74	−0.38	−0.51	−0.41	0.83	1	0.23
顺从	−0.40	−0.63	−0.44	−0.36	−0.72	−0.61	−0.75	0.09	0.23	1

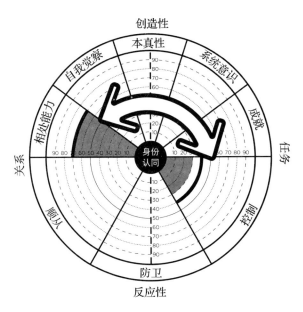

图 6-9　"控制"和"相处能力"之间的两极对立关系

从内圈相关性表格（表 6-1）可以看出，"防卫"与报告上半部分的所有创造性维度都有很强的负相关性。其中与"相处能力"（−0.75）和"自我觉察"（−0.74）之间的负相关性最高，这是因为"防卫"与"控制"的正相关性高（0.83）。"防卫"倾向高的时候，"成就"会随之降低（−0.41），"系统意识"也跟着降低（−0.51）。领导效能因此受损（−0.56），继而损害了经营业绩。（见图 6-10）

如内圈相关性表格（表 6-1）所示，所有相关系数都指向预期方向。LCP内圈是通用领导力模型的核心，这为模型的有效性提供了有力的证据，使该模型的动态性得到了测量指标上的证实。这些相关性数据证明，通用领导力模型的理论框架与企业业绩密切相关。

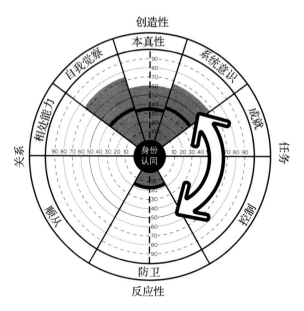

图 6-10 "防卫"和"觉察"相关各维度之间的两极对立关系

模型的普适性

在过去的 15 年中，我们一直在全球范围内使用通用领导力模型发展领导效能。例如，FCG 近期在香港为一家全球性组织举办了一次研讨会，与会的高层领导竟然来自 17 个不同的母语国家！

本模型适用于不同文化。它跨越了文化差异，为在不同地域和文化多样性组织中推进领导力发展这一挑战性议题提供了通用框架和语言。

表 6-2 显示了在世界各地不同的文化中，领导效能与 LCP 内圈维度之间的相关关系——内圈是通用领导力模型的核心。世界不同国家和地区在关键的创造性能力与领导效能之间全部都是强正相关，地区差异很小。这有力地表明，该模型的创造性半球在高效领导方面提供了一个全球性跨文化模型。虽然不同国家和地区在反应性维度上有些许差异，但所有反应性维度与领导效能的负相关性都符合预期。一直以来我们发现，在发展中国家，领导效能与某些反应性维度（主要是顺从和控制）之间的相关性普遍偏

低，这可能是因为家长式领导风格在这些国家更为盛行，更受重视，更被接受，更有必要。

表 6-2　世界不同国家和地区 LCP 内圈与领导效能之间的相关性列表

（显著性水平 0.001）

	相处能力	自我觉察	本真性	系统意识	成就	控制	防卫	顺从	全部创造性维度	全部反应性维度
美国	0.88	0.83	0.76	0.82	0.90	0.47	0.63	0.60	0.90	−0.66
加拿大	0.87	0.82	0.75	0.79	0.89	−0.45	−0.62	−0.56	0.89	−0.63
拉丁美洲	0.87	0.84	0.79	0.84	0.90	−0.30	−0.50	−0.48	0.91	−0.51
欧洲	0.85	0.78	0.69	0.76	0.86	−0.37	−0.58	−0.53	0.87	−0.57
中东	0.89	0.85	0.75	0.84	0.89	−0.33	−0.57	−0.46	0.91	−0.53
非洲	0.87	0.83	0.74	0.81	0.89	−0.26	−0.50	−0.49	0.90	−0.47
印度	0.88	0.84	0.74	0.83	0.90	−0.24	−0.51	−0.45	0.90	−0.44
亚洲	0.86	0.83	0.71	0.80	0.88	−0.32	−0.57	−0.53	0.89	−0.53
澳大利亚和新西兰	0.85	0.81	0.76	0.76	0.87	−0.40	−0.57	−0.59	0.88	−0.61

根据表 6-2 中的结果，我们预计 LCP 外圈的各个维度与领导效能之间的相关性在世界范围内的情况类似（差异性与表 6-1 的结果一致），随后的研究也证明了这一点。所以我们的结论是，从通用领导力模型的角度来衡量，世界各地对高效领导力的描述都大同小异。因此，该模型提供了一个强有力的框架，支持全球各类组织的高层领导应对推进领导力议题的挑战。

案例：在乌干达乡村的跨文化应用

既然我们号称通用领导力模型是跨越文化和性别差异的，那么就让我们探索一下该模型如何应用于一个最不可能的地方：乌干达。

20 世纪 80 年代初，乌干达乡村培训和发展组织（URDT）成立。他们在乌干达库容村开始了一项大胆的实验，将全系统方法论应用于创造性领导能力的培养。这个以姆瓦利姆·穆什什（Mwalimu Musheshe）、以法莲·

鲁塔博亚(Ephrem Rutaboa)和席尔瓦娜·韦尔特坎普(Silvana Veltkamp)为首的富有献身精神的青年领袖小组，下决心要为非洲的经济和社会发展有所贡献。他们得出的结论是，大多数乡村发展模式之所以失败，原因在于未能将推动社区领导力发展列上议程，从而可以打造基层能力开创各种机会。多数乡村基于外国援助的做法之所以失败是因为它们带来了依赖心理，没有培养起乡村的自给自足的精神。穆什什和鲁塔博亚是农业和土木工程师，他们在硬科学领域的应用系统解决方案方面有丰富的经验。在韦尔特坎普的帮助下，他们前往美国，向全系统变革方面的顶级思想大师学习。我们在这一时期与他们合作，帮助他们深化对创造性领导原则的理解。穆什什和他的团队返回乌干达后，采取了将软性和硬性系统整合起来这一大胆的新做法来促进乡村发展。

穆什什和他的团队采用了非常独特的方式来推动项目，对人和乡村进行改造，那就是通过发动基层、全系统发力及赋能授权等方式培养村一级领导者的创造性领导能力。这种做法几乎不需要援助，即便在使用援助时也非常谨慎而明智。20世纪80年代，当穆什什和他的团队进入库容村时，村民们以为来了援助，一见他们就问："你们打算为我们做些什么？"

穆什什回答说："什么也不做。"

村民们正准备走开，穆什什邀请他们留下来一起开个会。不久之后，道路、鱼塘和学校开始修建，泉水被保护起来，小微企业开始起步，地方贷款结构开始升级改造，为企业发展提供周转信贷，人们的健康状况得到改善，可持续性农业发展和利用土地的做法得以实施。

1986年我们第一次参观了这个项目。当时查理·道尔(Charlie Deull)和妻子劳雷尔·杜彻(Laurel Dutcher)也在参观这个项目，他们受联合国指派，研究全球经济发展的新方法。在观察了这个项目几天之后，查理私下里对我们说："与世界上其他项目相比，这是一个相对较小的项目，但它是我们见过的最具创新性和前景的项目。这里的不同之处在于，人们热情地迎接挑战，为自己的发展负责，为开创他们向往的未来负责。这一切都是在不需要注入大量资源的情况下完成的。此外，这是一个完整的、全系统发力的方式，涵盖了经济发展、教育、社区卫生和生态可持续等各个方面。"当时由乌干达现任总统约韦里·穆塞韦尼（Yoweri Museveni）领导的旨在推翻米尔顿·奥博特（Milton Obote）的革命正席卷全国。

2013 年我们再度造访 URDT 组织，培训他们使用通用领导力模型，支持其旨在推动个人和集体领导效能持续发展的领导力议题。我们对 25 位领导骨干进行了 LCP 测评，并和他们一起完成了为期三天的领导力发展之旅。这次会议影响深远，由此引发的大量的学习与反思直到今天仍在继续。

在 27 年间，我们从这一项目中观察到的结果令人大为赞叹。该项目已从库容村发展到乌干达最贫穷的卡加迪地区。URDT 在当地致力于乡村发展的力量翻了数倍。为了扩大影响力，URDT 认识到，制约他们发展壮大的是培养乡村发展领袖，这些人可以启动和支持项目发展，直至相关项目能够自给自足。为了解决这一挑战，穆什什在卡加迪创办了非洲乡村大学（ARU），为女孩子提供从小学到大学完整的体系化学校教育。ARU 的愿景是为所有非洲国家培养乡村发展领袖，将全系统和创造性领导力方法论深植于该校的教育原则中。学校有 260 个女生。只有来自贫困家庭、前途渺茫但有领导潜力的年轻女孩才有资格入学。ARU 被公认为东非十大变革先锋学校之一，也是非洲最具创造力的大学之一。若干年后，这些女孩从 ARU 大学毕业时，就是全非洲受教育程度最高、能力最强的领导乡村转型的女性领袖。URDT 会直接聘用其中一批人，作为乡村转型专员部署到各个村庄发展项目中，并与当地政府官员合作，帮助后者更好地为人力和社会资本的发展提供真正的服务，从而实现可持续和持久性变革。

乔尔·亚诺维茨（Joel Yanowitz）是 URDT 的董事会成员和长期合作伙伴。当彼得·圣吉、查理·基弗和罗伯特·弗里茨开创系统论时，乔尔是创新协会的总裁。他最近告诉我们："URDT 和 ARU 也许是应用这些理论原则时间最长、最成功的实验。"作为一位领袖，穆什什在乌干达和整个非洲地区备受尊重，荣获多个奖项。除了在 URDT 和 ARU 的开创性工作，他还在乌干达政府担任多个高级领导职务。他是一位非凡的创造性领导者的典范：富有远见、勇气和影响力——位居前 20% 的领导群体之列，领导力是其他人的 6 倍。

性别与通用领导力模型

通用领导力模型不仅对组织和领导力发展领域的碎片化研究起到了整合作用，跨越了文化和种族差异，还能够帮助不同性别之间相互平衡。通用领导力模型横轴的两端分别是关系和任务，这很好地表明了男性和女性不同的领导力取向。这样一种阴—阳或所谓柔—刚的框架帮助我们探讨这样一个问题：男性和女性的领导方式是否有所不同？

我们最近研究了 LCP 数据库中不同性别之间领导力的差异。表 6-3 显示了在"相处能力"和"成就"这两个内圈维度上的研究结果——它俩同属创造性维度，分列关系—任务轴的两端。"关爱"维度（"相处能力"维度下的一个子维度）被单列出来，因为它最能体现男女之间的差异。表 6-3 还给出了女性和男性领导者在创造性和反应性维度的平均分及两者的比分，这一比分可作为总结性得分来衡量领导者是更具创造性还是更具反应性，以及程度如何。列表中同时包括领导效能这一衡量指标。

表 6-3　性别差异

维度	女性		男性		效应量
	平均分	百分位排名	平均分	百分位排名	
相处能力	4.06	56%	3.89	39%	−0.27
关爱	4.08	60%	3.80	37%	−0.39
成就	4.15	53%	4.06	41%	−0.17
创造性维度	4.09	57%	3.97	40%	−0.21
反应性维度	2.06	42%	2.21	61%	0.25
创造性—反应性比分	2.01	59%	1.75	40%	−0.27
领导效能	4.09	53%	3.97	41%	−0.15

N＝250000 位评估者。男女平均分之间的差异具有统计学意义（显著性水平 $p < 0.001$）。

总体而言，女性的创造性得分高于男性，反应性得分低于男性。两者在创造性—反应性比分上相差0.26分。这一差异在与常模组对比时所获得的百分位排名平均分分别为：男性40％，女性59％。[①] 女性在领导效能方面的得分也略高于男性。这种差异表明，女性对领导力的贡献处于被低估的状态。有了这些数据，我们可以为性别多样性和包容性提供强有力的证据，甚至更有理由让更多女性担任领导岗位。

这些数据表明，女性是比男性更有效的领导者，或者至少她们的整体评价更高。这些差异有多重要？我们用效应量[②]来检验工作中人们是否能真实感受到男性和女性领导方式之间的差别。效应量在大于0.20或小于-0.20时，意味着不同性别的领导者的领导方式之间确实存在差异，但只有该分值在高于＋/－0.35（绝对值）时才会引发研究人员的特别关注。我们的研究人员兰尼·范杜森（Lani Van Dusen）得出了如下结论：

男性和女性在好几项维度上的差异达到了有现实意义的最低值（见表6-3），但其中唯有一项值得特别关注，即"关爱"。在这一维度上，男性和女性具有现实意义的差异程度非常显著（效应量＝-0.39）。研究表明，女性受评估者在"关爱"维度上的百分位排名得分是60％（超过了60％的常模组人群），以男性作为基模时的百分位排名得分是66％。[③] 与男性相比，女性在这方面表现出更多的创造性行为。

性别分析结果显示，男性和女性的平均分几乎没有明显差异。这表明，高效领导的关键要素普遍适用于不同性别（和文化）。但女性领导者通常在"相处能力"这一维度上表现稍好，在"关爱"能力上表现更好。这表明女性领导者天生就更善于表达这方面技能，而且社交能力和情商也更高。此外，人际关系方面的软技能也有助于她们在取得成果方面表现甚佳。

我们与数千位领导者的合作经验表明，百分位得分相差15％～20％（根据男性和女性360度评估结果）足以影响业绩表现。女性正在为新型企

---

① 表6-3中"创造性—反应性比分"一行。
② 统计学中检验两个独立样本差异是否显著的指标。——译者注
③ 比男性在关爱维度上的平均得分高16％。数据来自作者的另一项研究。——译者注

业文化带来亟须的创造性贡献。鉴于拥有高度敬业的员工队伍是一项竞争优势，组织文化正从家长式文化转向伙伴式文化，这一转变非常需要女性领导者贡献她们在人际关系、情感和社交方面的智慧。事实上，从女性领导者在"相处能力"和创造性方面的高分可以看出她们在高绩效领导力文化转型中的贡献。

与成人意识发展层次论的关系

在与圣母大学门多萨商学院斯塔尔高管教育中心联合开展的研究中，我们探讨了领导者的意识发展层次与其领导效能之间的关系。另外我们还展示了领导力的发展阶段（反应性、创造性、整合性）与其领导效能之间的关系（图 6-11），并发现二者之间有很强的相关性（R＝0.65）。现在让我们看看研究中的其他发现。

这项研究的动力来自两条研究路线的交汇。曾格和福克曼在《卓越领导者》(*Extraordinary Leaders*)一书中汇报了他们的研究发现，那些在 360 度领导力测评中百分位排名得分超过 80%（位居前 20%）的管理者的产出会比得分居中的 60%（得分介于 20%～80% 之间）的管理者高出两倍（2X）。这再次证明，排名前 20% 的每位管理者的表现都是中间组的 6 倍。这一倍数与业绩最高和最低企业之间的领导力商数之差相吻合。显然，那些得分超过 80% 的领导者在某些方面非比寻常。

形成这一假设的第二条研究路线来自成人意识发展领域的研究机构。其研究发现，只有大约 20% 的成年人的生活和领导力操作系统属于创造性或更高的意识层次。

两条研究路线都指向了那些得分超过 80% 的领导者身上所发生的不同寻常的事情。他们是否有可能是同一批领导者？卓越领导力是意识还是能力问题？根据我们研究的结果，答案是肯定的。

这项研究分两个阶段进行。第一阶段面向圣母大学斯塔尔高管教育中心的高级管理人员的工商管理硕士（EMBA）班。这个 EMBA 项目非常独特，因为项目一开始学生们就先参加了为期一周的封闭式高管整合领导力(EIL)项目，EIL 项目专注于开发领导力的内在游戏和外在游戏。这个项目的学生(同时也是我们的研究对象)大多是 35 岁左右、希望培养自己领导能力的中高层管理人员。班上的 65 位领导者同时参与了我们的全景领导力测评和苏珊娜·库克·格雷特主持的成熟度评估。

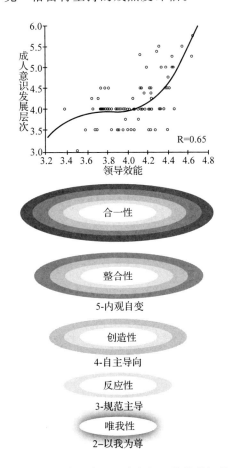

图 6-11　成人意识发展层次与领导效能的相关性

在给这些人做完 MAP 后，苏珊娜致电给我们说："我觉得你们不会喜欢这个结果，因为这些人中没有一个超常规的领导者，他们要么是专家，要么是实干家(目标追随者)，还有一个是外交家(礼节主导者)。"换言之，所有这些人都处于反应性心智的不同层次，没有人达到创造性或以上层次。

在我们看来这一点也不奇怪。原因在于：首先，大约 75%～80% 的成年人和这组 EMBA 学生处于同样的分数区间。其次，与成人意识发展层次最相关的变量是年龄。从一个发展层次进化到下一层次需要多年时间。考虑到这批学生的平均年龄在 35 岁，测量结果显示他们都处于反应性的不同层次实属正常，完全在意料之中。

我们说："好吧，这很有趣，因为这组学生 LCP 创造性—反应性比分的总体百分位排名平均分是 40%，这跟他们 MAP 总体评估结果非常相似。"这组学生的 LCP 总体概貌请参见见图 6-12。

40% 的百分位排名得分说明这组学生反应性略高于创造性。他们的反应性高于圣母大学过往大多数的 EMBA 班（过往班级得分在我们合作的 13 年间从 40% 到 60% 不等），他们的领导力商数为 0.71，也低于圣母大学多数的 EMBA 班，其他班的得分通常在 0.75 到 1.5 之间。这份报告说明为什么像圣母大学 EMBA 这样的项目可以对领导者打造领导效能、促进未来职业发展如此举足轻重。

苏珊娜给圣母大学这个 EMBA 班评估的 MAP 平均分为 3.89。在 MAP 评估体系中，反应性阶段有三个递进层次——外交家、专家、实干家。这个 EMBA 班有一个外交家；其他都处于专家和实干家层次（专家得分 3.5；实干家得分 4.0）。学生中实干家的人数超过了专家，这说明他们的平均水平处于反应性阶段的中后期，LCP 总体平均分为 40%，也说明了同样的情况。

LCP 和 MAP 的平均分如此相似，在我们看来这是一项有趣的发现。但我们并没有做进一步研究，因为我们假设 MAP 为创造性及以上阶段的超常规领导者在 LCP 中的领导效能得分也会更高。既然在这组学员中找不到超常规领导者，也就没有研究的必要。

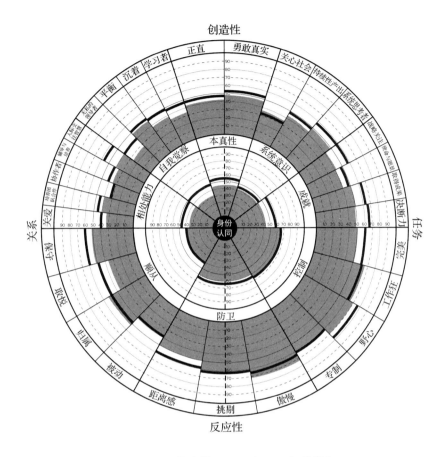

图 6-12　圣母大学 EMBA 班 LCP 汇总报告

考虑到这一困境，我们决定广邀 LCP 认证顾问来提名卓越领导者加入这项研究。我们给出的标准很简单：之前没做过 MAP 或 LCP，本人倡导并身体力行宏大的愿景，情商高、系统意识强。如果认证顾问觉得他们所提名的是一位卓越的领导者，我们就会邀请该领导者加入这项研究，免费提供所有测评和反馈服务。我们共接受了另外 25 位领导者加入第二阶段的研究。这组领导者大多是身居要职的高管，他们的平均年龄也远高于圣母大学的学生组，他们的 LCP 结果如图 6-13 所示。

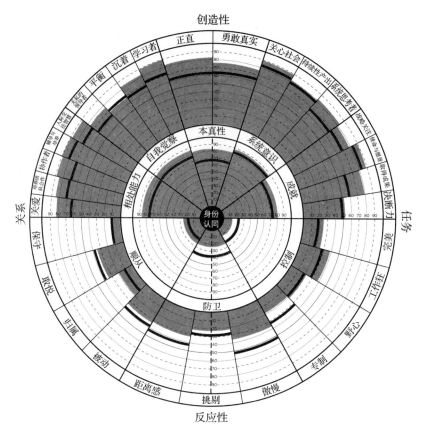

图 6-13　卓越领导者 LCP 汇总报告

从总体概貌可以看出，这是一组卓越的领导者。他们相对于常模组的总体 LCP 百分位得分是 80%～90%，LQ 得分为 4.24，远高于象征着领导力成为竞争优势的 1.0，也远高于圣母大学小组的 0.71。把圣母大学和卓越领导者两个组的 LQ 得分做个比较，就会再一次看到 6 倍的差距。卓越领导者小组 MAP 结果基本处于创造性和整合性心智的中间地带，他们的 MAP 得分为 4.75，而圣母大学小组 MAP 得分为 3.89，前者比后者得分高出 2.7 个标准差。卓越领导者小组比 EMBA 学生组的年龄大，因此人们预期他们的测评分数理应更高一些（尽管年龄增长本身不会带来领导力进化，但进化到更高阶段确实需要时间），但是他们在所有测试项目上的得分都表明这的确是一个超乎寻常的、卓越的领导者群体。

结论与启示

我们把圣母大学组和卓越领导者组的测评结果结合起来进行了一项研究。研究者希望能够找到两者之间的相关性。LCP 创造性能力平均得分和 MAP 成人意识发展层次得分之间的相关系数高达 0.65。反应性平均分与意识层次得分之间有切实的负相关性，系数为-0.42。这有力地证明了领导能力和效能在很大程度上取决于领导力发展阶段，所有指标都指向这个结论。

在对 LCP 报告的若干具体维度进行观察时证据变得更为充分。LCP 旨在测量从创造性和整合性心智中涌现的领导能力，其中有部分维度和问卷问题描述了整合性阶段会自然生发的领导能力。与整合性阶段正相关度最高的维度包括："使命与愿景""关心社会""学习者"和"辅导与培养"（定义详见附录1）；"保守"和"野心"这两个反应性维度同样与整合性阶段相关，只不过是负相关。当我们把这些相关维度汇总为一个领导力发展阶段预测维度时，其与意识发展层次的相关性达到0.75。两者相关性如图 6-14 所示。

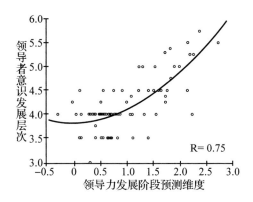

图 6-14　领导者意识发展层次与 LCP 发展阶段预测维度之间的相关性

这项研究验证了内在游戏对领导效能的主导作用。值得注意的是，这只是其中一项研究，是迄今为止同类研究中规模最大的一次，其他较小规模的研究也都发现，360度测评得分与成人意识发展层次的评估结果之间具有显著的相关性。尽管如此，这毕竟尚属领导力研究前沿，值得进一步深入探索。

卓越的领导能力随创造性心智而生。当领导效能进化时，更高层次的意识自然会解锁更高水平的胜任能力。领导力发展领域一向热衷于找到成就卓越领导力的原因，却一直忽略了一个主要问题。我们一见到卓越的领导者立刻会问："他们在做的哪些事情让他们如此卓越？"这个领域一向善于提取与领导效能相关的关键能力，却在很大程度上忽略了这样一个问题："那位领导者运用了什么样的操作系统来达到如此精深的领导力水平？"

在本书中，我们用了很多比喻来揭示领导力发展的基因（DNA）。领导力的发展是能力与意识、内在游戏与外在游戏、技能精湛与心智成熟的双螺旋组合。我们现在有了一个整合领导力发展最佳理论和实践的模型，并且有相关指标来证实该模型，这些指标与那些在高效领导和经营业绩方面的尖端研究相一致。

这些发现全都表明领导力精进是一生的功课。正如沃伦·本尼斯（Warren Bennis）所说，培养卓越的领导力与成为一个卓越的人是一回事。为实现领导力发展这一重要而紧迫的举措，我们需要重新思考如何培养领导者，在做法上需要长期化和系统化（而非零敲碎打和时断时续），兼顾个人和集体，整合内在游戏和外在游戏，非此则不可能成功。

本章盘点

（1）你现在最在乎、最想主张的是什么？

（2）对于你来说什么是不容商榷的？

（3）在某一特定时刻，是不是所处环境在决定或提醒你该作何表现？

（4）如果灵魂可以开口说话，它会告诉你什么最重要？为什么？

（5）系统是如何塑造你的，你又是如何塑造它的？

第7章
领导体系：
居于中心位置的组织体系

对领导力的迫切需求促使企业聚焦并加速开发富有成效的领导力，因此企业需要对领导者在个体和集体两个层面的培养模式进行变革。集体领导效能是构成领导体系的一个重要元素，而领导体系又居于企业组织体系的中心位置，当领导体系有效运转时，企业绩效才能达成并保持良好的绩效表现。

本章我们将介绍一套促进领导体系发展的全系统模式。通过重点介绍四个研究案例来阐述综合运用通用领导力模型与全系统模式给企业领导体系发展所带来的改变。下面就从描述什么叫"用全系统模式发展领导体系"开始。

领导体系居于组织体系的中心位置，是组织的六大核心体系之一。接下来我们将对这六大体系一一进行介绍，并重点介绍领导体系。

与领导者对话时，我们经常询问他们所在组织的领导体系和集体领导效能的状况，以此来说明打造领导体系的重要性——"你们最高管理层有多少人？"我们问。

"9个。"某位领导者回答。

"那有多少人直接汇报给这9个人？"

他先在脑子里计算了一番，然后答道："可能有84个。"

"所以，从首席执行官算起，L1到L3级领导者一共有93位（首席执行官、他的直接下属及这些下属的下属，L1—L3）。那你们公司有多少雇员？"

"32500 人。"

"也就是说这 93 个人构成了你们的领导体系及集体领导效能，他们必须对 32500 名员工和整个组织的有效运转负责。这个团队的有效性显然是贵公司成功和繁荣的关键，为此他们无论作为个人还是作为集体都必须富有成效。"

我们习以为常的是，绝大多数（80%）与我们对话的领导者或者根本不接受这个概念，或者尚未将领导力方面的优势视为一种资产。在我们接触的企业中，大多数都没有把领导体系当作他们的核心组织体系，没有意识到领导体系中的集体领导效能是业务健康发展和成功的关键，这等于在将大把的良性资产和资源束之高阁。简言之，领导体系是当今商业中最未得到充分利用的资产之一，而这已经是最好的情况了，最坏的情况莫过于它反而成为组织的一项竞争劣势。鉴于这一群体（L1—L3）是由领导体系中的每位领导者组成，了解他们作为个体的领导效能至关重要，观察他们的集体效能也不失为明智之举，其中包括集体效能缺位将如何危及领导体系的整体健康。

下面我们就以组织效能的六大核心体系为背景详细介绍领导体系。

组织效能的六大体系

为了支撑业务的持续增长和组织形态的不断变革，企业必须在内部精心开发和维护六大体系。这些体系超越了职能部门或职能性活动的涵盖范围，企业必须专门将它们视为组织整体的一个组成部分。（见图 7-1）它们是创建健康、高效组织的必要条件和关键元素，也为企业实现最佳效能和长久成功而必须具备的可预见性、一致性、可度量性和可靠性提供了原则和衡量标准。我们将组织定义为一个包含有各种机械组件的有机系统，这六大体系便居于这样一个组织的内部。

图 7-1　组织的六大体系

体系 1：领导力。领导体系是确保组织繁荣昌盛的中央系统。为了实现及持续保持高绩效，领导者必须对所有六大体系给予密切关注。这些体系中的每一个都超越了所有的组织边界、流程和部门，而领导体系则保证了其他体系的有效运行。

首先并且最重要的一点是，领导体系为组织提供方向和战略，确保协同一致，保证组织的身份得到清晰定义。领导者致力于三个主要问题：

（1）愿景与客户价值。我们通过为客户创造什么样的独特价值来获得竞争优势？我们该做些什么？为谁做？为什么？

（2）战略与途径。我们用哪些与众不同的方式满足客户和利益相关者的独特需求？为了获得可持续成果和竞争优势，我们需要何种战略？

（3）结构与一致性。组织架构与战略、技术与人、实践与流程、领导力与文化、衡量与管控之间需要如何协调一致？这些要素是否经过精心设计和协调一致，为实现愿景创造最佳条件？

高层领导者的角色之一就是设计和维护领导体系、定义和完善关键领导程序，通过日常准则贯彻实施。他们需要将愿景和客户价值转化为战略和目标、过程和实践、行动和责任、执行和绩效，同时确保众人协同一致，沟通清晰到位，吸引各利益相关方积极参与，培养人才，管理绩效，建立问责机制，培养接班人，配置资源，塑造文化及确保组织交付成果。

领导体系塑造了领导力文化，领导力文化发挥着组织文化 DNA 的作用。我们发现，领导者的意识进化对于改变企业文化和经营方式至关重要。

鉴于领导体系在创建（或侵蚀）高绩效方面有巨大潜能，高层领导者有责任保证它的健康和有效，因此对领导体系的运行状态、效力和能力给予持续关注很有意义。领导体系和任何体系一样需要管理、维护和测量，因此，我们需要建立一套标准和通用的测量工具，可以跟踪到企业的日常运营、机遇和改进，以及个人和集体领导的效能——你的有效性如何？你如何了解自己的有效性？你在领导力上的投资回报率是多少？领导们在沟通上有多到位？为组织成员创造了多少有效的信息交流？他们是否为交付高质量的产品和服务创造了有效的手段和方法？他们擅长挑选、留住和培养合适的人才吗？领导者是否承担了对员工的责任，建立起一种个人和团队履行承诺的文化？

总之，领导体系的责任在于建立意义、搭建环境、滋养守护使组织兴盛的各项条件。领导体系居于六大体系的中心位置（见图 7-1），是因为它负责保障所有其他体系的有效运行。除非领导体系能够高效运行，否则所有其他体系都会退化，人们举步维艰，组织绩效受损。当它有效运行时，一切方有可能。

体系 2：沟通。每一件事情，它要么是在某场对话中产生，要么是因为某场对话而发生。每次交流都是一个潜在的关键时刻——它或者是个失败点，或者是成功链条上的一个关键环节。策略性沟通确保你发出的信息很好地传递你的意图，达成想要的效果。有效沟通帮助构建组织意义，组织意义催生整个组织的运作环境。如果不去刻意营造组织意义的场域，它就会自然形成。你说话的内容及方式、地点、时机和场合共同塑造了绩效文化。领导者通过参与有质量的日常对话最大限度地发挥自己的贡献。他们真诚地参与进来，通过以身作则鼓励人们深入关键时刻，创建把一切摆到桌面上的文化。他们让人们围绕共同的事业，精心建构意义、聚集视线、减少不确定性、挑战借口、从经验中学习、将错误视为智力资本，善用领导决策的力量来塑造信念和行为。

体系 3：问责。领导者将愿景和战略方向转化为目标、行动和责任。绩效问责制明确了工作重点及对人们的期望，并将成果与绩效回报结合起来。领导者需要在领导过程和管理周期中建立准则，以实现问责制和可预测性，推动不断学习和更新，提高可持续性。

体系 4：交付。最优秀的组织致力于打造简洁的流程，使之内部高效、本地响应迅速、全球适用。当客户体验不再复杂时，你便会被这些组织的优雅且令人满意的服务所吸引。建立和优化组织的运营性能是一个持续的过程，必须优先专注于重点工作，并采用最有效的技术手段。其中包括：协同战略举措与日常运营，持续改善运营工作，在关键领域寻求突破性表现，利用先进的变革技术支持重大战略举措，建立管理层对所有战略举措鼎力支持的行为模式，以及创建面向未来的各种能力。

体系 5：绩效。人事绩效体系重在吸引、培养和留住最优秀的人才。其主旨在于招募到最优秀的员工，帮助他们日益提升技能、才干和知识。当然，随着他们能力和知识的增长，给予适当的奖励就变得至关重要了，这样他们才能对自己的工作感觉良好，并保持忠诚和奉献精神。

体系 6：衡量。一个包含衡量标准、定期评审和修正流程的衡量体系促使业务的走向保持正轨。组织需要具体措施来促进质量控制，保持行动的连贯一致，实现可预测的产出和成果。围绕这些参数施加管控有助于组织的生存和盈利。每项活动都需要建立一套日常性的准则和测量手段。领导者通过创建和维护衡量体系保证作业的规范性，依照战略和计划跟踪进展，凭借清晰的关键指标审查运营状态，定期调整策略，确保所有行动源自对当前相关信息的洞见，并专注于实现未来愿景。

上面介绍的六大体系模型有助于我们了解组织内的一切如何成为一个系统，系统的全面整合又如何帮助优化整体绩效。这些体系在宏观层面

（组织）和微观层面（部门或项目）同时运行，相互之间像人体中的器官那样彼此关联，没有任何一个可以独立存在，只有相互依赖才能充分发挥作用。例如，我们可以有一个优秀的问责体系，但如果领导体系不能以身作则或强化问责，问责体系就无法持续下去。而如果无法衡量结果或确保员工对绩效负责，领导体系就不能有效运作。绩效体系给员工适当奖励的前提是清楚他们负责什么及表现如何。因此，衡量和问责体系必须正常运作。沟通体系对问责体系也有影响。除非员工了解对他们的要求及他们的行动如何影响最终产出，否则问责体系无法发挥效力。总之，六大体系相互依存，其中领导体系是核心。

领导力发展的全系统模式

我们需要一种全系统模式来应对任何发展或变革议题，并以领导体系为切入点，因为它对于其他体系具有带动作用。这种模式包括一系列可复制的做法——培养领导力，充分协调内部各个系统，调动人们的全副身心（心、手、脑）——从而将企业打造成一个盈利状况良好、富有使命感的组织。组织中的每个重要体系都会被创建、修改或重设，进而整合并协调一致。每个利益相关者都会参与其中。这种方式所带来的变革是可持续的，因为它使组织建立起应对和利用复杂性的能力，而且变革后主导业务的正是那些在建立新系统的过程中自身也获得了成长的人。

1999 年，我们出版了《全系统模式：让公司的每个人都参与到公司的变革和经营中来》(*The Whole Systems Approach：Involving Everyone in the Company to Transform and Run Your Business*)一书。本书记录了我们与不同组织的高管团队合作 15 年来帮助他们设计和实施业务转型，从而根本性地重塑组织的经验教训。书中介绍了我们为确保转型成功并能长期持续所使用的方法论和实施路径。之所以精心选择"全系统"一词，是因为它反映了未来对组织的要求。随着世界从信息时代向整合时代的转变，企业的成功将取决于组织如何有效利用、放大和整合所有可用资源，尤其是被视为最大资产的人的热情、动力、经验和智慧。从这个角度来说，我们采用通用领导力模型和 LCP 工具作为全系统模式变革的整合框架并非偶然。我们现在有了一套以领导力为核心、将业务和文化转型完美结合的模型和方法论。

全系统模式很好地平衡了领导者在胜任力和能力方面的成长以及在意识和品格方面的进化，通用领导力模型的应用则提高了领导者对自我成长的参与度，从而促使集体领导力的心智进化到意识和效能的更高阶段。凯根通过自己的观察明确指出这一点的必要性："我们对领导者的要求通常远高于对他们的培养。"(Kegan & Lahey，2009)

能否有效运用通用领导力模型并从中获益取决于三个关键变量：(1)将全系统模式应用于领导力发展；(2)充分定义并理解领导体系的价值，将其视为企业的业务竞争优势，充分发挥其效能；(3)同时聚焦个人和集体两个层面的领导效能和发展，不能只注重个人发展。

一旦企业运用全系统模式建立起有效的集体领导，就会促使更多成员加入企业领导团队，形成一个扩大化的领导团队，从整个系统角度出发并用好系统合力，实现共同领导。我们的合作伙伴史蒂夫·阿西将扩大化的领导团队描述为："一个扩大化的领导团队具有以下特征：组织的一切边界、结构、流程、文化和资源全都服务于愿景的推进和使命的达成。团队坚定不移地致力于'共同参与'，放眼组织的未来，共同对'整个系统'负责。"

企业领导团队能够全力以赴、齐心协力，专注于创造最重要的成果，共同为彼此的成功和失败负责，做一切事都从系统角度出发。这显然对领导团队的成熟度提出了很高的要求，因此企业必须持续关注领导力发展议题。作为回报，这种运作方式将给组织的有效性及创造的成果带来指数级增长。

我们在职业生涯中曾与几十个组织的首席执行官及其团队合作，可以充满信心地说，成功的转型总是源于扩大化领导团队在领导力精进方面的"尽职尽责"，努力营造健康的领导体系、提升个人和集体的领导效能。这样的转型不仅能够成功，更重要的是可以持久。同时我们也遗憾地目睹了很多转型不成功甚至失败的案例，这些案例与未能有意识地进行个人和集体领导力变革直接相关。离开了成熟、高度进化且功能完整的领导体系，转型将注定无法成功!

让我们来探索一些领导力和业务转型的成功案例及其带来的绩效转变。

四个令人信服的案例

现在我们将具体展示如何应用全系统模式来开发领导体系中的个人和集体领导效能,并通过对下面四个案例的探讨呈现这些应用给企业带来的巨大改变:(1)恒久银行(EverBank Commercial Finance)的首席执行官吉姆·麦克格兰(Jim McGrane)及他的团队运用全系统模式和通用领导力模型来打造领导体系并取得显著成效;(2)麦当劳全球共享服务中心经理开尔文·麦克劳林(Kelvin McLaurin)和黛比·巴拉德(Debbie Ballard)在组织中营造培养领导者的文化;(3)佐治亚州的本田精密零件公司总经理迈克·杰特(Mike Jett)从培养自己个人的领导力扩展到培养整个扩大化的领导团队的领导力且效果惊人;(4)亚太地区某家全球性技术公司成功挽救了最重要的客户关系,将灾难化为巨大的成功。

案例1:恒久银行

已故的吉姆·麦克格兰是位了不起的领导者,我们先后与他在三家公司合作了20年。20年前初次见面时,吉姆正领导着海勒金融(Heller Financial)公司的某个重要部门。在第一次会议上,我们便意识到,吉姆是一位在领导力方面相当认真的学生。当时他已经与我们这个领域的多位思想领袖合作打造高绩效组织。通过将领导力发展议题列为战略重点,吉姆很好地证明了领导效能与经营业绩之间的密切联系。

2005年年底,吉姆致电我们,他那时是美国运通租赁公司(US Express Leasing,USXL)的首席执行官。这是一家初创的商业金融公司,吉姆拥有一支由精干的行业明星组成的团队。他们彼此共事多年,一起将这家初创公司发展成为行业中增长最快的公司之一。他们筹集了可观的资本，累计 1.25 亿美元的股本和 7 亿美元的借贷；获得了行业知名度，在月度租赁指数榜单中排名前 25；建立了以可预期、始终如一和可靠的客户体验为核心的企业文化，客户和员工满意度达到 95%；管理的资产从 2004 年的 4500 万美元增长到 2006 年年底的 7 亿美元。USXL 由此成为美国规模最大、增长速度最快的 100 家商业融资或设备租赁公司之一。他们的成功源于在工作中坚守正直、热情、乐趣、责任和相互尊重的价值观。

2006 年，USXL 正在为 2008 年上市(IPO)做准备。然而他们的快速增长引发了投资者的更高期望，领导团队的重心从内部利益相关者转移到了外部利益相关者。吉姆与我们联系时已然决定进一步提升团队效能以应对未来的挑战，他很有信心带领最高层管理团队从优秀迈向卓越。我们提醒吉姆，绩效良好的团队，其成员普遍缺乏对团队有效性的迫切需求，容易在推动业务成长的同时对聚焦团队发展和领导成效产生抵触。因此带动一个表现良好的领导团队成长要比把一个表现不佳的团队提升到平均水平更加困难。

从 2006 年下半年到 2008 年年中，我们与吉姆及其团队合作了 18 个月，帮助他们提高绩效表现和领导效能。我们使用定性方法来评估团队的有效和无效之处，为他们建立有效性的基准，观察、参与他们的团队会议，并进行个人访谈。

2007 年我们为吉姆做了第一次全景领导力测评。

从图 7-2 中可以看到，吉姆在创造性维度的百分位排名平均得分是 93%(LCP 报告的上半圈)，反应性维度或者说领导力无效程度的百分位排名平均得分是 46%(LCP 报告的下半圈)，因此其 LQ 为 2.0；吉姆的领导效能平均得分是 80%，这意味着他在所有被测领导者中居于前 20% 的位置。与全世界绩效排名前 10% 企业中的领导者相比，他的实力一点不差，甚至更强。吉姆的测评报告说明他能够成为一家正冉冉升起的明星公司的领头人毫不奇怪，领导力显然是他的竞争优势。在接下来的 18 个月里，吉姆成功地改善了团队绩效和个人及集体领导效能，使团队更加协调一致地聚焦于战略重点，团队成员之间的关系也得以改进。

2008 年至 2011 年可谓骑虎难下。在 2006 年和 2007 年我们与吉姆及其领导团队首次合作之后，宏观经济形势一直疲软，直至 2008 年至 2011

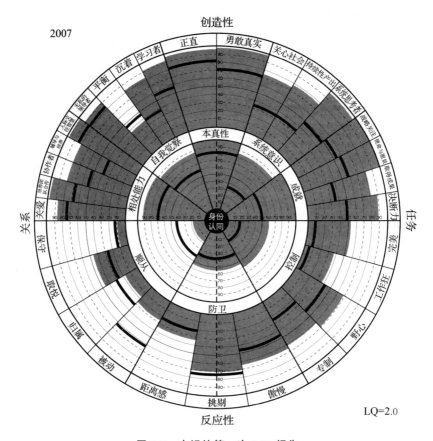

图 7-2　吉姆的第一次 LCP 报告

年的市场崩溃。这期间金融服务业的局势非常混乱。在衰退的大背景下，吉姆和他的团队顺势而为，转向了资本市场，并于 2008 年 5 月被新兴的私募股权投资机构提格里斯（Tygris）收购。Tygris 在拉丁语中是老虎的意思，象征着力量、敏捷和活力。提格里斯公司的表现也如同老虎一样，它从 90 位投资者那里筹集到了 21 亿美元，这是该行业当时最大的一笔融资。吉姆和他的团队成为提格里斯领导团队的成员。

　　2008 年 7 月，我们开始与提格里斯公司的首席执行官和高层领导团队合作。在此期间，提格里斯公司的高层领导团队就新的愿景、价值观、架构、战略和初始行动方案达成了一致。

　　此后提格里斯信心满满地杀入市场，在衰退的利齿下大胆地反其道而行之，于 2009 年年初启动了一项旨在获得银行资质的新业务，该业务一旦成功将极大地提升公司在风雨飘摇的资本市场中至关重要的融资能力。然而始料未及的是，公司未能申请到银行资质，命运似乎将提格里斯推向了万劫不复的境地。它在 2009 年年初满怀希望和承诺，到年底却已气息奄奄，不再有任何实质性的成效（销售和业务开发近乎停滞），每名员工都明白公司遇到了大麻烦。

当时，吉姆和他的前 USXL 团队正负责提格里斯的卖方融资业务。提格里斯煞费苦心四处寻找出路的状态就像是笼罩在吉姆团队头顶上的乌云。吉姆说："我们原以为与提格里斯的联手是天作之合，结果却事与愿违。"公司管理的资产从 8 亿美元的高位滑落到 5 亿美元，新业务从每年 4 亿美元下降到 1.35 亿美元。一位领导团队成员对当时的情境描述道："2009 年头几个月之后，大家觉得提格里斯注定难以为继，公司里四处弥漫着对管理层的怒火，人们群情激愤，领导者威信扫地。"那段日子里，吉姆管辖的领导团队的声誉也严重受损。员工们说："我们曾钟爱着 USXL，它的品牌、口号，以及公司都曾让人引以为傲。它结构扁平、文化平等，然而现在这一切都因提格里斯陷入困境而荡然无存。"尽管困难重重，但现实是提格里斯仍然在尽力维持，一息尚存便战斗到底。如果不是因为申请银行资质的计划失败，结果可能会大相径庭。但就事论事地说，这一结果却也为吉姆团队带来了最好的后续走向。

由于提格里斯的投资者正想方设法出售公司，于是恒久银行以投机性买家的身份出现在谈判桌上。接下来发生了惊人的事情。恒久银行领导层了解到吉姆及其领导团队业已取得的成就，以及选对投资方的话可能的业务发展前景，并对此印象极为深刻。吉姆认为这是重建并实现团队最初愿景的机会。恒久银行的领导者在与吉姆的团队会面之后决定大肆购买并投资于吉姆的主打业务及其领导团队。正如吉姆事后告诉我们的那样："最初他们只考虑购买一项投资组合，但我们的领导团队给他们留下了深刻印象。恒久银行选择把赌注押在我们这群领导者身上，我们必须表现出色以不辜负他们的信任。"

恒久银行总裁兼首席运营官布莱克·威尔逊（Blake Wilson）对此回忆

道："我和吉姆及其团队一起待了一天后，对他们的看法有了180度的大转弯。他们建立了一家真正的企业，除部分产品外，其大部分资产类别都与我们不同。这是一支完整的队伍，带领着一家蓄势待发的企业。我知道这是一个恰当的选择。尽管曾经历尽风雨，但他们却不失为一支优势明显、实力强劲的领导团队。"这是对吉姆及其团队和创始公司的极大认可。

2010年是重整旗鼓的一年。这年年初，我们再次与吉姆和他的团队合作，整顿局面，重新启动领导力关键举措。我们给他们又做了一轮全景领导力测评，测评结果给吉姆本人和团队的集体领导效能敲响了警钟。图7-3显示了2007年和2011年吉姆的个人测评报告。

比较前后两份LCP报告，我们看到，吉姆的LQ得分从2.0变成了1.0，表示他的领导效能下降了一半，意味着领导力不再是他的竞争优势，他的影响力不过平平而已。

吉姆意识到在他最需要发挥创造力的时候，他的领导效能却从2007年的水平掉了下来。这个警示引发了他的高度关注。事实上，从收到测评结果到我们见面讨论的一周时间里，他与不下25位主要领导成员做了一对一会谈。他把两份报告摊在桌上，问对方："我到底怎么了?"及"我该做些什么?"

很少有领导者如此重视自己的效能!尽人皆知有效远胜低效，我们嘴边也常挂着类似"你的领导效能如何? 你怎么知道的?"或者"你自己及你所在的集体，投入了多少时间和精力在领导力发展战略中?"这样的问题，但很多领导者事实上对此不胜其烦。吉姆的反应则截然相反，他的结论是："问题出在我的身上。在最需要我发挥领导力的时候，我却陷入了反应性模式。"

当吉姆看到高管团队的全景领导力测评报告时，他脑子里第二次响起了警钟。他意识到自己在提高团队领导效能方面没有尽到责任，并下定决心在未来的两年内致力于此。

图7-4展示了吉姆的高管团队2007年和2011年的测评结果，可以看到他们正在向反应性模式进一步滑落，特别是在"顺从"维度，这说明团队开始变得自满。整个团队的LQ从0.86降至0.76，这意味着本就不是优势的团队领导力进一步下降。整个团队的表现低于平均水平(吉姆为1.0，团队为0.76)，大家已经陷入了"不输就好"的游戏中。

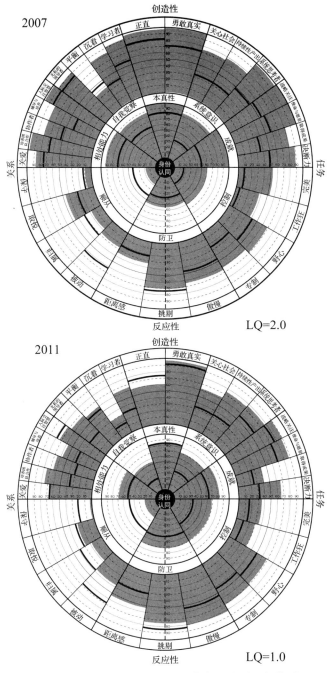

图 7-3　吉姆 2007 年和 2011 年全景领导力测评报告对比

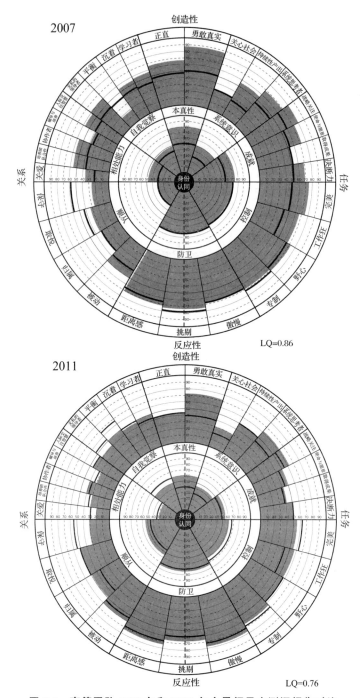

图 7-4　高管团队 2007 年和 2011 年全景领导力测评报告对比

大约 30 位经理组成了吉姆的第三、四级领导团队。他们的团队测评 LQ 为 0.5，百分位排名平均得分是 25％。

接下来我们向吉姆和他的团队描绘了他们的集体领导效能和业绩波动之间的关系。图 7-5 显示了吉姆公司 2007 年至 2010 年经营业绩和高管团队领导力商数得分之间的关联情况。

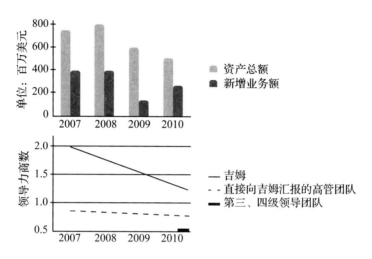

图 7-5　2007—2010 年经营业绩与领导力商数之间的对比

吉姆目睹了业绩紧随 LQ 的降低而下滑之后，总结道："这需要从我本人开始，然后大家要一起想办法提高我们的集体领导效能。我没能培养好集体领导力和带动大家，我要做出改变。业务规模的扩大离不开领导力的规模化发展，这是我的分内之事。"

启动领导力发展体系。2010 年再度与吉姆合作时，我们正在构建今天称为领导力发展体系的模型，这是一个需要历经数年的旅程。吉姆欣然签约成为我们的试点小组之一。在推进过程中，我们侧重于培养领导体系中的个人和集体领导效能。但六大体系的梳理工作也在同步进行，其中包括通过核心流程再造来精简组织，从而提高效能，聚焦客户需求，锁定业务增长。

领导力发展体系的实施（见图 7-6）从帮助参与者建立准备度开始：了解项目的目的及将要达成的目标，进行策略性沟通，实施测评（全景领导力测评和领导力文化测评）并在以上工作完成后正式宣布启动。

接下来我们面向扩大化领导团队安排了半天的领导力发展工作坊，这是一场主题为"领导力承诺"的互动性活动。内容包括介绍全景领导力测评工具、领导效能和业绩之间的关系、通用领导力模型概况和对测评结果的反馈意见，然后由经验丰富的教练与每位领导者进行一对一的全景领导力测评报告解读。

在此后的两年时间里，我们组织领导者进行了多轮以小组为单位的"领导者对话"（见图7-6）。每轮对话都选取某项领导力发展的关键要素，面对面以引导形式展开，该活动还涉及领导者之间的伙伴教练和责任圈人员的支持。每轮对话都简短有力，重点关注领导者的内在游戏和外在游戏及实际业务挑战。每轮对话结束时，每位领导者都要就领导力改进做出具体的个人承诺，回去后加以实践，并在下一轮对话的开始部分回顾自己做了哪些尝试，效果如何。

伴随着"领导力对话"活动的启动，我们为每位领导者制定了切实可行的领导力发展计划，设置了"把脉测试"。"把脉测试"中包括一个可衡量的领导

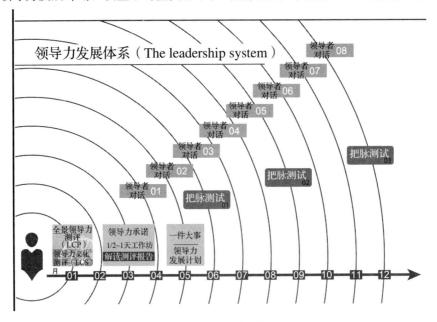

图 7-6　领导力发展体系

力改进目标("一件大事"的目标)、一项创造性领导能力改进目标("开始做"的行为)和一项反应性行为改正目标("停止做"的行为);每隔几个月评估一次目标进度。图 7-7 展示了一个扩大化领导团队"把脉测试"汇总报告的例子。大约 88％的领导者有所进步,其中 25％的领导者进步显著。这表明参与项目的领导者在较短的时间里已经产生了可测量到的巨大改变。

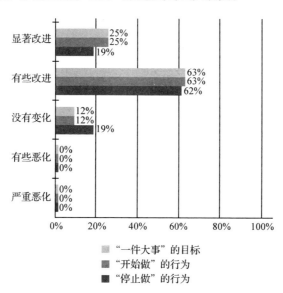

图 7-7　领导者在行为表现方面的可见改变

　　"把脉测试"的结果也被纳入"领导者对话"的环节中,用来衡量领导者的领导效能并形成相互督促的作用。整个团队都能看到他们个人和集体的进展情况,确保了全系统的共同参与和承诺。

　　这便是我们与吉姆团队一起建立的领导力发展体系。我们的工作覆盖了领导体系的所有环节,领导力发展对话自然地融入业务对话中。吉姆的领导团队已经开始从"为了提高业绩,我该如何更有效地领导"的角度来看待业务问题。

　　从结果来看,图 7-8 显示了吉姆 2011 年和 2013 年两次测评报告的变化。我们可以看到,吉姆在控制维度的得分大幅下降(测评报告下半圈反应性部分的所有维度都有所下降,上半圈创造性部分的得分都有相应增长);LQ 也从 1.0 提高到 2.0。

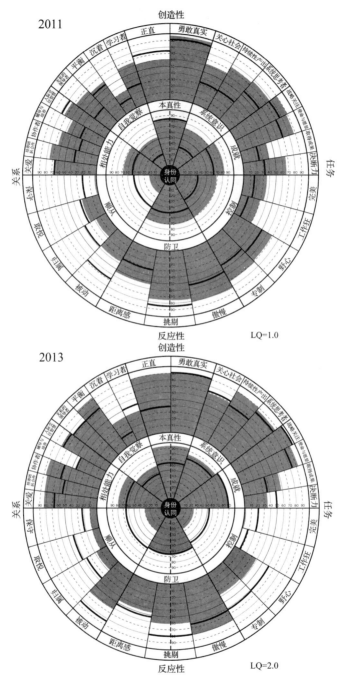

图 7-8　吉姆 2011 年和 2013 年全景领导力测评报告对比

　孕育青色领导力：领导力通用模型与案例

图 7-9 显示了吉姆的高管团队发生的改变。创造性维度得分全面提高，反应性维度(特别是"顺从"维度)得分显著下降。整个团队现在真正成了一群卓有成效的领导者，LQ 得分从 0.76 增到 1.6，从竞争劣势一跃成为强劲的竞争优势。

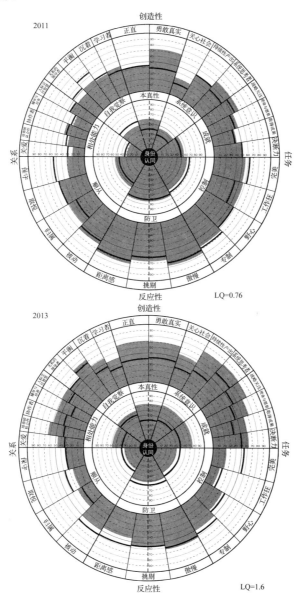

图 7-9　高管团队 2011 年和 2013 年全景领导力测评报告对比

扩大化领导团队中的第三、四层级领导者的 LQ 也翻了一番，得分从 0.5 提高到 1.0。尽管还有很多地方有待改进，但毕竟已经有些竞争力了，不再是竞争劣势。

图 7-10 显示了这段时间 LQ 得分与经营业绩之间的对照关系。从 2011 年到 2013 年，吉姆公司管理的资产总额从 5 亿美元的低点增加到 20 亿美元，整整翻了两番！新增业务额从 2009 年的 1.35 亿美元的最低点增长到 14 亿美元，这一切绝对是个大逆转。而他们的 LQ 得分与上述业绩表现完全同步。

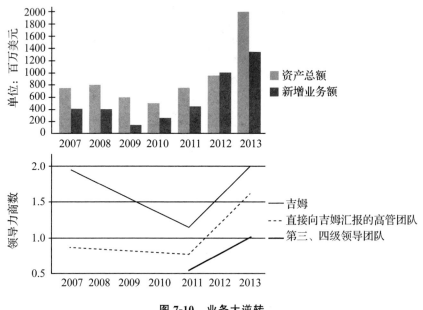

图 7-10　业务大逆转

吉姆对这些成果感到欢欣鼓舞，并开始和几位团队成员一起积极倡导通过聚焦领导效能来推动业绩成长。

不幸的是，在力挽狂澜实现业绩逆转后不久，吉姆开始感到身体不适，两周后他住进了医院，再也没能出来，最终于 2014 年 2 月去世。

吉姆去世后，一位长期追随他的高层领导对我们说："现在是考验我们是否认真对待集体领导效能的时候了。"另一位团队负责人则表示："当清理吉姆的办公室时，别的都无所谓，我就想留下他的全景领导力测评原始报告，放在自己的办公桌上每天提醒我——这就是我渴望成为的领导者。"

吉姆在身后留下了巨大的真空，但也留下了一笔巨大的领导力遗产，所有曾经和他接触过的人都从中受益匪浅。吉姆是我们的领导力实践合作伙伴之一。我们从吉姆和他的组织那里学到的东西比他们从我们这里学到的还多。我们的工作方式是相互实践、共同学习。所以我们会好好地继承从吉姆和他留下的宝贵财富中学到的东西。在与我们一起合作系统化培养组织高效领导力的几年之后，吉姆曾经说过："你们破解了密码，与你们的合作使我们走上了持续成功的道路。没有你们，我们无法做到。"

致敬吉姆·麦克格兰——设备租赁与融资行业基金会研究报告

针对整个行业的领导效能评估非常少见，但为了纪念吉姆·麦克格兰，设备租赁与融资行业（ELF）发起了这项研究。ELF 基金会主席理查德·甘布雷希特（Richard D. Gumbrecht）发表了标题为《领导力：生产力的下一个前沿阵地》的研究报告，内容包括：ELF 行业当前领导效能分析、领导效能如何影响绩效、开发和强化领导效能的最佳实践，以及未来领导者为确保成功必须应对的具体管理挑战。

理查德的研究团队采访了 ELF 行业 26 家组织的 32 位高管，评估内容包括：对领导力影响的认知程度、领导力发展的重要性、当前在领导力发展方面的专业举措，以及对未来的期望。此外，他们还使用 TLC 公司的领导力文化测评工具对 17 家租赁机构的 162 位领导者进行了评估。该工具能真实可信地衡量受访者对所在组织当前领导力文化效能的看法，以及他们理想的领导力文化情况。为纪念吉姆·麦克格兰，特附上报告摘要如下：

1. 有效的领导会对绩效产生积极的影响。受访领导者被要求评估领导力对其组织绩效的影响。研究发现，该指标与领导力文化测评中的领导效能得分高度相关（R＝0.73，$p < 0.002$）。如此高的相关性进一步证实了先

前报告的研究结论：更有效的领导力文化创造了更为成功的组织。

2. 有效的领导力文化中，业绩增长率明显更高。本研究对最有效和最无效的领导力文化中的业绩水平进行了比较。其中被评为最具创造性领导力的组织平均每年同比增长 11％，超过了本研究中 50％的组织；而创造性领导力排名最低的组织(本研究中的后 50％)的年平均同比增长率仅为 2％。基于本项研究，最有效和最无效的领导力文化之间存在 9％的业绩增长率差距。

3. 必须从今天开始培养未来的有效的领导者。受访高管对于"为确保自己的组织和行业未来的成功，领导者需要应对哪些挑战"这个问题有以下三点共识：

(1)如何在不断变化的环境中进行领导——在保持长远眼光的同时创造性地适应新的技术、法规、并购，以及全球化带来的影响；

(2)吸引并留住优秀人才——确保合适的人做合适的事，并且在行业内拥有适当的一席之地；

(3)填补领导层的代际缺口——大力培养"千禧一代"的领导能力以弥补"骨灰级领导者"退出之后的真空地带。

该报告总结称，其研究成果和上述挑战"充分说明开展全方位的领导力发展项目十分重要，可以为年轻一代提供机会，以便他们向经验丰富的领导者学习，并打造推动绩效的各种技能。在 ELF 行业中，那些致力于高质量领导力发展工作的组织更有可能培养出能干的领导者，而拥有强大创造性能力的领导者更有可能培育出一种欣欣向荣的文化，从而大幅提升生产力。因此，领导力发展工作开始得越早，组织实现可持续发展的可能性就越大"。

案例 2：麦当劳全球共享服务

作为全球领先的餐饮服务零售商，麦当劳每天为全球 100 多个国家的近 7000 万名顾客提供服务。他们深知拥有优秀人才对于给顾客提供卓越体验是何等重要。麦当劳在培养领导者方面有着悠久的历史。创始人雷·克罗克(Ray Kroc)曾经说过："只要充满朝气,你就在成长。"公司通过提供机会、培育人才、培养领导者和奖励突出成就等做法来兑现这种经营理念和对员工的承诺。这一点在麦当劳内部晋升传统中表现得非常明显:近一半的公司经理和 60% 的员工加盟店都是从店面员工开始做起的。

麦当劳是许多人职场生涯的起点,他们在这里能学到帮他们在未来人生追求中取得成功的基本技能。对于另外一些人来说,麦当劳则代表了一条通往长期职业生涯的道路,会在此后多年为自己的成长、贡献和进步提供有益的机会。麦当劳的价值观表明了他们的信念,即公司持续成功的关键在于拥有一支背景和经验各异且训练有素的团队,他们在一个鼓励相互尊重和高度敬业的环境中通力合作。

共享服务业务面临的挑战。麦当劳共享服务团队与我们的合作始于 2008 年。当时共享服务团队隶属于麦当劳的信息技术(IT)部门,该部门在结构上是分散的,但需要作为一个有凝聚力的团队来推动全球共性问题的解决方案。首席信息官(CIO)认识到,在 IT 部门的领导者之间建立团队合作与共识非常重要,并邀请我们参与这项工作。在 IT 部门领导团队完成了全景领导力发展项目之后,首席信息官要求包括开尔文·麦克劳林(Kelvin McLaurin,时任共享服务业务部副总裁)在内的每位领导成员发动自己的团队一起参与该项目。

全景领导力发展项目引入后不久,共享服务团队升级为全球共享服务部(GSS),成为麦当劳首个全球性职能部门。麦克劳林回忆说:"我们需要打造一个多元化的全球团队,拥有一批能够超越现有能力的领导者。"他希望将打造新建团队的领导效能作为首要任务并借助领导力发展体系使之成为现实。

2012 年麦克劳林调去负责麦当劳的财务转型工作,黛比·巴拉德(Debbie Ballard)接替他成为 GSS 部门的负责人。巴拉德自 2005 年以来一直是该部门领导团队的成员,她从全景领导力发展项目中受益匪浅,非常认可这个项目及其成效。巴拉德解释道:"全景领导力发展项目对我的工作和生活都很有帮助。它使我能够退后一步,看到自己行为背后的原因,帮助我作为领导者不断成长,并在团队中身先示范我所倡导的做法。"GSS 部门始终重视领导力发展，并进一步将全景领导力发展项目融入整个部门的文化中。

战略性解决方案：全景领导力。2008 年引入全景领导力发展项目时，GSS 部门的领导团队对此持怀疑态度。这项练习不仅需要就个人的优势和成长点给予反馈，还要就此跟团队成员进行公开分享，这可绝非易事。尽管如此，团队下决心按计划推进。他们知道第一次练习会很艰难，却也相信结果一定不会令他们失望。

尽管最初曾犹豫不决，GSS 现已成为将全景领导力运用得最全面一致的部门。与其他部门不同，GSS 并不单纯依赖在线测评，其独到之处在于它始终坚持公开反馈的做法，每位成员都要站在团队面前谈论自己的优势和劣势。麦克劳林解释说："全景领导力已成为 GSS 领导团队选拔和培育领导者的通用语言。"每当新成员加入这个领导团队，无论他是来自 GSS 内部还是来自外部的支持伙伴，都被邀请加入全景领导力发展项目，GSS 还让部门的高潜经理们也都参与进来。2014 年，GSS 又引入了 TLC 公司的"把脉测试"，以便帮助领导者们更好地打磨自己的成长点，通过更频繁的反馈推动他们在这些方面的成长。

麦克劳林在负责金融转型工作后，也于 2014 年 9 月将全景领导力的各项练习带入他新的领导团队，并且把个人的全景领导力测评与团队的发展机会密切地结合起来。

GSS 取得了成果。全景领导力帮助 GSS 成为一个真正共享领导力的团队，并树立了开放、支持、信任和高绩效的文化。巴拉德解释说："它是我们 DNA 的一部分，部分地解释了我们到底是谁。我们已经组织领导团队进行了多次聚焦于个人和集体效能的封闭式会议，借此形成了一个精诚团结、绩效卓越的领导力文化和体系。"

团队鼓励成员之间使用通用语言相互辅导、坦率地谈论各自的成长点并寻求支持。领导者的开诚布公加上彼此间的相互支持，使 GSS 能够加速推动业务成果的达成。团队不是忽视那些可能阻碍进展的问题，而是通过这些问题进行相互交流。

团队成员对全景领导力测评项目的流程和彼此都非常尊重，了解彼此优势这一活动也帮助他们建立起信任和相互支持的文化。巴拉德指出："一开始，领导者害怕公开向他人展示自己的成长点，但很快他们便发现这种支持性环境旨在帮助自己成为更好的领导者，而不是让人灰心或使人尴尬。"

GSS 团队的成功在很大程度上得益于应用全景领导力建立起来的文化："我们仅用了三年时间便实现了五年战略计划，进而制定了 GSS 的 2020 战略，势头不减，继续朝着成为世界级共享服务组织的愿景前进。"麦克劳林和巴拉德坚定不移地持续倡导全景领导力发展模式，不仅在自己带领的组织里推动实施，还将经验分享给麦当劳体系内的其他伙伴。

案例 3：佐治亚州的本田精密零件公司(HPPG)

迈克·杰特(Mike Jett)，一位非常能干的工厂经理，响应号召将领导力发展作为战略重点并取得了令人瞩目的成果。迈克自 2009 年以来一直担任 HPPG 的工厂经理，他是本田之所以能成为如此伟大公司的一个缩影与典范。2012 年，迈克受邀参加了针对高潜领导者举办的为期一年的领导力发展计划，即本田领导力峰会(HLS)。参加项目的高级领导者分为两组，每年集中两次以开启他们的这一领导力发展之旅。该项目由本田的组织发展部门与若干位高管共同设计和带领。2011 年，本田邀请我们加入这一计划，参与其核心发展项目的部分设计工作，这个项目包括五天的集中研讨和持续一年的跟进。

HLS 为参与该计划的领导者安排了全景领导力测评和领导力承诺工作坊，工作坊的内容包括对全景领导力模型和领导力发展框架进行培训和测评报告解读。之后我们会对参与计划的领导者进行一整年的跟进：采用"领导力对话"方式针对特定领导力发展话题展开面对面和线上会谈，进行伙伴教练，打造责任圈。此外，本田的组织发展部门每隔一个月都会召集各个"家庭小屋"(home room)教练小组，针对现实中的领导力和业务相关话题展开引导式讨论。年度的高潮部分是由参与计划的领导者向董事会汇报学习收获及对当年业务产生的影响。总之，该项目非常系统全面，涵盖了与领导效能发展有关的所有要素。

参加完领导力峰会和为期一年的跟进活动之后，迈克立即着手帮助自己的整个领导团队发展领导力。他深度参与、全力以赴，对这项工作表现出无法抑制的热情和支持。迈克从一开始便帮助 HPPG 领导团队认识到他们在领导力方面所面临的巨大挑战："如果不改变我们的个人和集体领导方式，我们就没有能力参与市场竞争。"由此，他们开始将打造高效领导力当作一项战略要务。

迈克在收到自己的第一次全景领导力测评结果时极度震惊："在此之前，我对自己的管理能力充满自信，甚至有些自负，我以为自己肯定是个好领导。但在收到自己的报告之后，我想我哭了一个星期。"（见图 7-11）

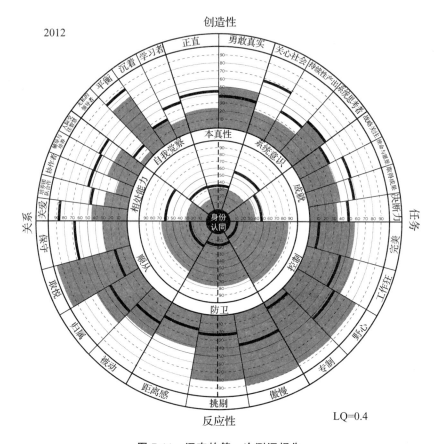

图 7-11　迈克的第一次测评报告

在解读测评报告的过程中，我们与迈克讨论了他在报告中呈现出来的关键模式。他说："报告中的反馈帮助我看到了自己的优势和劣势。在此之前，我压根没有意识到自己是个多么糟糕的管理者，但我吸取了这个教训。事实上，过去一年多来，我一直把这份报告放在自己的办公桌上，每天都会早早到办公室拿起它来看看。这成为推动我做出改变的动力，因为我不想成为报告中所说的那个人。既然已经清楚自己的现状，我就给自己设定想要达成的目标，并厘清为此需要培养哪些品质。"

迈克继续说道："当我跟团队分享这些资料并展示我的测评结果时，他们通过实例对我的行为进行了反馈。尽管这对我打击很大，但这些讨论非常积极正面，并引发了很多富有勇气的对话。我接受了这些反馈并制定了一个计划来改变自己。例如，我是一个控制欲很强的人，很难放手。但我真的不得不强迫自己放手。之后我看到的是，我越放手，下面的部门经理承担的责任就越多，越有担当。因此再有危机出现时，我便学会了不再插手掌控局面，而是放手让我的领导团队去做。开始这对我很难，但我确实看到他们在这种情况下更负责任，更有担当。"

自此，迈克义无反顾地带领整个工厂投入这项工作中来，而不仅限于领导团队。"那之后我们又组织了几次研讨会进行跟进，并积极地将学到的东西运用到我们的具体工作中。"

迈克表示自己终于有资格嘲笑自己的第一份测评报告了，因为他的第二次测评取得了100％的进步："第二份报告才是我第一次测评时想要的模样。"（见图 7-12）

全景领导力测评究竟带来了哪些意义深远的改变？迈克回答道："这一测评能够真实地描绘出你现有的领导特征，并清晰指明你应该追求什么。它首先帮你全面了解自己的现状，然后根据领导和下属的反馈向你展示改变的路径。这给我和我的领导团队都带来了很大变化。你可以看到，我们的业务、产品质量和工厂的生产效率都有了显著不同，所有业务特征

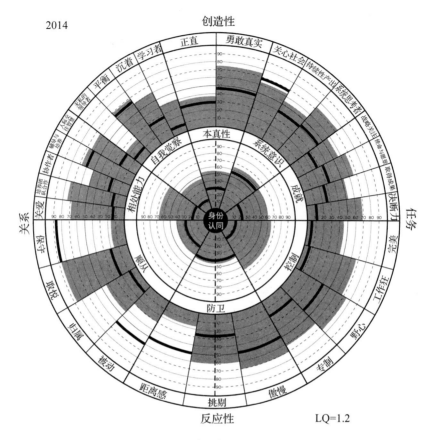

图 7-12 迈克的第二次测评报告

都有了很大改善。"

　　迈克汇报了过去两年 HPPG 在各个方面的主要收益，这里只列举四项指标："首先，生产效率提高了大约 8%。我们使用运营效率（装配线运行率）来衡量生产超预期的能力。这个数值过去平均约为 88%，现在则达到了 96%。其次，在安全方面，工伤发生率持续下降，从 9 到 6 直至 0.5，是全公司最低的。再次，在质量特别是客户投诉方面，就我们向本田其他工厂交付的产品而言，投诉从 90 起减少到 19 起，可以说创造了公司和行业纪录。最后，在员工留用率方面，我们在留住工程技术人才方面进步最大。两三年前领导团队在与年轻工程师沟通和建立关系方面做得不好，员工流失率接近 17％，意味着我们每年损失 17％的人才。这一数字现在下降到了 6％左右，正在朝着 3％的目标迈进。我们在留住人才方面取得的惊人成就影响到了各个方面。"

迈克强调说："如果没有这段领导力发展之旅，我们不可能这么快就取得如此积极的成果。我跟你说，本田和 FCG 运用这种领导力发展模式所带来的收益可不是算术级的，而是指数级的！"

如今迈克的大部分高级管理人员都完成了 HLS 项目。"无论是从学到的东西，还是从实际运用和最终成果的角度，他们的体验都非常棒。在经历 HLS 项目之前，你会发现我们领导团队的管理方式非常呆板，完全不同于本田内部组织发展部和 FCG 收集反馈并进行模块化学习的做法。"

"现在如果你问我的团队什么是最重要的，答案会是：为一起共事的人提供服务——建立并维护与他们之间的信任关系。现在这种关系比以前深刻多了。特别是领导团队成员之间的关系，我可以明显地感觉到一种积极的文化变化，他们之间的关系更深了。如果未曾开展过这项领导力发展工作，这些变化肯定不会发生。现在我们的部门经理都体会到，重要的不在于坐在老板位置的你，而在于他们——我们的员工，他们的成长和发展。通过理解和服务他人，你可以更有效地领导他人。同事们现在可以看到，领导团队不再是自上而下地管控，而是通过仆人式的领导方式关爱他们，关心他们的学习、成长和发展。"

迈克和他的领导团队正在加速进行文化变革——从反应性到创造性，从关注问题和威胁到聚焦愿景和使命，从恐惧驱动做出反应到热情驱动积极行动。他和团队已经确定了希望减少的三个反应性特征（控制、防卫和顺从）和想要发展的五个创造性能力（相处能力、自我觉察、本真性、系统意识和成就）。

"做出这些改变是因为我们意识到过去解决问题的方式并不奏效。当陷入问题—反应式（问题或威胁引发恐惧做出反应）的恶性循环时，我们对威胁和恐惧的典型反应是情绪化的，偶尔还带有敌意。情绪冲动的最终结果是强烈的挫败感。为创建想要的文化，我们必须超越反应性风格，多练习成果创造模式：愿景或使命引发激情带来积极行动。我们现在的重点是建立相互关系，帮助他人认识到我们是一个团队，面对困难可以相互依赖。我们确定了接下来的三个步骤：(1)扩展应用每个人的学习所得，更有同理心地加强与他人互动；(2)遵循本田价值观或三大喜悦——创造的喜悦、销售的喜悦和购买的喜悦，提高成就感；(3)进一步整合本田的经营理念，加强在北美的领导地位，实现我们的美好蓝图。"

迈克在汇报中首先谈道：

"HLS发展项目的经历实际上是让我对自己作为一名领导者有了更多了解，我通过全景领导力测评接收大家的反馈，认识到想让团队和公司做出任何改变都要从改变自身开始。自己受益后，我就有动力发动更多团队成员加入进来，让他们看到我正在做何改变，以及为什么整个团队需要一起改变。现在我们已经有相当一部分领导骨干经历了这一历程，这就保证了这种积极改变的态势可以持续下去。我们就核心问题进行深入讨论，不再像以前那样被动反应，而是采取不同的行动。我们开发了各种模块进行讨论。在月度领导力会议上，我会抛出一个模块化话题，然后组织大家进行30分钟的讨论——比如，如何成就脆弱的领导力或卓越的领导力——因为我真的不想失去大家已经建立起来的发展势头。"

除了业务方面取得的成果外，迈克在15个月后又做了一次全景领导力测评(见图7-13)。他在发给我们的电子邮件中说："这东西真的有效！我很高兴跟第一次测评结果比有进步，而且是很大的进步，我对未来要做的功课充满期待。"

在这个案例中，我们看到迈克先是致力于个人成长，之后将领导力发展放入工厂的战略议题："我个人和工厂在文化和业绩方面的积极变化完全归功于HLS项目和FCG所做的一切，归功于他们的整体(全系统)变革

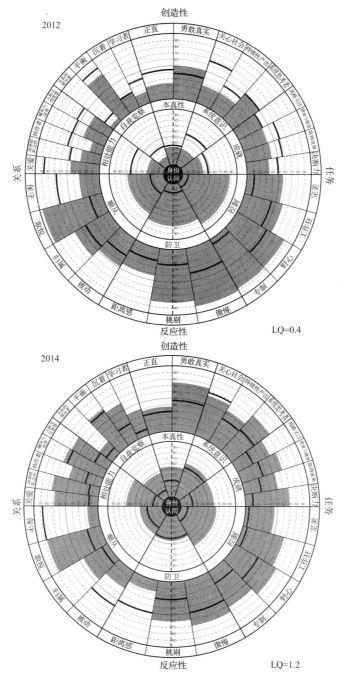

图 7-13　迈克 2012 年和 2014 年全景领导力测评报告对比

模式。我们目睹了，通过学以致用，我们提高了技能和能力，增加了贡献和成就感，同时减少了精力和资源的浪费。"

案例 4：某技术服务提供商

某跨国服务提供商（应公司及其客户要求，以下均匿名）曾面临一个巨大挑战：该公司位于亚太地区的最大客户出现了严重故障，共导致数千名用户受到影响。这家大客户认为服务提供商应对此事承担主要责任。

这家大客户发出通知，表示除非服务提供商的五项关键指标在六个月内都能达到优异水准，否则将终止这项价值数百万美元的合同。服务提供商有 850 名员工专职服务于这家客户，其中大部分是客户支持人员。一项调查显示，这个问题在很大程度上是一个系统性问题——客户和服务提供商之间的关系不佳。

要想达成关键指标，服务提供商就必须进行文化变革，其中既包括转变员工态度，也包括提升领导团队的集体领导能力，只有这样才能调动员工共同参与，扭转局面。

不久之后，该服务提供商就引入了 FCG 亚太区团队为其提供服务。后者为前者设计并交付了一套定制化的、综合的变革策略。前 12 个月的工作内容包括高层领导团队领导力发展，以及为 25 名最高层领导者提供一对一高管教练。

方案中一个不可或缺的组成部分是 TLC 领导力文化测评、领导力承诺工作坊和全景领导力 360 度测评。另外与之相伴的重要文化变革措施还包括为高层领导团队的发展提供支持的愿景之旅地图、持续不断的 TLC "把脉测试"，以及提供伙伴支持的"领导力对话"环节；此外还安排有 800 多名员工都要参加的文化变革工作坊。总之，这套方案经过系统性设计，将服务提供商的整个体系都考虑在内。

结果是惊人的，服务提供商的大客户成为最大的受益者。如图 7-14 所示，业务指标发生了巨大而迅速的变化。服务罚金在 9 个月里大幅度下降。销售漏斗比历史同期大幅度增长。内部优异率和客户满意度得分也有所提高。服务提供商的文化变革如此成功，以至于变革开始仅三个月，大客户便放弃了终止合同的打算。不到六个月，客户不仅重新确认了旧合同，还签订了两份金额各逾 1 亿美元的新合同。除此以外，作为双方关系持续改善的证据，服务提供商和大客户达成协议，每半年举办一次双方首席执行官和董事会成员共同出席的会议，讨论两家组织在中长期如何更加紧密地合作。

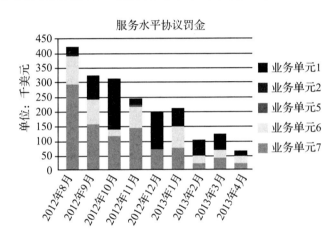

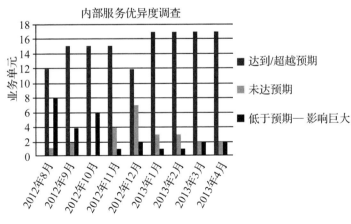

图 7-14　服务提供商各项指标的变化（一）

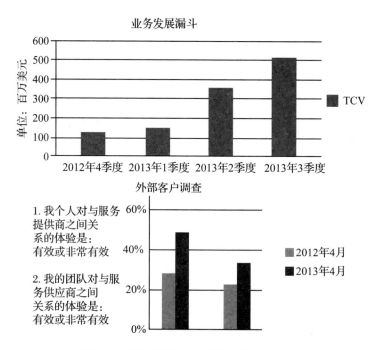

图7-14　服务提供商各项指标的变化（二）

改变何在？下文汇总了服务提供商在组织活力方面发生的改变：

（1）领导力文化测评（LCS）使服务提供商的领导团队认识到，客户遭遇的负向关系和消极的文化态势在自己的集体领导团队中表现得同样明显。领导团队是整个文化的缩影。

（2）领导团队有意识地通力协作推动内部变革，进而将业务能力提升到新高度。

（3）通过基于全景领导力360度测评开展的一对一高管和高层领导力教练、"领导者对话"和"把脉测试"等活动，领导团队协同一致，共同致力于同一个强大的愿景和客户导向的战略。围绕着这一共同目标和明确的未来方向，服务提供商的高管、领导团队、前50位领导者和指定的"变革闯将"们一起行动起来，与所有员工和团队展开对话，针对如何实现愿景达成共识。

（4）前50位领导者（扩大化的领导团队）和变革闯将们受邀参加一系列

的文化变革研讨会，分享他们在工作中的行为和价值观。很快，最受大家认同并符合价值观的行为被遴选出来，当他们按照这样的行为规范行事时，同事、下属和客户的积极性也被很好地调动起来。

（5）抵触改变或拒绝参与文化变革活动的领导者被调离到服务提供商的其他业务线，也有些人选择了离开。内部文化变革闯将们则多次举办了有关如何加速变革的论坛。

（6）领导力和文化转型的成果在三个月内便开始显现。不到六个月，大客户的首席执行官和董事会成员公开对变革取得的成果和双方关系的改善表达了赞赏。从那时起，合作双方的关系越来越紧密，大客户主动要求与服务提供商建立最高级别的合作。这些在服务提供商发起领导力和文化变革之前是根本无法想象的，引发变革的那次大事故无形中起到了催化剂的作用。

从高层开始推动领导力发展

有效的集体领导确保组织能够坚守使命，持续做出有意义的贡献，并保持竞争力。我们的一位客户，是某大型专业服务机构的一位强有力的女性首席执行官，说明了从高层开始推动领导力发展议题的理由。她在扩大化领导团队启动领导力转型之旅时的致辞中说道："业务复杂性不断攀升，各方对我们作为领导者的要求可能令人生畏。但只要我们齐心协力，就能驾驭挑战、把握良机，打造集体领导能力。作为领导者，我们所做的决定、创造的文化和获得的成长，对于推动业务持续成功所产生的影响远大于任何其他因素。"她继续对他们说道，能否具备坚韧不拔的能力、培养和激励他人的能力，以及创造性地解决业务挑战的能力，将影响到他们能否成功。"我将致力于培养我们的领导者，并提供必要的工具支持，帮助你们成为善于打造'更加优秀、更加智慧、更加强大'的有集体领导成效的高绩效的企业健将。为此，我们需要培养自己的个人领导力，建立集体领导成效，并营造促使我们蓬勃发展的文化。我们非常重视领导力的发展，并且会像对待其他决策一样严格地衡量我们的投资回报率。对领导者的投资旨在为我们的业务创造竞争优势。"在推动领导力议题方面，她的说法和做法堪称楷模。

上述案例展示了使用全系统模式来推进领导力议题的威力——以全系统模式推动整个领导体系的纵向成长，从而驱动并保持业务成果的转变。

希望我们已经提出了一个更加深入、长期、系统化和纵向成长的变革方法，以促进领导者个人和领导团队集体的发展。要做到这一点，我们必须了解转变之旅是如何演进的。

领导力的精进需要有见地、有意识的练习。它要求我们改变自己。然而这是大多数人不熟悉的领域。无论是个人还是集体，如果真的希望精通领导力，就需要一张详细的疆域地图。本书的后半部分深入探讨了心智结构的进阶式发展进程（唯我性、反应性、创造性、整合性和合一性），讲述了它们如何发展，并提供了支持领导力进化的各项练习。

本章盘点

（1）什么样的组织（如果存在的话）会让你沦落到破产的境地？

（2）除了盈利或创造股东价值之外，你所在的组织会如何看待它持久存在的本质意义？

（3）对于你的个人、团队和组织来说，哪些方面不容商榷？

（4）如果系统能发声，现在会对我们说些什么？

（5）系统中哪一种声音能给我们所处的严酷现实带来仁爱和理解？

第 8 章
反应性领导力：
心智发展路上一个不彻底的胜仗

从唯我性进化到反应性心智模式是成长路上的一大胜利。我们在走出我行我素的青春期长大成人后，就会根据从周边环境接收到的信号决定自己要成为什么样的人，以便融入成人世界。这种做法帮我们成功地步入职场、结婚成家，成为社会的一分子。成长过程中的一大胜利莫过于开始接纳周边环境约定俗成的看法、思维模式、价值观、道德观和角色定位，父母也会大力提倡这种做法。但这同时也会成为我们内在操作系统的结构性限制。

反应性心智帮助我们顺利进入成人世界。但生活在变得越来越复杂时，对我们各方面的要求充满了矛盾——领导角色的责任边界不断扩大，家庭中有新成员的加入，财务开支不断增加——反应性心智结构很可能遭遇瓶颈。所有心智结构都有其局限性，一旦到达极限点就要面对调适性挑战。而且现代组织正日益走向敏捷、创新、赋能、敬业、灵活、有创意、精益和快速市场响应的境地，必定会给反应性心智带来额外的调适性挑战。反应性心智结构是为了与主流文化融合而形成的，还不够成熟，不足以跳出、进而改变主流文化，因此它无法引领变革式改变。领导者或团队向新兴的高绩效文化和结构转变，需要创造性乃至更高的心智结构才能完成。

回顾：领导者的心智发展阶段与经营业绩密切相关

正如前面章节所述，反应性心智与组织的领导效能（-0.68）、经营业绩（-0.31）之间呈负相关。反应性LQ明显小于1，处于竞争劣势。在经营不良（排名最差的10%）的企业中，领导者在反应性领导力维度的平均百分位排名得分为70%。（见图8-1）

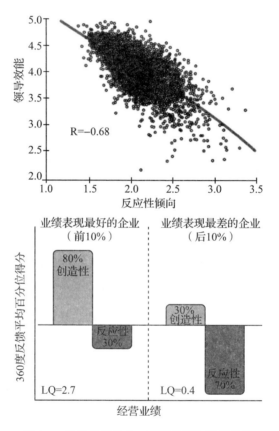

图8-1　反应性领导力、领导效能和经营业绩

我们的研究确信无疑地证明了反应性领导力在面对有效性和复杂性方面都有所欠缺，无法引领上一章所描述的业务变革。想要超越反应性领导力，领导者必须首先看到它的存在，深刻了解它，看清它如何在我们身上运行。因此本章我们将探讨反应性领导力有哪些优势，注定会导致哪些行为模式，以及会给今天亟须实现高绩效的领导者带来哪些限制。

把自我留在门外

在工作中我们常听到一句话："把自我留在门外。"这句话的意思是：开会时不要带上缺乏建设性的那部分自我，只带上最好的那部分自我。这当然是不可能的。自我是我们的衣服，我们透过这个内在操作系统活出自己。纵向成长帮助潜意识中的自我浮现到意识层面，这样我们就能看到它、管理它，甚而将其转化成更高层次的领导力。如果我们不能继续成长就会受制于自我。它控制我们——我们控制不了它——它带我们进入自动驾驶状态。身处被动反应模式中的我们受制于一堆由来已久的隐形内在假设，如果看不到它们，面对压力时我们就无法管理或控制它们，再好的意图实现起来也会大打折扣。

我看你们谁敢说实话

几年前，一家医疗保健系统公司的首席执行官，姑且称他为杜克(Duke)，请我们给他的高管团队做一次团队建设活动。杜克是我们合作过的最优秀、最富有远见和使命驱动的首席执行官之一。当时他在公司中努力推进的渐进式变革正停滞不前，他觉得这主要是因为自己的高管团队不给力。

我们采访了高管团队的每一位成员。在对团队活力做出评估后，我们致电杜克想要做一个简短的汇报。他接下来做的事情为我们认识他的自我、性格、身份认同的运作方式提供了线索：他包了一架飞机，第二天一早便赶到了鲍勃家。在接下来的会议上，我们介绍了所了解到的全部情况，包括他本人对团队目前的僵局负有怎样的责任。他全都欣然接受，并热切地同意继续推进这次团队建设活动。

几周后，我们在为期三天的团队封闭会议的前一晚到达了会议所在地。杜克驱车到机场迎接我们，带我们前往他带有 13 个卧室的湖畔小屋，车里装满了会议所需的一切用品。"哇，"我们想，"这家伙好厉害。他先是包了一架飞机来见我们，现在带我们去的所谓小屋居然有 13 个卧室。"

整整两个小时的车程，杜克兴奋地说了一路。显然他打心眼里想要这次会议成功。他知道这次会上会有一些艰难的对话，他自己也得在某些方面做出改变。他自告奋勇让大家先对他的领导风格提意见。鉴于他的这种态度，我们对会议前景很是乐观。

到达住所后，杜克请我们帮忙卸货。在一片手忙脚乱中，杜克让鲍勃把带来的食物装进冰箱。鲍勃拿起一大盒金枪鱼沙拉就往冰箱里放，杜克急忙在他身后说道："右上角的架子上。"鲍勃抓起一罐泡菜，杜克又说道："左下角。"每样东西放在冰箱什么位置都要听杜克指挥。我们很好奇，杜克这种做事方式与高管团队想对他说的话是否有某种关联。

会议开始进行的不错，当团队进入实质性话题的探讨时，杜克说到做到，自告奋勇第一个站出来接受大家的反馈。团队迟迟无人响应，没人愿意开口。后来，有位经理鼓足勇气小心翼翼地开口说："嗯，没准儿有这么个事，有些时候你管得太紧了。"

杜克的身体姿势马上变了。他双臂一叉，眉头一皱，冷冷地说："举个例子。"那种口气好像在说："你敢。"众人鸦雀无声。

我们任由这种沉默发酵，房间里明显充满恐惧感。长长的沉默之后，鲍勃开口道："我有个例子。"他讲述了之前杜克如何指挥自己把食物装进冰箱的经历。

杜克依然皱着眉，叉着双臂。听完这个故事后，他放松了些，说道："我还真是这么干的，是吧？呃！其他人有类似的例子吗？"

坚冰开始融化，杜克现在好像真心实意地敞开心扉欢迎更多反馈。团队一下子打开了话匣子：杜克什么都要管；他们分管范围内任何大的决定他都要插手；部门会议他会不请自来喧宾夺主；甚至在推动下放决策权的变革过程中杜克的表现依然如故——大家都觉得杜克是不相信他们有能力各司其职。

杜克最初的反应性行为几乎毁掉了这次会议。那一刻，反应性自我控制了他，他没能管理好它，也没能意识到这样的行为阻碍了他获取所需的反馈。他几乎没有察觉到自己多么迫切地希望成为那个家伙——不同凡响，掌管一切，控制一切，集所有的成功于一身。这个自我或身份的需要控制了一切，破坏了为变革所做的努力。

值得称道的是，当坚冰开始融化时，杜克表现得足够成熟，他及时调整自己，为会议中坦诚的对话开启了大门。当轮到杜克给团队反馈时，他也说了许多：团队成员们太过谨慎保守，把重要的决定都推给他来做，开会时不愿讨论难题，玩的是反应性的"不输就好"的游戏。他说，既然他们不去直面那些棘手的问题，那自己就有必要接手。

团队中每位成员使用的都是被动反应性模式，但实施变革要求他们采取不同的玩法——创造性地引领。他们无意识地串通一气，共同陷入了被动反应模式。每个人都在指责他人，认定是他人没有履行共赴愿景的承诺。没有人能够洞悉或勇敢地说出真相。如果对这种态势不加遏制，他们对变革倾注的艰苦努力就会付之东流。

这是一个有关内在游戏（自我、身份认同、内在操作系统和性格）如何在反应性层面运作、主导演出的例子。在这个例子中，高管团队的每个成员都习以为常地陷入了反应性自我的舞蹈秀中。这种共舞阻挠了我们实现更加高效、创新和敏捷经营的良好意图，稀释了成功引领变革所需的集体领导效能和智慧。反应性操作系统在该组织创建和支持文化建设方面已然达到极限。除非领导者能看到这一点并加以转化，否则肯定无法推动系统在创造性层面进行变革。每个操作系统都基于不同的结构性原则设计而成，并且，鉴于设计决定行为，每个领导力发展阶段的行为模式都是可以预见的。

自我心智结构的两组主要移动

自我结构从反应性向创造性心智转化主要源自两组主要移动（见图 8-

2)，了解它们就能解释反应性领导力如何运作、重组并转型为创造性领导力。

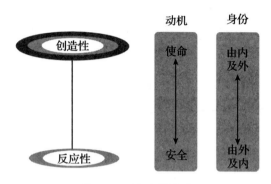

图 8-2　两组主要移动

　　第一组移动关乎我们如何优化使命和安全之间的张力（见图 8-3），与此并列第二组移动是将建构自我的方式从由外及内转变重组为由内及外。接下来我们将逐一进行探索。

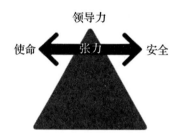

图 8-3　使命与安全之间的张力

第一组移动：使命和安全，爱和恐惧

　　生活和领导工作中的焦虑主要来自使命和安全之间的张力。我们一方面想要有所作为，不同凡响，实现内心深处的承诺；另一方面又不想冒那么大的风险。

　　使命和安全之间的张力不是坏事，并非需要解决的问题。作为一种两难的困境、一种两极化，它无法被解决，只能进行和解。说它无法解决是因为张力中的两极都是我们必须实现的，这个"张力—解决"结构的两端都在寻求实现，都在争夺我们的注意力。这种张力存在于每个人的天性之中，存在于每个时刻和每次会议中。杜克的会议就是一个例证。我们习惯于哪种解决方式就表明我们运行着哪种操作系统——是创造性还是反应性。

面对这种张力我们需要做出选择，定义自己的生活和领导力。大卫·怀特在《出海》（"Out on the Ocean"）一诗中犀利地切中了这一选择的要害（Whyte，1989）。诗的背后有一个故事：某天大卫划着皮艇出海，在 5 英里远的海面上被一场猛烈的暴风雨困住。在殊死搏斗了几个小时后他终于死里逃生，筋疲力尽地划回岸边。恢复之后他意识到身体里充斥着某种强大的力量，于是提笔写下这首诗，来探索那被唤醒的一切。

诗的第一部分讲述在惊涛骇浪中的苦苦挣扎。这个画面本身就是一个精彩的隐喻，领导者经常需要在复杂多变的挑战中掌握方向，同时这个画面也形象地描绘了伴随变革而来的、犹如生死攸关的斗争。大卫在诗的最后一节写道：

还有五英里

在辽阔的海面上

双眼穿过地平线

皮艇打着转

像一只被无形缰绳牵动的马驹

在海面上四处乱窜

恐惧背后迸发的火花

犹如生命

在烈焰中绽放

这种能量总在身体里郁积

未经点燃之时

浓烟充斥着每个毛孔①

在领导工作中也会有这样的时刻：一切显得岌岌可危，灵魂的皮艇"来回打转"，渴求解决方案的目光望断地平线。只有在面对恐惧时，我们才会真正做出对生活的选择。大卫以诗意精准地揭示了使命和安全之间的核心张力——火花和恐惧并肩而立。我们锁定自己的最大渴望的同时，也站到了自己最大恐惧的面前。这种能量不断地在我们体内郁积，使命和激情的火花一直在翘望我们的决心。虽然潜伏在内心的恐惧不停地告诫我们不要走近火花，否则太过冒险，但是如果不能点燃、靠近、扇动火花，育之以干柴，精心加以培养，那么我们的身体就会阴燃至浓烟充斥周身。如果不能尽力活出自己的创造力和激情，我们就会毒害自己和周围人。总之，我们要么穿过恐惧走向激情，要么慢慢地、无可避免地迈向死亡。

我们在人生经历中经常会遇见大卫所描述的画面——火花与恐惧、使命与安全之间的张力，烙印在我们内心深处。每一次我们想要在生命或领导力中更上一层楼，追求新的抱负或愿景时，总会在门口遇到恐惧。最大的愿望与最大的恐惧相遇，事情就是这样。

我们每个人都是独一无二的，每个人的激情、好奇或贡献都无可替代。我们每个人都想与伟大结缘，做出自己的一份贡献；我们每个人都能看到自己愿景的成功图像，只要用心辨别和提炼。领导力是创造最重要结果的行动。如果可以选择，我们会将生命和领导力定位在那些似乎想通过我们来实现的事物上，孕育出世界上最重要的东西。我们努力工作的目的在某种程度上就是实现这些抱负。

我们都渴望崇高的使命，同时也都需要偿还分期付款的账单。我们努力工作，为自己和家人提供安稳的生活，为我们在意的人建立未来的财务保障，这是我们工作的重要理由。如果不能照顾好人生的这个部分，我们

---

① 节选自 1989 年大卫·怀特的诗集《回家之歌》(*Songs for Coming Home*)中的诗篇《出海》。经多河出版社(Many Rivers Press)许可出版，版权所有者为美国瓦州兰利多河出版社。

就会把自己、亲人和更为高远的抱负置于险境。

我们中那些在组织中工作的人通常都希望获得升迁。或许我们相信这样一个神话：爬得越高过得越好，越往金字塔的高处活得越有尊严。或许我们相信，越往上爬就越安全。我们持有这种观点，尽管经验表明，越往高处走我们会越加谨慎。常听人说："以前助力我升迁到这个职位的那种事我都不做了，那样的风险也不冒了。"我们在组织中的地位越高，风险就越高，我们的利益相关者越是位高权重，我们跌下来时也就摔得越狠。当然，升迁确实可以扩大影响力，获得更多薪酬，更容易为我们想要的未来提供财务和安全保障。

如果我们想要升迁，并且是安全的升迁，就需要获取并维系周围人，特别是职位更高的人对我们的认可。抬头望去，我们看到的是那些掌握我们未来仕途的人。我们通常的做法是把自己通往未来的钥匙交到他们手上。失宠，不得老板、高层和关键利益相关者的欢心，会对职业生涯非常不利。这让我们陷入两难的境地：我们是积极推动达成心中所愿，想着企业利益至上，还是夹着尾巴做人、为自己能活到明天而战？

这种内心的纠结在每次会议上都会出现：我该说到什么程度？我愿意引发多大的争议？如果我挑战来自同僚或者上司的主导性意见，他们会怎么想？我有多在乎这个话题？它有这么重要值得我冒险追逐吗？这些问题经常浮现，祈求我们加以解决。（见图 8-4）

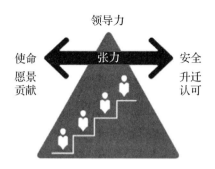

图 8-4　工作中使命与安全之间的张力

我们中大多数人都想找条安全的路，穿越安全区且成就伟大，但世上没有这样一条路。没有哪条安全的路可以成就伟人，也没有哪条伟大的路是安全的。安全的路都有人在走，留给我们的都是需要冒险的路。领导工作天生就充满风险。我们要么接受这一点，突破自我边际，要么拖着浓烟充斥的身体小心翼翼地后撤。

拉里·威尔逊在其著作《求胜》（*Play to Win*）一书中把这样的选择定义为求胜型策略或避败型策略（Wilson，1998），我们将其定义为"使命驱动"的游戏或"不输就好"的游戏。

在纳粹集中营里，迪特里希·朋霍费尔（Dietrich Bonhoeffer）心有所悟，他后来写道："沿着安全的路径根本无法走向和平。因为和平必须大胆去追求，这本就是一场伟大的冒险，永无安全可言。和平是安全的对立面，寻求保证不过是想要自我保护。"（Bonhoeffer，1998）如果我们把生活的重心放在追求安全上，反而会永远感觉不到安全。如果我们反其道而行之，把重心放在自己的崇高追求上，就可以活出我们与生俱来的使命，创造想要成就的未来，这么做本身就会带来一份安全，虽然这很违反直觉。谨慎并非一条安全的路径。在领导岗位上，更多的人因谨小慎微而非富有勇气被解雇。在使命驱动的游戏里，我们接纳那些伴随着领导角色和充实生活而来的固有风险，反而因此激发出自己内心早已存在的安全感。这种安全感并非依附于那些看似掌握我们未来命运的外在权力，而是根植于我们创造理想未来的能力。领导工作本来就是在不断推开边际，根本没有安全的路径可言，事情就是这样。

究竟做何选择取决于我们活在哪种操作系统中。如果我们以安全为主导，就是被动反应的生活和领导模式。如果我们以使命与愿景的牵引为导向，并接受其固有风险，就进化到了创造性心智和领导力阶段。（见图8-5）

反应性操作系统的核心是"不输就好"的游戏。我们本能地做出反应，寻求安全，自己甚至对此毫无觉察。因此，反应性操作系统是基于恐惧——旨在对恐惧做出反应并降低恐惧，它因此被称为反应性。

创造性操作系统的核心是基于爱的"使命驱动"游戏。在这场游戏中，

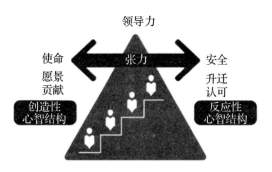

图 8-5　使命还是安全，创造性还是反应性

我们聚焦于心之所爱，甘愿为之冒险。因为旨在创造我们热望的未来，所以我们称之为创造性。

第二组移动：从由外及内到由内及外。

　　第二组移动是指自我或身份建构从由外及内转变为由内及外。凯根称之为从规范主导到自主导向的转变（Kegan & Lahey，2009）。反应性自我以它从环境中接收到的所有信息为导向，力求不辜负或活出周围人所期待的样子。规范主导的自我认为想要体现自我价值、做个好人、成功，就必须活成别人说的样子。凯根说，在这个发展阶段，自我并不是真正意义上的自我，关键人物、机构、文化价值观和重要的人际关系规范和定义了自我。

　　从自主导向或创造性阶段开始，自我开始识别自身的内在定义和身份认同。史蒂芬·柯维把从反应性到创造性心智的转变描述为从依赖期到独立期的转化（Covey，1989）。所谓依赖，指的是自我依赖于外部反馈来验证其存在价值、尊严、安全感和幸福感。独立期的自我是内在验证的，自我会独立或自主地开展行动。如果自我决定踩着不同鼓手的鼓点前进，无论别人是否赞同，自我都会一往无前。拉里·威尔逊称之为从"避败型策略"转变为"求胜型策略"——从活在不能满足他人期望的恐惧中转变为使命驱动的人生。心理学家认为，这是一种从外部控制源向内部控制源的转变。

　　鲍勃：在职业生涯的早期，我活在反应性的操作系统中，也用这种方式开展工作。我当时对此浑然不知，对更高层次系统的存在也一无所知。

慢慢地才开始看到自己在生活和领导工作中，一直在运用由外及内的反应性心智。我当时是一家大型医疗系统公司的组织和领导力发展总监，直接向高管团队汇报。我对他们的领导能力特别失望。有位外部顾问在信中跟我说道："真希望他们能对任何一件事兴奋起来；哪怕是给旗杆刷刷漆也能让大家有所聚焦啊。"那段时间我无比沮丧，甚至连办公桌上都放着一瓶美乐事（抗胃酸药）。这就是我当时自我意识的水平。

一位处于反应性阶段的年轻顾问在对领导感到失望时会做些什么呢？进行公司文化测评。我就是这么干的，目的是获取必要的弹药（数据）来证明领导们有多么差劲，然后修理他们。我就是这么想的：难怪呢，跟这么一帮高管共事怎么可能高效？

这么做了之后，我收到了大学发来的组织文化测评结果（写在大大的绿色和白色的电脑打印纸上）。我迫不及待地走进自己的办公室，想看看这些数字说了些什么。我先看了看最上面那张纸，上面是公司的总体测评结果。果然，结果显示他们搞砸了。我特别激动，可算逮着向他们开火的机会了！

接下来，我在浏览我主管的领导力发展部门的测评结果时，眼前的数字对于我的时日尚短的职业生涯来说可谓当头一棒：我们部门的结果居然跟公司整体结果一模一样！我主管的部门的测评结果居于测评数据库50%的位置。我们这个本应代表最好的企业文化风范的群体居然不过是这个令我无比沮丧的公司的一个缩影。

这个打击太大了。这对我的领导力可谓沉重一击，这引发了我的高度重视。我想跟部门员工一起解决这个问题却没有成功，于是就找了位顾问来帮我。她采访了我的团队成员。就在我们为期三天的团建活动即将开始的那个早上，她拉我一起用餐，第一句话就是："我采访了你团队的每一个人。嗯，坦率地说，问题出在你身上。"

我说："你这话是什么意思，问题出在我身上？"

她说："是的，你没有发挥领导力。"

我说："哦，这事我知道。你还有什么别的发现？"

她反问道："什么叫这事你知道？"

我做出了典型的反应性心智的回应。我说："我压根就没有领导权，你指望我怎么领导别人？设定愿景不是我的事，是公司领导们的事，我只是他们的顾问而已。他们要是没有愿景，我啥也干不了，英雄无用武之地啊。"

起初她不知该如何作答，接下来却问了一个令我瞠目结舌的问题，一个创造性心智才能问出的、一语中的的问题："如果可以的话，你会怎么做？"

于是所有我想在公司、职业生涯和生命中实现的事情从我内心喷涌而出。她认真听取了我的诉说，微笑着简单回应道："咱们来开会吧。"

那三天的封闭会议开启了我的学习旅程，并且伴随着几个月后的一次顿悟到达顶峰。那天我独自坐在家中阅读一本名为《理性生活指南》（*A Guide to Rational Living*）的书，作者是阿尔伯特·埃利斯（Albert Ellis）——理性情绪认知疗法之父。这是心理学的一个分支，描绘了反应性心智的核心假设（Ellis, 1975）。在阅读这本书的时候，我突然意识到，"他们不是问题之所在，我才是问题之所在。我想要发挥领导作用，成为变革推动者；同时我还想要每个人都喜欢我，这是不可能的。这就好比第二十二条军规。我怎么可能既发挥领导作用又能让每个人都时时刻刻喜欢我，特别是其中那些职位比我高、我把前途寄托在他们身上的人？"

我认识到我一直认为自己的价值和安全都掌握在他们手中。我得让人家一直喜欢我、钦佩我才能维系自我的价值感、尊严和安全感。我太需要得到他们的赞同以至于不敢发挥自己的领导作用。我采用了反应性策略，总是表现得和蔼可亲、谦恭有礼、不惹非议，觉得这样才够安全。没有人能够在规避所有风险的立场下发挥领导作用。

就此我发现了自己反应性操作系统的一个核心假设：我的自我价值和安全感建立在别人认可的基础上。我太需要别人喜欢我、钦佩我了，以至于我根本没法发挥领导作用。

这种寻求外部验证的需求正是柯维的所谓依赖期发展阶段（Covey, 1989）。在这一阶段，我们的自我价值和安全感由外部定义，依赖于外部验证。这使我们置身于"不输就好"的游戏中，试图在"不输"的前提下推进落实自己的各项目标。

我的"不输就好"的游戏策略的根源在于不愿意承担被周围人和上司反对的风险。我本能地做出反应，不卷入争议，打安全牌。我都没意识到自己有个习惯，那就是躲开雷达屏幕的关注，自以为在发挥领导作用。我假设自我价值和安全等同于他人的认同，于是秉持着"不输就好"的原则，寻找没有任何风险的路径。

看见自己这样的信念具有强烈的转折性意义。如果我们持续跟踪查看这种信念如何在我们的生活和领导工作中发挥作用，进而通过不断试验新的假设来挑战原有信念的有效性，并且同时专注于创造我们想要的东西，那么这个旧有信念最终会让位于创造性心智。创造性心智一旦生发，新的可能性便随之浮现。

这就是发生在我身上的事情。当我看到自己的行为原来在如此大的程度上被这样的信念所支配时，我就不再受制于它了。我一旦注意到提醒自己安全行事的内在信念正在升起，就有了做出其他选择的自由。我选择留在那家公司，依然跟同样的关键利益相关者们一起工作。这一次，我们共同取得了变革性的成果。

随着时间的推移，我观察到自己的这个核心操作信念。现在我知道这是错的。我的根本价值是无法衡量的，它不可衡量，不取决于你如何看待我，以及你是否喜欢、认同、爱或钦佩我。我的未来不掌握在你的手中。多年来，很多领导和客户并不支持我的思维方式，或者我引领的方向，但是，我的生活和事业都有了长足的进步，并且相当成功。

此时，我的反应性操作系统的内核从主体转换为客体。我不再对此视而不见。我不再毫无觉知地活在这样的模式中。它不再能够控制我、定义我、支配我。我现在把它当作一个自己反思的对象。每当内在的恐惧之声再次浮现，警告我放低姿态，夹着尾巴做人时，我会意识到这是我旧有的错误信念在作怪。这并非真相，只是我过去曾经采用的一种信念而已。我现在可以正确地看待这些内在声音，做出自己的选择。

当这一切发生的时候，一个不同的声音出现了，一个总能带我们找到问题答案的声音："如果可以的话，你会怎么做?"这个声音激发了创造性心智的产生。这就是为什么凯根将这一发展阶段称为自主导向(Kegan & Lahey，2009)，柯维称之为独立期(Covey，1989)。我的人生不再受旧有信念的支配。我摆脱了过往的束缚开始书写自己独立的人生篇章，愿景从内心涌现指引我前行。创造性心智是由愿景和人生最重要的东西所指引的。我开始不再害怕反对意见，而是真正发挥领导作用。我不再害怕和担心自己是否足够安全，我仍然需要创造一个安全和有保障的未来，但这些现在都掌握在我自己手中。而且这不是最重要的，最重要的是火花在我内心跳跃，我开始深切渴望活出自己最在意的人生使命与愿景。我不再玩那种受制于外的"不输就好"的游戏，转而倾听内心愿景的指引。我的操作系统从由外及内转向由内及外，从反应性心智转向创造性心智。

反应性心智结构

从以上故事中我们还可以看到反应性自我领导力的另一个方面——我不认为自己是问题的一部分，他们才是问题之所在。问题都在外部，我要做的就是解决问题。反应性心智之所以是由外及内的，是因为定义和塑造我的力量都在外部(在我之外)。我不是问题的一部分(外部)，他们才是问题之所在(外部)，他们掌握着我通向未来的钥匙(外部)。终此一生，是他们决定了我必须怎么表现才算过关(外部)，这一切都在我之外。

反应性结构以问题为导向，被恐惧所驱动。这种恐惧根植于我们看不见的、没有表现出来的、外部形成的信念和假设当中。这种自我与世界联结的方式形成了反应性操作系统的设计核心。(见图8-6)

反应性心智专注于问题而非愿景。它聚焦于消除、解决或减少问题和威胁，受恐惧驱动，旨在减少由问题所引发的内在冲突。我们所做的行为是对

图 8-6　反应性结构

这种内在冲突的反应，行为的焦点是摆脱问题。回顾刚才讲述的我的故事，你会看到所有这些要素。

下面的故事可以进一步阐明这一结构。

鲍勃：多年前，我在早期导师约翰·萨维奇创办的保险销售学院做过一场演讲，当中分享了反应性心智的结构图。约翰是个了不起的人，他是全世界最成功的人寿保险推销员之一，每年的第一个工作日，他都会举办百万美元圆桌会议。演讲结束后，有个人走到我面前激动地说："你说的就是我的生活！咱俩得聊聊。"

我们一起用餐时，他说的第一句话就是："我有个麻烦事儿。"

"什么事儿？"我问道。

他说："我在这儿啥也学不到。"

我很惊讶，于是问道："你是什么意思？"

他说："我知道怎么卖人寿保险，而且很擅长，所以我在这儿啥也学不到。"

我问道："那除了要在这儿待一周、花一笔钱，你还能有啥麻烦事儿？"

他说："可我的销售业绩不是那么回事。"

我说："跟我说说你的销售业绩吧。"

他说："每次看到销售业绩时，我就会讨厌自己。我也害怕自己可能会无法维持生计，于是我就开足马力，把约翰教我们的所有事儿都给做了，而且做得很好。大约 9 个月后我的业绩就会好很多——现金流增加了，收入也不错。"

"那问题到底是什么？"我问道。

他回答说："再过 9 个月我的销售业绩就会跌的一塌糊涂。我就又开始讨厌自己，于是重新开足马力。到目前为止我的事业就是这样一无是处。销售业绩上下波动，根本没法跟约翰比。"

这段对话勾勒出一个问题导向和恐惧驱动的反应性操作系统。他这么做的初衷是为了摆脱眼前的问题，深层目的却是摆脱问题所造成的内心冲突——那种讨厌自己的感觉。他的言语中完全缺乏创造性导向，他从未谈起自己想要达成什么样的目标、愿景，或为何关心自己的这份事业。

结构决定行为。反应性心智引发的行为模式是可以预见的，这一点在上面这个保险销售员的故事中表现得非常明显。反应性结构的设计本身就会形成振荡。问题变大（业绩下降）时，恐惧和内心冲突也会加剧。内心冲突加剧则会导致更多的反应性倾向。当这位销售员做出反应时（努力销售），问题就会减轻（现金流增加）。情况看起来不错，对吧？不过，这持续不了多长时间。他赢的是一场"不输就好"的游戏。

在他经历完一圈反应性回路之后，情况开始好转，他的感觉也好了很多，不再那么害怕和讨厌自己，感觉更安全了。鉴于反应性心智结构是恐惧驱动的"不输就好"的游戏，自我感觉一旦有所好转，就会为业绩的再度下行埋下伏笔。当问题减轻时（收入增加），恐惧和自我厌恶就会减轻，继续推进反应性策略（挂挡前行）的动力就会减弱。反应力度小了，问题就会重新出现，一切又从头再来。

长期来看，任何结构的行为表现模式都取决于其结构设计。我们在受反应性心智主导时，就可以预见结果会以这种模式呈现。（见图8-7）

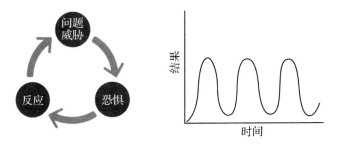

图8-7　反应性结构随时间变化所呈现的结果走向

反应性心智寻求均衡，其设计目的是回归既往状态。反应性结构是一个均衡回路。彼得·圣吉认为均衡回路结构的设计目的是用来保持平稳状态（Senge，1990）——就像恒温器被设计用于保持室内温度恒定那样。然而温度没法处于恒定状态，它会在可接受的范围内上下波动。温度太高时打开空调温度就会下降；温度太低时关闭空调温度就会上升。恒温器是按这样的思路设计的，也会获得相应模式的结果：一个相对稳定状态的温度。

反应性结构采用了相同设计。它是一个均衡回路结构，围绕着预设点位创建出一个上下振荡模式，这是一个很好地保持均衡的结构。人体内即便没有上百万也有几千个均衡回路结构，用来保持身体的稳定状态。没有它们，我们很快就会死掉，所以反应性结构并不是坏事，它只是还不足以助力我们达成并保持更高绩效，或者获得进一步提升。反应性结构的设计目的是维持现状。

反应性结构像人体免疫系统一样努力维持现状不变。罗伯特·凯根和丽莎·拉希在《心智突围：个体与组织如何打破变革免疫》一书中，用大家都很熟悉的"新年誓言"为例描述了同样的结果振荡模式（Kegan & Lahey，2009）——每个新年，我们都会信誓旦旦地表决心，结果却是年复一年都在重复同样的誓言。为什么我们会设定目标却在行动上背道而驰呢？那是因为内在信念常会驱动我们做出相反的内在承诺，导致我们的行为目的变成维持当前的平衡状态。

这位销售员也受制于同样的结构。他达成成果模式底层潜伏着某些强大的、自动运行的、由外及内的隐形信念（别人如何看待我决定了我是怎样一个人，我必须不辜负他们的期望才行）。

带着这种怀疑，我在餐巾纸上画了一个上下振荡模式的图形，指着图形中的波谷跟这位销售员说："现在我们知道在这儿的时候会发生什么了，你会讨厌自己，害怕难以维持生计，于是开足马力拼命干活。"

他点点头表示同意。

紧接着我指着图形中的波峰问他："那在这里又发生了什么，在你开始走向成功的时候？"

他突然瞪大了眼睛，好像脑海中有某个场景掠过，但他什么也没说。

我追问他："刚才发生了什么事？你注意到了什么？"

他说："哦，没什么。"我连问三遍，要他告诉我看到了些什么，他都不肯说，坚持说那个脑海里突然出现的场景跟他忽上忽下的业绩问题毫无关系。

最后我说："说出来让我开心一下吧，你刚才到底看到了什么？"

他这才说："我想起了父亲和教堂。"

我问道："这跟你父亲有什么关系？"

他明显意识到了什么，若有所思地说道："我父亲一生都在为成功而努力奋斗，却一直没能做到。你想不到吧，我居然会担心如果我比他成功的话他会怎么看我。"说这些话时，他突然瞪大了眼睛，就好像一头被汽车大灯照到的鹿。

显然他已经有了答案。于是我接着问："跟我说说教堂是怎么回事儿吧。"

他说道："我这辈子都被教导说有钱不好。"

我并没有和他从神学角度去探讨这种想法，这其实是一种误读。相反，我说道："让我来试着理解一下。在这儿的时候（我指向振荡模式的波谷）你会讨厌自己；在这儿的时候（我指向波峰）你父亲会憎恨你，你会下地狱，是这样吗？"

他目瞪口呆地看着我，回过神来后只管频频点头表示认可。这可能是他平生第一次看到是什么样的底层假设在驱动自己业绩表现忽上忽下的模式。这对于他来说是一个具有突破性意义的时刻，这使得他有机会转化自己的内在操作系统。

这位销售员跟我的个人经历有相似之处，他之前也是受制于自己人生早期汲取的那些假设，因为当时它们显得很有道理。那些假设并不是内在生发的，而是外界给予的。反应性心智因此形成外部定义的身份——我们从外界环境汲取主流信号，基于这些信号得出结论，决定自己该怎么做：外界环境提供借以定义自我的各种假设，我们得照此行事才算混得不错。

这些假设可能不够成熟，不足以应付成人生活的复杂性，它们会成为我们探索更多可能性的结构性限制。这类假设寻求保持一种平衡状态，常常推动我们做出与愿景和承诺背道而驰的行为。

如果你很清楚自己的愿景，却又一再地无法企及，探查自己的信念体系将会是你的最佳发力点。内在游戏驱动外在游戏。在支配着反应性领导力的恐惧、怀疑和内在冲突之下，潜藏的是我们自己都尚未觉察的各种信念。图 8-8 展示了反应性心智结构的全貌。

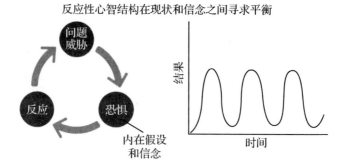

图 8-8 反应性结构的全貌

反应性结构的设计意图不是引发变化或变革，而是维持现有信念（隐形且外在定义）与现实状况之间的平衡。反应性领导力很有欺骗性，它始于自我增强式回路，开始会很管用，情况在好转，我们的感受也好多了。然而，尽管做出反应是为了解决问题，其设计目的实际上是缓解内心冲突。由于内在冲突驱动我们做出反应，可以预见，一旦内在冲突降低到自己可以接受的程度，行动力度就会放缓。

鉴于内在冲突源于我们想要满足各种外在期待的信念和假设，因此我们做出反应的大方向会与这些期待达到均衡状态——以某种方式重建一种可以满足各方期待的现状。因此反应性领导者会习惯性地将寻求安全感置于使命之上。

有人把这种做法称为待在舒适区；然而正如罗伯特·弗里茨所指，这并不是一个舒适区，而是一个"可容忍的冲突区"，一个旨在管理不舒适而非产生舒适的区域。（Fritz, 1989）

反应性心智非常消耗能量。这位销售员努力工作却无法达成所愿。当然，他其实也不知道自己想要的到底是什么，只是不想感觉自己那么糟糕而已，而那个所谓的自己是由一系列错误的、外部定义的、非理性假设构成的。除非这些假设被看见和被挑战，否则这种模式将一直重复下去。最终当能量耗尽、一无所获时，疲惫感就会席卷而来。

创造性心智及其内在操作系统旨在创造出那些最重要的东西，创建我们热切盼望的未来，以较低的能量消耗博取更大的持久性成果。

内在操作系统的核心信念

其中一个最具变革意义的做法是检视并重写我们的内在操作系统。我们的内在操作系统由一堆已然成型的信念、假设和心智模式组成，其中大部分很准确，能很好地为我们服务，有些则不然。我们需要不断观察、反思和修改嵌入操作系统中的这些隐形假设，以便不断完善我们的内在操作系统。这并不容易，因为它们在底层运作，我们看不见它们，我们透过它们看世界，除非它们能成为我们反思的对象，否则我们会一直受其掌控。

这当中最强大的信念，是那些我们借以确定自我身份的信念和内在假设。这些强大的、能够定义自我身份的信念，来自我们生活中那些强大、积极或痛苦的情感经历，融入我们内在操作系统的核心。这些信念的植入也离不开我们生命中那些重要人物——父母、老师、教练、老板、导师、政治领袖——以及所在的机构、国家和文化属性。一经采纳，我们就会活在这些假设里并且不断予以强化。我们的大脑会把它们设置成自动驾驶模式，不假思索地启用。它们被我们直接当作了真理。

鲍勃：我内心有一个根深蒂固的假设，那就是我必须非常成功。我对此深信不疑，而且我过往的大部分经历都积极支持我创造出的这个信念。举个例子，13 岁那年我参加了橄榄球队的选拔。之前我没玩过橄榄球，球队里大部分人都已经练了好几年了。我压根不知道自己需要努力表现来让教练注意到我，所以只是耐心地站在场边等着被安排上场，因此也就没有被选中。教练不忍伤我的心，把我编入了"后备队"，我们这几个后备队员一起在另外的场地练习。真正的球队那边有八位男教练，我们这边只有狄克逊太太，她人很好，只是对橄榄球一无所知。

这期间，我无法进入自己心仪的圈子。那些很酷的男孩都在正规队里，而我只要还待在这个后备队就没机会跟他们打成一片。更糟糕的是，啦啦队也都在他们那边训练，压根注意不到我。我只是个无名小卒。

有一天，狄克逊夫人没来，教练们没办法，只好让后备队的孩子们过来跟着一块训练。那天发生的事情改变了我的人生。当时我跑左防卫截锋，有场比赛我肯定是做对了点什么，其中一个教练把我拎出来，举过头顶，对着我的脸大叫："太棒了！再来一次。"

我压根不知道自己刚刚做对了什么，只好请他来告诉我。

在接下来的训练中，他对我来了兴趣，教我在那个位置应该怎么打。很快我就开始给对手的进攻造成极大的麻烦。一周内我从后备队员一跃成为正规队的队长。在这个赛季剩下的时间里，我开始上场，有时打进攻，有时打防卫。我进入自己向往的男孩圈里，成为他们的中心，甚至引发了啦啦队员们的关注。因为一次训练，我从无名小卒变成鼎鼎大名的人物。

那天我学到的一课就是，如果能在第一梯队成为队长，那么我就是个重要人物；我必须得是最棒的首发球员，否则就只能是个无名小卒。

这个故事说明了我的个性是如何开始形成的。至于这种驱动力是如何被淬炼成凡事追求尽善尽美的作风的，我还有很多其他故事可讲。因此进入成人生活后，我坚信自己的价值和自尊，以及未来的成功和安全，完全取决于我能否时刻保持成功、完美无缺。

这个信念曾经对我很有帮助。我每件事都尽心尽力，很早就在职场上取得了成功。它一直很好用，直到遇到了极限点的那一天：为了扩张业务，我不得不开始教别人做事。

当然，我自以为是个好导师，然而事实却并非如此。我的完美主义标准和对失败的恐惧叠加在一起，使我不懂得如何放手，让别人从实践中学习。这当中最难的是，在大客户工作坊的实施现场放手让其他人去做。这点我做得很不得体。每当有同事表现得不够好，我会特别担心因此而失去客户，于是便直接出手干预，之后还会给同事指出各种需要改进的地方。这种做法极大地削弱了他们的信心，没人能从我身上学到东西，我也没办法扩大业务规模。

完美主义和对成功的渴望控制了我，而不是我驾驭它们。直到两年后，业务规模始终停滞不前，我才开始直面自己的这种信念。当我开始看到自己才是问题之所在，看到这一信念结构中的幻觉，看到原来这种恐惧驱动的完美主义来自另外一个非理性信念的时候，我才开始有能力更有效地指导他人，业务规模也开始日益扩大。

这些核心的、决定自我身份的信念，结构非常简单：

（1）价值 ＝ X；

（2）安全 ＝ X；

（3）如果我 ＝ X，我就一切都好；

（4）我的存在就是为了成为 X。

我们会根据自己人生的重大经历用特定的 X 来填充这些等式。不同的人会选择不同的 X 来完成这些等式。在反应性层面上，我们识别出三大类 X——关系、智力和成果。最常见的 X 如表 8-1 所示。

表 8-1　身份信念：X＝关系、智力和成果

关系	智力	成果
招人喜欢	机敏	第一
被人爱	自立	最棒
得到批准	聪颖	完美
获得认可	更胜一筹	赢家
归属	高高在上	比别人厉害
支持	保持距离	统领
恭顺	超脱	掌控

X 全都是美好的东西。想要成功、招人喜欢、受人敬佩或机敏都没错。其自我设限之处在于，这些信念都是由外及内构建的。我们得一贯是 X 或被视为 X 才可以获得这个身份，不是 X 或没被视为 X 意味着我就不再是我了。对于我来说，不能做到完美无缺的成功就不是我了。这使得我不是 X（不被视为 X）成为一种威胁。我不是这样的人是不行的。这些信念的结构

是，要么你完全是这么个人，要么你就啥也不是。

这些信念构成了反应性操作系统的核心——这是一种通过外部验证形成自我身份的机制。因为需要被别人看作 X，我们的自尊、安全和未来就统统掌握在他人手中。他们决定了我们的构造，他们怎么看待我们定义了我们是怎样的人。我们依赖外部认可，生活在被社会规范禁锢的自我中，而自主导向型的创造性自我能够超越这些反应性信念的束缚。当我们做出反应来满足这些信念所包含的各种期望时，我们就会进入振荡模式、回归既往状态。反应性心智的结构就是如此，表现也是如此，因为结构决定行为。

汇总前述观点

今天，反应性结构已经不足以高效地引领组织，因为在这样一个复杂多变的时代，以崭新的创造性方式调适和重塑组织的能力尤其珍贵。而反应性结构的设计目的在于回归既往状态，原因有以下六个方面。

第一，反应性心智形成于从青春期向成人社会的过渡期，此时的挑战是与主流文化相结合和融合。在某种程度上，长大成人的成功标志是我们接受了所属世界的心智模式、价值观、规则和运作方式，成为其中的一员。我们据此打造自己的生活、角色、职业和身份，以便可以在当前文化环境中获得成功。反应性心智旨在融入和复制现状，而非改变现状。

第二，反应性心智以问题为导向——目的是去除问题。当我们试图解决前行路上的问题时，反应性心智充其量能帮我们消灭问题，将我们带回原先的均衡状态，而不是促使我们到达一个新的未来。

第三，反应性心智结构旨在减少问题引发的内在冲突（恐惧、焦虑和自我怀疑），因此它的目标是在一场"不输就好"的游戏中确保安全感。可惜事与愿违，反应性结构往往会重建我们不想要的东西。

第四，反应性策略的成功会带来内在冲突的缓解。但正是内在冲突激发我们做出求变行为，当内在冲突消退时，我们的反应性行为很可能随之停止，于是问题便卷土重来。

第五，我们所感受到的内在冲突是由处于自动驾驶状态的内在信念和假设引发的。这些信念是外部构建的、汲取当前文化环境中的主流假设而成。我们通过外部验证来维系自己的价值和安全感，因此活得很被动。我们的动机是不辜负他人的期望，却误以为这是自己内心的期望。这种对外部验证的依赖令我们心生恐惧，使我们习惯性地去玩"不输就好"的游戏，让我们寻求安全感而非使命感，并因此建立起一种振荡或均衡回路结构，用一种与我们的信念结构相一致，同时能与周边环境和谐相处的方式来维持现状不变。

第六，反应性结构以安全为导向，这使我们对更大使命与愿景的追求大打折扣。没有哪条路能让我们不冒任何风险地创造自己想要的未来，任何一条安全的道路都会带我们回到原路。引领变革是一项冒险的事业，我们需要承担最大的风险：从根本上改变自己。反应性结构无意识地在玩"不输就好"的游戏，目的是降低恐惧感，这是一个依赖于外部的结构，其设计目的根本就不是实现更有使命感的未来愿景。

向创造性心智的转化要求我们跳出当前常规文化的假设和期望，寻求个性化主张——成为自主导向的人。这样我们就不再依赖于满足主流文化中他人的期望，使命与愿景成为领导力的主要驱动力。在当前形势下，这一发展举措为我们更有能力地迎接变革铺平了道路，这才是变革型领导力的立场。

领导力议题

如今，很多组织将变革的精力集中在建立高敬业度和成就感的创新文化方面，但其中大部分努力并没有达到预期的效果，原因就在于，我们试图用一种旨在维持现状的心智模式来创造变革。如图 8-9 所示，反应性心智使一切回归原状。

建立一个新的、在文化和经营业绩方面具有变革意义的愿景，通常要求我们的领导行为和能力超越现有信念结构的边界才能实现，否则我们早就得偿所愿了。当新愿景超出现有心智操作系统的辖区时，我们面对的是调适性挑战——类似杜克的高管团队和我想要扩展业务规模时所面临的那种挑战。

图 8-9　信念边界

当我们选择创建超出信念系统边界的成果时，就会有意无意地引发焦虑、恐惧、怀疑，以及其他形式的内在冲突。反应性结构的设计旨在减轻这种焦虑，因此我们常会不自觉地回到原来的做法，因为它跟我们现有的隐形信念结构相一致。它的模式是满足现状对我们的期待，尽管这恰恰是我们想要改变的。当这种情况发生时，即使我们正在倡导新的愿景，但实际行动却是在维护原有文化不被动摇。反应性结构的设计旨在回归既往状态。除非我们在大力倡导变革的同时在自己身上下功夫，看到自己是如何惯性地回到旧有行为习惯的，并探索驱动这些行为发生的更深层的定义自我的假设；否则我们很可能会自己破坏这场热切盼望的变革。在长达数十年的咨询经历中，我们发现，只有当高层领导者选择"做好自己的功课"、精进自己的领导力，继而发动并支持整个领导体系做同样深入的工作时，变革才可能成功。类似这样的领导力课题对于所有变革性举措来说都是不可或缺的。

对更高绩效的憧憬使得每个人都陷入了爱因斯坦所描述的困境："我们无法在引发当前问题的意识层面上找到它们的解决方案。"答案只能在更高层次的意识结构中找到。反应性心智层次的领导者无力策划和指挥行为上的巨大转变，今天的领导者需要创造性领导力来支持和维系新的结构、文化和绩效表现。否则的话，在反应性结构中，阻力最小的路径及最自然的趋势，就是建立和重建家长制。我们将在下一章更全面地探讨这个问题。

本章盘点

（1）你的爱是否胜过恐惧？

（2）你有多少精力花在了维护你在自己或别人眼中的形象上？

（3）你害怕的事情有多少真的发生过？

（4）你内心的恐惧之声和热爱之声分别会跟你说些什么？它们中哪一个更能引发你的关注？

（5）如果我不再坐等他人勇担变革大任，那会怎么样？

第 9 章
反应性领导力在工作中的表现：
从家长制到伙伴关系

在上一章里，我们展示了反应性心智是如何形成的，以及它如何造成可预见的、回归常态的行为模式，进而证明这个结构还不够成熟，不足以引领转型性变革。这一章，我们将阐述当领导层集体处于反应性心智时，企业会如何自然地倾向于建立家长制的组织结构和文化。并且当我们试图改变这样的文化时，除非我们能从创造性心智出发引领变革，否则反应性心智总会顽强地卷土重来。为了理解这一点，我们需要更深入地研究当领导团队聚在一起并且集体处于反应性领导状态时，他们之间所呈现的动力模式的本质。

从家长制走向伙伴关系

鉴于大多数组织仍然由男性主导，而且大部分文化都具有浓重的自上而下施加管控的色彩，由此这些组织催生的大多是家长制文化。家长制是在教育贫乏时代发展起来的。那时的劳动者大都缺乏必要的基础知识和能力，大包大揽的家长制就有了用武之地。家长制在危机和业务转折期也很管用，而且可能最适合这样的情况。然而时至今日，全球各发达经济体一致认为，要在当今复杂的商业环境中脱颖而出并兑现领导力承诺，需要向伙伴文化以及更加多元化领导的组织迈进，让更多的人参与合作创造和创新，并为企业的成功承担责任。新兴的组织形式要求大家（客户、供应商、员工、经理和领导)结成伙伴关系共同赢得组织成功。我们称之为从家长制到伙伴关系的转变。

在从家长制走向伙伴关系的过程中（见图 9-1），不少领导者尽管有着良好的意愿，却自行阻碍了自己前进的步伐。（Block，1993）在职业生涯的早期，我们尚未完全理解反应性内在操作系统的运作规律，只是惊讶地发现，那些最想变革的领导者往往深陷在对变革最不利的旧有行为模式里不能自拔（高层过度控制、中层谨小慎微、基层怨声载道）。他们很少看到自身行为与愿景之间的这种错位。这些表里不一的行为发送出大量混乱的信息，使得组织中形成了谨慎当道的氛围。人们不去认真响应各种变革举措，而是坐在那里旁观这股风到底往哪儿吹。

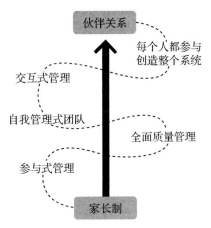

图 9-1　从家长制走向伙伴关系

我们对于家长制和自上而下的管理体制太熟悉了，以至于尽管我们渴望做出改变，但自己却持续不断地在用"体现"这种体制的方式做事且浑然不觉。我们那些基于外部的心智模式、身份认同、信念和假设都是在这一体制中形成的。我们服从于它们，它们自动地驾驭着我们。因此，我们既看不到它们的存在，也看不到我们作为领导者个人和领导团队集体的行为表现与我们想要达成的新愿景之间存在矛盾。这是变革举措失败的主要原因。

就在试图改变体制的时候，我们却猛地迎面撞上了自己。在通往我们致力于创造的未来之路上，我们自己才是最大的绊脚石。更有甚者，我们对此浑然不觉。想要改进组织的绩效表现，我们自身必须做出最大的改变。我们不能只是发起变革或重新设计系统和流程；我们必须重新设计自己！组织绩效永远无法超越其领导层的意识层次。想要改变体制，我们必须改变自己；否则我们所倡导的变革只会是"口味月月新"，却永远换汤不换药。

两条航道齐头并进

从家长制到伙伴关系需要两条航道同时并行：体制航道和个人航道。（见图 9-2）

我们通常会把大部分时间花在改变体制上（而且不会采用全系统模式进行干预），很少会把时间花在自身需要做出的深刻变革上。我们努力去改变组织文化，好像它跟自己毫不相干。我们想要改变的是它，而非包括自己在内的我们。作为咨询顾问，我们认为深度变革必须走向内在功课。既然 80％ 的成年人的生活和领导工作都处于反应性心智，也就难怪大部分组织都处于反应性结构和运作方式中。从家长制转变到伙伴关系，这意味着组织结构和文化从反应性转变到创造性。反应性心智无法带来所需的改变，进入创造性领导层次是对内在操作系统的最低要求。

体制变革需要领导者意识的转变。引领变革的领导者需要能够看见，尽管我们正致力于改变文化，但其实我们自身也对造成当前文化负有责任。在引领变革时，我们自身就是那个我们正在努力改变的文化。想要变革成功，大家必须看到我们的自我、身份认同、性格结构如何组合在一起而造就了当前文化。这要求我们了解自己的反应性内在操作系统是如何组合的，以及随之引发了怎样的文化动力结构。我们要能看见自身如何成为我们正在努力改变的那种文化。

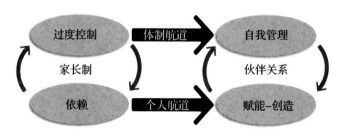

图 9-2　两条航道

反应性心智的三种核心类型

反应性心智之所以会很自然地倾向于建立和重建家长制结构和文化，原因之一在于三种反应性类型之间会发生相互作用。这三种类型分别是关系（心性）、智力（头脑）和成果（意志），它们是我们形成反应性心智的三种主要方式。也就是说，人有三种基本类型，这三种类型在成长到反应性心智时，以不同的方式形成了不同的自我结构。当它们进入相应的反应性自动驾驶模式时，三种类型的差异造成了家长制文化的行为模式，从而限制了领导效能和经营业绩。

在《我们内心的冲突》(Our Inner Conflicts)一书中，心理学家凯伦·霍尼指出了人们形成性格或自我结构的三种基本"趋势"(Horney，1945)，分别命名为：趋向、对抗和回避。我们将这三种类型分别称为心性（关系）型、意志（成果）型和头脑（智力）型。从名字就可以看出，不同类型的性格、自我、身份认同有不同的本质、天赋和优势。每种类型都会放大其核心优势。

以这三种性格为核心的结构以多种不同形式出现在各种机构的研究中。九型人格描述了九种不同类型的人格：其中三种是趋向型，三种是对抗型，还有三种是回避型。在整合这一领域各方研究成果时，我们遇到了"灵性之路"(Pathwork①)的体系，这一修行成长体系指出，人们普遍佩戴三种自我面具：爱、力量和安宁。

随着这种三元模型的不断出现，我们越发好奇以至于转向科学领域进行探索。原子由电子、质子和中子构成；电路由一根负极引线、一根正极引线和一根中性或接地引线构成；能量的波形包括一个下行波，一个上行波，以及位于波峰和波谷的静止位（或称中性位）。

---

① "Pathwork"是由伊娃·皮耶拉科斯(Eva Pierrakos)体验到的一套实现从低层自我(Lower-self)到高层自我(Higher-self)的转化体系，从而达到人性的纯净化。——译者注

我们开始认识到，有三种基本能量可以解释这三种核心类型。心性型是电子——带负电、阴性电荷，属于能量的下行波，是阴阳中的阴、接纳型能量，倾向于走近他人以形成关系的纽带。意志型是质子——带正电，属于能量的上行波，是阴阳中的阳、阳刚型能量，倾向于向外发展、积极地对世界采取行动，创造成果。头脑型是中子——带中性电荷，属于能量的静止位，是三相电路中的地线，是阴阳之间的平衡点，保持中立、冷静、沉着，为各种尝试提供知识和真理。

我们每个人都是这三种能量独特的混合体，就好像每个人都是由这三种原色调制而成的一道独特色彩。虽然每个人身上都具备所有这些能量、优势和天赋，却通常会以其中一种为主导。无论是心性型、意志型还是头脑型，每种类型都围绕着一种基本能量来调制自己的个性，并以这种能量为核心来定义自己是谁，以及自己的本性。在走向成熟的过程中，我们会优先发展这一主导能量，最大化自己的优势，其他优势则往往开发较晚或不足。在反应性阶段，我们虽然始终是这三种核心行为倾向的混合体，却通常会以其中一种为核心构建身份，武装自己。我们了解这三种类型及它们如何在反应性层面上相互作用，有助于理解反应性结构为何经常会很自然地创造出家长制文化。

在逐一探索每个类型时，请记住这个三元模型中的每一个类型（心性、意志、头脑）都起源于我们独一无二的本性。我们总会用最能表达自己个性及独特本性的方式来建构自我结构和核心身份，全力以赴地把自己最好的部分投入反应性结构和策略中。

第一，心性型。心性型趋近他人。这类人就像电子，属于接收方，带负电。他们主动靠近他人构建关系纽带，在与他人的关系中确立自己的核心自我身份，围绕着与心相关的天赋形成自己的性格。以关系为导向是他们的本性和天赋。处于反应性心智层次的他们也非常认同这一天赋。他们通过讨好别人来建立自我价值和安全感，其自我价值和安全感取决于其他人是否喜欢、爱或接受他们。构成这一类型的核心信念是："如果你喜欢我、爱我或接受我，我就感觉很好"，而"如果你不这样做，我就感觉不好"。这一类型的优势是主动靠近他人并将与他人建立关系作为第一要务。在反应性发展阶段，心性型的局限性在于，为求他人欢心让渡了太多权力。他们的核心恐惧是被人拒绝。不被接受、爱和喜欢所带来的恐惧不亚于面对死亡，这类人通常不愿推动有争议的话题，不喜欢冲突，因此无法成功扮演领导者的角色。我们将处于反应性发展阶段的心性型称为顺从型。

第二，意志型。与心性型刚好相反，这种类型属于对抗他人的类型。他们不是讨好别人，而是竞争以战胜他人。这类人是质子，是充满阳刚之气的正电荷。他们从不放弃权力，而是争取更多权力帮助自己向前冲。他们围绕着自己的意志优势完成性格建构，他们的核心优势和天赋是其不达目的誓不罢休的内在动力，他们天生就善于运用个人力量来达成所愿，这是他们的本性。他们生来就擅长引领和推动事物前进。当成长到反应性层次时，他们自己也很认同这项能力，会围绕着自己在意志方面的天赋和对权力的运用建构起自我身份。他们的核心信念是："如果我是那个取得成果的人、完美的人、推动组织发展的人、管事和掌权的人，那么我就会感觉很好。"他们的核心恐惧是失败。任何失败甚至不完美都会让他们感觉生不如死。他们的优势和天赋是不断推动成果的达成。当他们处于反应性层次时，其局限性在于以牺牲他人为代价获取权力，将他人视作实现自己愿望的资源。因此，他们不在乎一将功成万骨枯。他们不会授权他人、发展团队合作、建立相互信任，不会从容不迫地指导他人，因为信赖他人达成结果意味着需要承担失败的风险。我们将这种处于反应性发展阶段的意志型称为控制型。

第三，头脑型。这种类型回避他人，通过理性分析与他人保持距离。他们围绕着自己头脑中的智力天赋建构性格。他们通常智力超群，相当理性。追求知识和真理是他们的本性和天赋，处在反应性层次的他们很认同自己的这一天赋。他们通过展示自己的分析和批判能力来建立自我价值和个人安全感。他们像中子一样保持超然的状态。他们保持头脑清醒，不卷入争斗，为周围发生的事情提供合理的解释。他们需要其他人认为自己聪明、知识渊博、胜人一等，并由此建立自我价值和安全感。他们的核心信念是："我如果聪明、自给自足、高人一等，而且最重要的是能够发现别人思维中的缺陷，就会感觉很好。"他们的优势是在混乱和冲突中保持冷静和理性，站在安全和理性距离之外分析正在发生的事情，并为复杂和冲突局势提供出色的分析。他们的局限性在于只动用脖子以上的部位。人们经常感觉他们冷漠、疏离、不上心、过度分析、挑剔或傲慢。他们的核心恐惧是脆弱，可是生活和领导力天生就是脆弱的。他们需要一个理性可分析的世界来获取安全感，从而保护自己不受伤害。因此，他们倾向于保持头脑冷静，提供分析意见。落在别人眼中常会觉得他们的批评太过严苛，吹毛求疵，专门找错，而且装模作样假装高人一等。我们将这种处于反应性发展阶段的头脑型称为防卫型。

不同类型各具天赋

我们通过描述不同的核心优势或天赋来定义每一种类型。我们每个人本质上都有自己独特的天赋，并围绕各自优势打造自己的性格，这使得每个人都培养出一些非常宝贵和令人钦佩的品质。意志或控制型的人服务他人和组织的方式是不断打磨能力来取得成果，推动业绩大幅度增长，确保要事优先，以及为达成有价值的目标广泛募集资源。组织需要这类有干劲的人在激烈的市场竞争中取得成功。心性或顺从型的人则更为忠诚和勤奋，他们善于创造和谐氛围，感知他人需求，并能帮助和支持他人。组织需要这类品质的人以确保人们可以在工作中相互配合。头脑或防卫型的人贡献的是他们面对复杂问题的强大分析能力。他们拉开距离以获取不同视角，以不带情绪的冷静、清晰和宝贵的洞察力参与其中做出贡献。

如表 9-1 总结的那样，每种类型都有自己的优势和天赋。表中的每个反应性维度都包含在我们的通用领导力模型中，并且在全景领导力测评中加以衡量。表中每项天赋描述的都是它们不受反应性心智限制、完全成熟时的状态。

表 9-1 反应性心智真正的天赋

顺从	认领你真正的天赋
保守	忠诚于组织宗旨，积极捍卫组织的价值观，传承组织财富。
取悦	爱自己和他人，愿意奉献自我、服务他人。
归属	积极参与社区和组织建设，坚守使命。
被动	服务为本，不执着，默许他人满足需求，随遇而安，无我。
防卫	**认领你真正的天赋**
距离感	通过超然、留意和反思获得智慧。
挑剔	通过探询和挑战受限的思维辨别真相。
傲慢	不需要揽功的人格力量；指导他人成为他们自己生命中的"大人物"。
控制	**认领你真正的天赋**
完美	在不断追求持续改进和接纳事物或人的现状之间保持平衡；渴望创造卓越成果。
工作狂	愿为自己热爱的事情努力和冒险，竭尽所能实现你最深切的渴望。
野心	渴望创造卓越成果，精力旺盛地追求有价值的成果。
专制	运用个人优势、毅力和影响力提供服务。即便饱受争议依然诚实正直地做好当做之事。

虽然运用反应性心智的领导者可能相对低效，但并不意味着领导者自身有什么问题。相反，处于反应性层次的每种类型的领导者都在尽力发挥其核心天赋或优势。他们的局限性并非其特定天赋或缺乏天赋，而是他们依托于反应性心智结构运用这些优势时所造成的负面效应。

反应性结构中的天赋好礼

当处于反应性意识层次时，我们会将身份等同于自己的天赋，但这反而会制约我们本来力图发挥的那项天赋或优势。内在游戏驱动外在游戏，这种反应性的、"不输就好"的游戏是一场受限的游戏。我们在把自己的核心优势放到反应性结构中时，其实是硬生生地从游戏场中拿掉了天赋，并把由此带来的负面效应放了进去。

比如说，心性型的核心信念可能是："被人接纳我就会感觉良好。"这种信念会拉近我们跟他人的关系，但是想要被人接纳的需求会限制我们发挥力量。我们害怕不被接纳，因为那样的话我就不是我了。这让我们在情感上很难接受，因此我们回避冲突，而且为了保持跟他人的友好关系不去处理重要的议题，结果人与人的相互关系反而受到影响。在这种情况下，想要被人接纳的需求恰恰颠覆了它最想要的东西——关系，天赋由此被清理或抑制。更有甚者，既然不被接纳意味着我不再是我，那么被人拒绝简直生不如死。因此，我们跟自己的核心优势之间形成了一种强迫关系，不得不持续寻求被接纳。我们总想博得周围人的欢心以至于过度使用这一优势。我们在自己的关系网络中一味寻求安全的做事方法。作为领导者，这意味着不能旗帜鲜明地大力倡导我们认为重要的事情，在关键的冲突性对话中退缩，以及将自己的视野局限在那些安全和可被接纳的做法上。

"顺从"会严重干扰领导效能，这一点在全景领导力测评的内圈相关性矩阵中清晰可见（见表9-2）。反应性部分的"顺从"维度与"成就"（-0.75）、"系统意识"（-0.61）和"本真性"（-0.72）维度均呈负相关，而这些创造性维度又与领导效能呈高度正相关（相关系数分别为0.91、0.84和0.78）。反应性部分的"顺从"维度把自己的核心天赋变成了一项负担。此外，"顺从"与"相处能力"呈负相关（-0.44），也就是说，"顺从"降低了心性型的人最在乎的相互关系和团队合作的质量，自己破坏了自己的天赋。当心性型的人把天赋放进反应性结构中时，这项天赋就变成了顺从型的负担。

表 9-2　内圈相关性矩阵

项目	经营业绩指数	领导效能	相处能力	自我觉察	本真性	系统意识	成就	控制	防卫	顺从
经营业绩指数	1	0.61	0.50	0.48	0.50	0.57	0.61	−0.21	−0.31	−0.40
领导效能	0.61	1	0.85	0.76	0.78	0.84	0.91	−0.41	−0.56	−0.63
相处能力	0.50	0.85	1	0.87	0.72	0.80	0.76	−0.64	−0.75	−0.44
自我觉察	0.48	0.76	0.87	1	0.66	0.73	0.66	−0.74	−0.74	−0.36
本真性	0.50	0.78	0.72	0.66	1	0.78	0.86	−0.23	−0.38	−0.72
系统意识	0.57	0.84	0.80	0.73	0.78	1	0.88	−0.40	−0.51	−0.61
成就	0.61	0.91	0.76	0.66	0.86	0.88	1	−0.24	−0.41	−0.75
控制	−0.21	−0.41	−0.64	−0.74	−0.23	−0.40	−0.24	1	0.83	0.09
防卫	−0.31	−0.56	−0.75	−0.74	−0.38	−0.51	−0.41	0.83	1	0.23
顺从	−0.40	−0.63	−0.44	−0.36	−0.72	−0.61	−0.75	0.09	0.23	1

（基于 50 万份测评报告）

其他两种类型也是一样的情况。每种类型都是围绕其根本的、独特的、与生俱来的本性来建构身份的——无论它因聪明和知识渊博而属于头脑型或防卫型，还是因力量、狂热和取得成果的能力而属于意志型或控制型。这些类型由外及内地形成了反应性信念——"如果在你眼中我是 X，那么我就会感觉良好。"——如果我不是 X（不被视为聪明或有掌控权），那么我就不是我了。这使我们与自己的核心天赋之间建立了一种强迫关系。我们必须被视为 X（聪明或有掌控权），否则我就不是我，就会失去自我身份和安全感。

因为不能接受这样的后果（不接受失败作为可选项，被人视为愚蠢是比死亡更悲惨的命运），这些类型的人总是滥用自己的天赋。他们总是要么超级理性，不断地分析和批判，要么不停地催促和控制，优势过度扩张成为一项弱点。过度控制无法建立信任和团队合作，也无法发挥高绩效所需的优势力量——而这恰恰是控制型想要获得的成果。过度分析和批判显得非常冷漠、疏远和苛刻。因此，它无法有效传播信息，因为他人受制于这种信息传递方式。

所有这些在内圈相关性矩阵中都有所体现。如"控制"几乎与所有维度都是负相关关系，特别是与"相处能力"（-0.64）、"自我觉察"（-0.74）、"领导效能"（-0.41）和"经营业绩指数"（-0.21）。"控制"和"成就"也呈负相关（-0.24），这跟它自身的天赋相违背，因为意志型最在意的恰恰是创造成果。"防卫"的模式也是如此。它跟所有的创造性维度及自身优势都呈负相关（"自我觉察"为-0.74，"本真性"为-0.38，"系统意识"为-0.51）。"防卫"也会破坏自己的天赋，以及他们最在意的东西——在学习、知识和智慧上诚实地相互交流。

值得注意的是，每种类型的人把自己的天赋放进反应性结构的结果都是亲手埋没了它。这就是为什么处于反应性关系中的核心优势容易发挥过度，产生负面效应，降低效能。

如果管理得当，不同类型之间的差异会帮助彼此更好地发挥优势；每个人都能把最优秀的品质贡献给团队和组织。然而这种理想中的情况很少发生。集体智力通常远低于团队成员的平均智力水平，因为不同类型的人聚在一起，往往会激发彼此身上的那份负面效应。领导团队中常见的冲突和失控局面常常可以归咎于不同类型之间的反应性互动。

反应性团队中的动力模式——忠实于自己的类型

几年前，我们应邀为一家炼油厂的高管团队提供咨询。团队里有两位高级经理合不来，这俩人根本不能待在同一个房间里。这给公司带来了大麻烦。总裁特意聘请我们来"搞定他们"。

我们姑且将这两位经理称为肯（Ken）和杰克（Jack）。肯是技术服务副总裁，杰克是运营副总裁，工厂里的500名员工大多汇报给他俩中的一个。第一次见到杰克时，他对肯的描述是："他是个懦夫！他没有决断力，他们部门什么忙都帮不上，我什么都指望不上他。"

肯则把杰克形容成一只"野兽"。他做出捶胸顿足的样子道："他就是一头毛茸茸的大猩猩，整天在各种会上捶胸顿足、高傲自大，我没法忍受他并跟他一起共事。"不用说，我们这下有事儿做了。

我们先给两人分别做了全景领导力测评，并且访谈了几位他们的同级和下属。

测评报告显示，杰克在"控制"和"防卫"维度上得分很高。在人们眼中他太过"野心""专制""傲慢"和"挑剔"。他在关系维度上得分很低——包括"关爱""培养团队合作""辅导与培养""协作"等方面。最让杰克苦恼的是，他在"正直"维度上得分很低。他一向自诩正直，也读很多书来学习如何在职场上激发大家的敬业度和满足感，自认为是一个热情关心他人、尽力对下属赋能授权的领导者。但我们对周边同事的访谈证实了他在"控制"和"防卫"两项上的高分可谓名副其实。人们拿《化身博士》①里的杰基尔（Jekyll）和海德（hyde）来称呼他：一个好杰克，一个坏杰克，你永远不知道接下来会碰上哪一个。今天他会欢欣鼓舞地在你面前大肆鼓吹要高度授权，激发大家的参与度和敬业度；转天就会暴跳如雷地把你撕成碎片。他主导每次会议而且不容他人置喙。不能以身作则导致他在"正直"维度得分很低。杰克的领导效能以控制型为主，辅之以防卫风格。

肯是以顺从型为主，辅之以防卫风格。他在"取悦""归属""被动"和"距离感"维度上得分很高，在"取得成果""战略关注""决断力""勇敢真实"维度上得分很低。这意味着他之前不是在发挥领导作用，而是大打谨慎牌，放任关键议题恶化。肯的团队成员在交流中告诉我们，肯非常聪明，技术能力很强，但是优柔寡断，不愿直面难题改进技术服务部的工作。这样的反馈对于肯来说显然很难接受。

值得称道的是，这两个人都认真地听取了对他们的反馈。我们与两人分别进行了一段时间的辅导会谈。杰克对自己苛求、刻薄和过度控制的行

---

① 《化身博士》中的主角是善良的医生杰基尔，他将自己当作实验对象，结果却导致人格分裂，变成夜晚会转为邪恶海德的双重人格，最后杰基尔以自尽来制止海德作恶。这部著作曾经被拍成电影，编成音乐剧，流传十分广泛，这使得杰基尔和海德成为"双重人格"的代称。——译者注

为有了很多认识。他把自己定义为一个扭转乾坤的人，而他再也不想当这样一个人了。他发现自己有一种信念，即把对自己的评价仅仅等同于他在最近一次扭转乾坤中的表现。他担心只要一次失败就会毁了他的职业生涯，因此他从来不敢把失败作为一个可选项。这一次他毫不含糊地直视自己的核心信念，那就是："我是我的成果，如果不能取得成果，我就不是我了。"由于这些信念的结构都是非赢即输的，所以一次失败便意味着满盘皆输。他承认这些假设对他有着强大的情感吸引力，而且过去一直在驱动着他的行为表现。同时，他还意识到这些假设不是真的，它们太过极端化（每次都必须成功，否则便意味着一事无成），这使他无法在领导工作中更好地发挥灵活性、敏捷性和包容性。只要事情的结果稍有纰漏，他就会因担心失败而马上做出反应，他要么把那个人撕成碎片，要么自己接手过来。他只会发号施令，不会辅导他人。他意识到想要成为自己梦想的那种领导者，就需要改变这种假设。这之后，每当身体再次自动做出愤怒和攻击性反应时，他就会有意识地挑战自己，抛出一些非常好的问题，并开始倾听他人的声音。

肯也开始看见自己的反应性操作系统，他发现自己的核心假设是想要做个好人，让人们都喜欢他。他的领导能力受制于这样的信念："我是我的人际关系。只有别人喜欢，我才能证明我是个好人。不被喜欢意味着遭到拒绝，这是我不能接受的。"跟杰克一样，他也得出了两个结论：首先，他对认可的需要使他过于谨慎，无法说出他明知该说的话，其实对于善于交际的他来说，别人是很容易听得进他说的话的；其次，他意识到自己其实可以跟不喜欢他的人共处。

肯的信念也是非赢即输，只要有一个人反对就意味着世界末日的到来。肯意识到这种错误信念的不合理性，他开始挑战自己的恐惧，开启需要勇气才能进行的对话。

在肯和杰克对各自的反应性模式有了足够了解后，我们请他们坐在一起开会。他们把各自的LCP报告并排放在一起，沉默地看了一会儿测评结果（见图 9-3），然后抬起头看着对方说："难怪呢。"

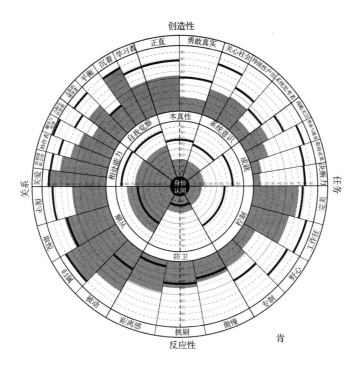

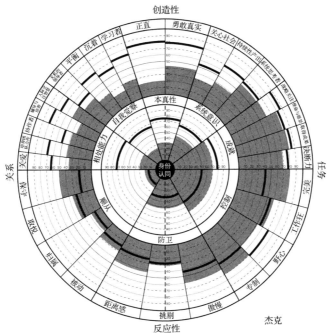

图 9-3 肯和杰克的全景领导力测评报告

他们看到彼此属于相互触发的相反类型。肯在寻求杰克的认可，然而一旦肯表现得小心谨慎或优柔寡断，杰克就会给他沉重一击；肯的优柔寡断威胁到杰克的核心诉求，他需要肯的团队有所作为来获取成果，所以只要肯一犹豫杰克就会爆发，这让肯更加小心翼翼。他俩相互激发出对方身上最恶劣的部分，两个人都很出色，但这种动力模式使他们很难发挥出集体效能。

在审视这种动力模式时，他们看到了各自在其中扮演的角色。两个人在用截然相反的方式构建自我或身份认同的结构。他们意识到每个人都在彼此身上看到了自己的阴影部分（这部分内容将在之后的章节中详细介绍），各自都在冲突中负有自己那部分责任，他们也都承认自己那么做是因为害怕被拒绝和失败。看清彼此的恐惧后，他们开始有了更多的同情心和相互理解。他们看到自己是如何陷入一场"不输就好"的游戏中，处于一种振荡回归模式，相互倾轧却毫无成效。他们同意改变游戏的玩法，而且也确实这样做了。他们之间并不总是相处愉快，但确实能够相互合作了，工厂的情况因此大为好转。

这个故事里还有其他玩家。杰克和肯在领导团队里有同伴和老板。他们每个人都对肯和杰克之间的这种互动失调负有责任。有些同事是防卫型，他们采用不输就好、独善其身的策略，跟他俩这段一触即发的关系保持安全距离。他们能够分析出发生的问题，却不愿插手帮忙解决。他们以这种方式合谋了这场共舞。而对于请我们来"搞定他们"的总裁来说，作为老板，他是典型的顺从型，缺乏挑战杰克和肯做出行为调整的力量。因此，高管团队的每个人都对团队失效负有责任，不仅是肯和杰克。

想让经营业绩取得突破性进展，发展领导力是我们要达成这一目标所必须面对的议题。肯和杰克接受了这个挑战，为我们带来了一个在商业对话环境中领导力纵向成长的故事。肯和杰克已经开始从反应性心智转向创造性心智。

通用领导力模型中反应性类型之间的动力模式

全景领导力测评和通用领导力模型整合了认知心理学和理性情绪心理学的最佳成果，提炼出一个跨越领导力不同发展阶段的类型框架，并将所有这些与我们在领导力和组织发展领域中已知有效和无效的东西相关联。

反应性领导力和创造性领导力之间的负相关性（-0.76）极为确切（见图9-4），这一关系极富戏剧性地展示了，当我们透过反应性内在操作系统运用天赋和优势时，这些天赋和优势是如何从我们眼前消失的。

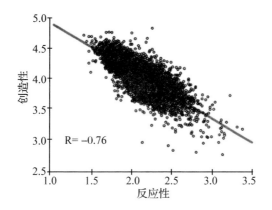

图 9-4　创造性领导力和反应性领导力之间的相关性

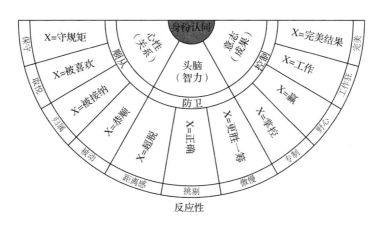

图 9-5　反应性部分及其相关信念和行为

图 9-5 中圆的下半部分展示了反应性心智结构的完整地图。其中外圈展示的是 11 种反应性行为背后的限制性信念，这些经过深入研究的信念清晰地落入反应性心智的三个核心类型（内圈）中，每种类型拥有各自不同的核心信念和行为。通用领导力模型和全景领导力测评报告将顺从型和控制型分列在圆的两侧，相互对应，防卫型居中——这种结构很好地解释了这三种类型之间的动力模式（比如，在肯、杰克和高管团队的例子中）。

我们借助这一模型的视角向肯和杰克这样的领导者提供反馈，有助于解释反应性心智并帮助领导者完成凯根所描述的主客体转换（Kegan，1998）。全景领导力测评帮助领导者：

（1）了解他们如何建立自己的身份；

（2）探索他们受制于哪些反应性信念——那些处于自动驾驶状态的信念；

（3）清楚地看到这些信念正在驱动怎样的行为表现；

（4）看到他们如何陷入"不输就好"的游戏中；

（5）看到哪种反应性类型在他们身上占主导地位；

（6）了解他们在处理使命与安全之间的张力时可能做出怎样退而求其次的选择；

（7）看到他们的领导模式如何注定使组织回归常态，维持现状；

（8）看到他们如何促进了团队的正常运作，抑或是加剧了团队的运作失调；

（9）看到他们如何秉持最好的意愿，结果却适得其反。

这一动态模型描绘了反应性心智是如何构成的，在反应性内在操作系统的驱动下领导者会做出怎样的行为表现，以及组织中不同类型的领导者之间的动力模式。总之，通用领导力模型和全景领导力测评报告描述了领导者个体和领导集体的结构、信念和行为模式。

一个自然选择的过程——家长制集体模式的形成

肯和杰克的故事(以及第 8 章里杜克家冰箱的故事)是不同类型间动力模式的代表,它在以更大规模发生时,就会自然形成家长制结构和文化。那么这种不同类型之间的相互作用究竟是如何促成家长制行为和结构模式的呢?

罗伯特·卡普兰(Robert Kaplan)在其著作《超越野心》(*Beyond Ambition*,1991)中指出,控制型大多追求职业晋升。他们的优势很适合做高管,自己也对此动力十足,其自尊心往往取决于自己在金字塔中的地位。他们不断地努力前进,取得成功,扩大自己的权力基础。组织也刚好需要这种人——能够不断扩张,积极推动各项议题,发展壮大组织,满足对领导层的各项严格要求。其结果就是控制型领导者占据了高层的大部分席位。

顺从型的人向上晋升大多没那么容易。他们衡量自我价值的方式与控制型的人不同,也就不会有那么强大的向上升迁的驱动力。此外,运用权力和冒险可能会让别人不喜欢他们(这是他们衡量自尊和安全的方式),而且对于控制型的人来说很自然的那套做法顺从型的人也做不来,因此他们最终不太可能走到最高职位,而是大多居于组织的中基层,凭借其忠诚、努力和奉献精神为组织服务,致力于做正确的事,满足他人的期待。

这种自然选择过程将控制型的人和顺从型的人分别推到高低两端,从而直接导致了如图 9-6 所示的家长制关系和体制,防卫型则四处填充。我们知道,这个模型为了展示组织动力变化的普遍趋势而有些过于简化,它并不能代表所有情况,肯定会有例外存在。

正是这三种类型的习惯性或强迫性使人们常以一种过度等级化和家长制的关系方式互动。最高层的人责任最重,控制力

图 9-6　家长制结构

最强，底层的人则认为，"我的任务不是担责，而是满足他人期待"。双方相互交换，各自满足自己的身份或自我需求。控制型因为自己能够掌控和居于高位而感觉安全和有价值感，顺从型的人因为不必冒险担责和受人非议而感觉安全。控制型的人觉得控制是合理的，因为在他们看来，底下的人都不愿冒险做出棘手的决定。顺从型的人觉得自己很有价值，因为他们正在做别人期望他们做的事情而且做得不错。这是一种互利互惠、不断自我强化的相互关系。每种类型都在发挥作用维护这种家长制动力结构，都没有意识到其实他们"必须"维持这种体制以便继续发挥各自的反应性策略。如果游戏改变，双方都会觉得不安全，不能体现自我价值。这就是为什么变革如此艰难，特别是旨在建立伙伴关系的变革。

这种控制或防卫型居于高处、顺从或防卫型填补低处的自然选择过程形成了家长制的组织动力结构。当领导者不能重新优化使命与安全之间的张力、挑战"不输就好"的游戏时，当他们以反应性内在操作系统引领变革时，其所造就的文化可能代价高昂。

低效的文化会把战略当午餐吃掉。战略失败的首要原因不是因为战略本身构思不周，而是因为执行这一战略的集体领导效能不足。本章中所描述的那种反应性组织文化和团队动力结构代价高昂，战略因此消耗殆尽。

反应性心智旨在回归既往状态——在自己的信念结构和现状之间创造一种均衡。所以，尽管我们是那么想要切换到新的变革性运作方式，但是本章中所描述的文化动力结构常会把我们的努力打回原形。毕竟，我们自身就是我们想要改变的文化的承载者。变革举措给了我们一个机会，让我们看到我们作为个体和集体的状态，以及我们力图改变的文化的状态。正如一位领导者对我们所说的那样："妄想自己不做出改变却能够改变组织文化，这怎么可能呢？"

当集体领导心智的重心处于反应性阶段时，肯和杰克之间的那种动力模式就开始发挥作用。集体效能因此受损，集体智力不及团队平均智力水平。潜在的杠杆点无法浮出水面付诸行动，也就无法带来突破效应。这就是为什么反应性发展阶段的领导效能平均得分处于百分位排名的 40%，领导力商数为 0.67——领导力还不够成熟，不足以成为一项竞争优势。出色的领导成果根本不可能在一个由恐惧（来自无意识的信念）驱动的"不输就好"的心智结构中获得，这样的结构旨在回归家长制常态。我们根本无法通过反应性领导力建立起向往的创造性伙伴关系文化，而是必须将个人领导力转化为创造性心智。

本章盘点

（1）失去愿景使人衰老。在你的组织中，什么正在走向衰亡？

（2）恐惧既是一条信息，也可以是看似真实的虚假证据（F. E. A. R.，False Evidence Appearing Real）。你如果把两者都看透了，那么接下来又该做些什么呢？

（3）没有任何安全的路径通往伟大，也没有任何伟大的路径是安全的。你站在哪里？

（4）我们的文化是把成就变成失败还是把失败变成成就？

（5）为什么在历史的这一刻是你、是这个团队在带领公司前进？

第 10 章
创造性领导力：
履行领导者的承诺

从反应性心智向创造性心智的转变相当艰苦，只有大约 20％的成年人彻底完成了这一转变。这是大多数成年人生命中最重大的转变，在神话文学中被称为英雄之旅，这可不是为怯懦者准备的旅程。

回顾创造性心智的行为表现

在开始探索创造性心智的本质及如何加以培养之前，我们先简单地总结一下前面有关创造性心智领导效能的陈述。（见图 10-1）

相较于反应性领导力与领导效能之间明显的负相关性（-0.68），创造性领导能力与领导效能之间的正相关性非常显著（0.93）。在包含全球 50 万份测评结果的数据库中，那些业绩表现最好、在同行中业绩排名前 10％的企业在创造性能力上的百分位排名得分是 80％，反应性领导能力的百分位排名得分只有 30％。而那些业绩不佳、倒数 10％的企业情况则刚好相反。

在有关领导力发展阶段的研究中（见图 10-2），那些评估结果显示为运用创造性心智结构开展生活和领导工作的人们，他们的平均领导效能和创造性能力的百分位排名得分在数据库中处于 65％的位置，领导力商数接近2.0，这表明运用创造性心智使领导者获得了一项巨大的竞争优势。

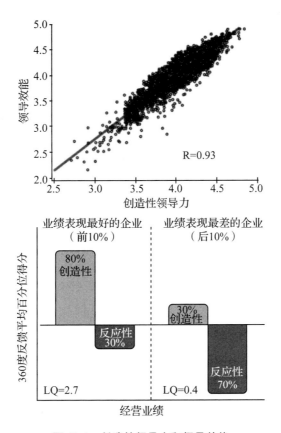

图 10-1 创造性领导力和领导效能

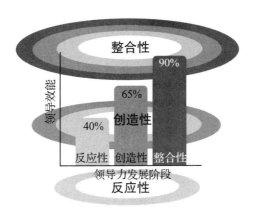

图 10-2 领导力发展阶段及相应的领导效能

创造性心智更适合在当今复杂的组织中发挥领导作用。由于只有20%的领导者处于创造性心智，因此大部分组织需要把加速发展个人和集体的创造性领导力作为战略议题，这是领导力发展的当务之急。

要落实这一议题，高层领导和人力资源主管应当身先士卒，先从培养自己的创造性心智做起，然后在组织中大力加以推广。要做到这一点，我们需要了解创造性心智的本质，它与反应性心智有何不同，它为何会带来不同的收益模式，以及创造性心智如何加以培养——需要做些什么来支持它的发展。从反应性心智到创造性心智是一个质的飞跃，是大多数成年人生命中的主要转变，是一次深刻的成长，一旦进入创造性心智阶段，很少有人再退回到反应性阶段。

英雄之旅

约瑟夫·坎贝尔（Joseph Campbell）在《千面英雄》（*Hero With a Thousand Faces*）一书中将这种转变称为英雄之旅（Campbell，1949）。在许多传统神话故事中，英雄为了追求更深层的呼唤或渴望而踏上了一段旅程。他们通常面临的情况是王国处于危难之际：千里饥荒，战事猖獗，王国受到恶魔的诅咒，民众处于水火之中。英雄踏上了拯救世界的旅程。开始他们可能并未意识到王国的需要与他们的追求之间的关系，他们下意识地从充满渴望的内心深处响应灵魂的召唤却未解其意。这趟从已知到未知的进发之旅看似毫无意义，他们只有站在旅程的尽头回首往事时方解其中深意。

英雄们在跨过"冒险的门槛"（象征着放下常规思维及背后所有的社会化假设，以及到达调适性极限点的老套的解决方案）后不久就被彻底摧毁——被绑架、迷路、被鲸鱼吞没、被攻击和肢解。神话中用这种方式来表现旅途的艰辛，也表明旅途结束时他已经不再是开始时的那个人。旅途开始时他还太过渺小、被动、自满、恐惧、控制、谨慎，被保护得太好，太固守传统智慧，太沉迷于"不输就好"的游戏中而不自知，尚未准备好以必要的非比寻常的智慧来发挥领导作用。旧的、社会化的、反应性的自我过度陷入自动驾驶状态，他只能重复现状，无法头脑清晰、富有勇气地引领新的繁荣发展的未来。那个旧的自我必须死去，从而组成一个新的、"按照不同鼓手的节奏"行进的自我。这段旅程的令人不安之处在于，英雄正在抛弃所有已知和熟悉的奏效的做法，旧的自我正在蜕去以迎接一个未知的新的自我，这种感觉不亚于经历一场死亡。当英雄经历这一转变时，他们并不能确定这样做一切都会好起来，没有任何保证，只有未知的渴望牵引着他们全力以赴。

这种转变是一种"精神层面的新兵训练营"。从旧的循规蹈矩的现实转向新的富有创意的现实非常难，却也是必经之路。修行传统将这个过程称为"心智的转变"——这是一种心智层面的深刻转变，尤指心智结构上的转变。蝴蝶是这种蜕变的一个象征。毛毛虫跟随某种未知的冲动，化蛹成蝶，在这个过程中，解体先于重构，死亡先于复活。当蝴蝶把自己交给这个变形过程时，一个新的高阶结构开始成形。当这一转变趋于"圆满"时，蝴蝶的形态开始显现。一个曾经只能爬行的生命有了翅膀，新的生命形态更加自由、灵敏、流畅，能够处于更高视角，行进得更远更快。

在这一转变中，使命和安全之间的张力被重新优化。先前那个在顺从、防卫、控制游戏中徘徊，秉承"不输就好"策略的自我由此将目光重新瞄准更高的使命，并以"如果可以的话，你会做些什么?"这样的问题为导向。身份认同从由外及内置换成由内及外。社会化、反应性的自我从主体(运行不可见)转移到客体(能够看见和对其进行反思)。新出现的创造性自我可以从新的视角审视旧的反应性自我，使其不再处于自动驾驶状态，而是从创造性自我的更高视角来整合和加以利用。这种转变是从外部控制源到内部控制源、从依赖到独立(Covey，1989)、从规范主导到自主导向的转变(Kegan & Lahey，2009)，在发生时经常被当作危机来看待和经历。

从反应性心智向创造性心智转变

乔(Joe)是美国最大的电信公司之一的首席技术官，我们初次见面是在某次公开课的前一天早上。当时我们正在会议室做准备，已经摆好了桌椅，正往翻页板上写字，听到开门声也没回头还在继续写。这时就听到乔粗声嚷嚷："这房间布置得糟透了！根本找不到坐的地方。"

他这样突然发作让我们很惊讶，但大家还是继续埋头做自己的事。

从乔进房间的方式你就可以想象他的360度反馈报告会是什么样子。报告中除其他信息外，还显示出乔在创造性部分的"相处能力"维度得分很低，在反应性部分的"控制"和"防卫"维度得分很高。他在会议第一天下午收到自己的测评报告后一下子冷静下来，开始安静地自我反思。

第二天，我们让组员们写下他们对未来成果的承诺。视线落到乔身上的时候，我们注意到他什么也没写，只是盯着眼前的白纸发呆。我们的第一反应是觉得他心不在焉，但随即意识到这是自己的反应性评判，于是走上前去问他："我们注意到你啥也没写，有什么可以帮你的吗?"

他抬起头，大拇指猛地向门外一翘，说道："咱们出去聊。"我们甚至不确定他是叫我们出去说话还是要出去揍我们一顿。

走出门去，他很是咄咄逼人地说道："告诉你们这次研讨会我有什么收获。如果你们只是想让我在那张纸上列个成果清单出来，那么我肯定毫不费力，因为我天天都在干这事。但是，如果你们想让我写下自己真正想要的是什么，那么我压根不知道。这就是我在这次会上的收获，也是我从360度反馈和你们分享的自己的人生故事中的收获。"

他接下来说的话，是一个处于规范主导的、由外及内的、反应性心智层次的人，第一次看到自己表现出控制—防卫模式时的典型语言。言语间也可以看到他的创造性心智开始崭露头角。这是一个很好的例子，这让我们看到领导者在转变过程中需要不断袒露脆弱，勇敢地做好内在功课。

他接着说："小时候爸爸让我上大学，我照做了。大学里他们说学工程最好找工作，我就当了工程师。没人问我想不想当工程师，但我就这么做了。当上工程师后他们说应该当经理，于是我就当了经理。当了经理后他们说沿着职业阶梯往上爬就能过得更好，于是我开始往上爬。现在我是一家大型组织的高管，可以跟最优秀的人比肩，共同追求成果。所以，如果你们想让我在那张纸上列个成果清单出来，那么我肯定毫不费力，因为我天天都在干这事。但是，如果你们想让我写下自己真正想要的到底是什么，那么我毫无头绪。我该怎么办？"

乔瞪着大大的眼睛看着我们，就像被汽车前灯定住的鹿，他在说"我该怎么办？"时眼睛湿润了起来。不用说，我们一起制订了一个支持他前行的计划。

在这个故事里，你可以听到乔描述自己规范主导的心智及其形成过程。你可以听到他讲述自我身份的核心——"我可以跟最优秀的人比肩，共同追求成果"，这句话的意思是："那就是我，如果那不是我，那我会是谁？"从这样的自我定义中，你可以理解他的领导方式为何如此专制和咄咄逼人，他的这些做法完全讲得通。你还可以看到，从某个角度来说，他已经开始看到自己这种受外部定义和驱动的反应性心智结构的局限性了。"我可以追求成果，但我不知道自己真正想要的是什么。"从这里你可以听到形成创造性心智的核心问题："如果我不是我取得成果的能力，那么我是谁？如果条件允许的话我想做些什么？"你还可以从中听到一位领导者直面这些问题时的勇气和脆弱。

这是一场男性或女性的英雄之旅。在这个故事里，你可以听到旧的自我在瓦解，新的自我还没有生成。这就是为什么转变如此可怕，常会表现为一场危机。乔正在打乱重组曾给他带来辉煌成功的内在操作系统的核心组件，不能确定放弃目前这种存在方式是否能给他带来好的结果。他对新的创造性心智毫无体验，还需要一段时间才能体会到它的好处。他只有这样一个自然地发端于创造性心智的问题，一个引发了蜕变的问题："我真正想要的到底是什么？"虽然乔并不知道这个问题会把他带向何方，但直觉告诉他这是个对的问题。乔还不知道这一转变并不是要他放弃来之不易的获取成果的能力，他还没有意识到自己是把这个天赋挂在了反应性结构的枝丫上，这不仅令他天赋受限，还带来了负面效应（有 360 度测评结果为证）。乔还没有体会过在向创造性心智转变过程中如何保留天赋、剔除负面效应，从而获取更高形式的天赋。创造性能力能够达成的成果远超反应性"控制—防卫"心智，目前乔对此还一无所知。他只会问："我该怎么办？"因此他要有勇气面对选择，要么在没有任何保障的情况下奋勇向前，要么退回到反应性心智里待着不动。这一选择将关乎乔未来的领导力走向。

多有论述却仍然知之甚少

在过去的几十年里，林林总总的领导力著作一直大谈特谈创造性领导力，却未能将成人意识发展框架融入其中，这使得我们很难理解到底什么是创造性领导力，它和反应性领导力为何如此不同，以及如何支持人们向创造性领导力进化。

罗伯特·弗里茨精妙地阐述了创造性和反应性取向之间的区别，却没能把它们放到纵向发展框架里审视。拉里·威尔逊（Larry Wilson）也是如此：他把这两种取向分别称为"求胜型"和"避败型"策略，却没有从心智发展结构逐级递进的角度来看。大多数优秀的领导力理论和研究也基本如此。

在《有权力的经理人》（*The Empowered Manager*）一书中，彼得·布洛克尝试让卫生间里的对话同样发生在会议室里（Block，1987）。人们会在卫生间里谈论他们开会时的真实感受，一旦回到会场又异口同声地认同进展顺利，但这通常跟他们在卫生间里的说法大相径庭。为了解决这个问题，让大家在会上说出真话，彼得开始致力于传授必要的、表达真实心声的"策略性"技巧。

当彼得让领导者们在会上练习讲真话的技巧时，大家都特别谨慎。他们常说的一句话是："枪打出头鸟。"面对这种小心谨慎的"不输就好"的策略，彼得意识到他需要帮助领导者看到一个能让他们超越内心恐惧、甘愿为之冒险的愿景或使命。于是他开始用有关愿景的问题来挑战大家：如果可以的话，你会做些什么？这些问题——我是如何使用"不输就好"的策略的？我是怎么自己挡自己的路的？我想要的到底是什么？如果可以的话我会做些什么？如果知道自己不会失败或不被解雇，我会如何发挥领导力？——都是发展创造性心智的关键问题，如果能经常诚实地问自己这些问题，我们必将激发创造性心智的产生。

彼得做的事情很有意义。他和其他人都阐述了何为创造性心智，以及如何培养它，却未能涵盖意识纵向发展进程的视角。领导力发展领域堆积着大量随机发现的伟大成果——各式各样的模型、框架和研究，每一个都很有用，却只是揭示了某个局部。其中大部分都描述了在创造性心智中出现的领导力，却未能将原因归结到领导力自然递进的发展过程上。

罗伯特·凯根在《超越头脑之上》（*In Over Our Heads*）一书中提出了一个革命性的观点。他说，大部分领导力著作描写的都是那种从创造性心智中自然生发的领导力（Kegan，1998）。这些领导力作品和研究结果将领导效能阐述得相当清楚：高效领导者受使命驱动，并将这种深刻的使命感转化成清晰、令人信服的愿景和战略，成为执行和决策的聚焦点。领导者们有系统意识，能够重新设计系统以产出更加高阶的成果。他们言语间真诚勇敢，作为领导者正直诚实，自我觉察力强，情商高，人际交往技能丰富，相处能力强——能够打造高度的团队合作和相互信任，并能辅导和培养他人。凯根认为这是领导力处于创造性的、自主导向心智层次时的典型特征（Kegan & Lahey，2009）。他的结论是，这些领导能力在创造性心智中可以自然涌现，在反应性心智中却很难稳定地激发出来。我们的研究证实了凯根的结论。

领导力文献中对创造性心智多有论述，却仍然知之甚少，这导致我们通常将领导力发展的重点放在培养技能这样的外在游戏上，而忽视了打磨心智成熟这样的内在游戏。同时，在领导力发展领域的主流之外，发展心理学领域正在酝酿对成人意识发展进程和纵向心智结构层次做更加深入的研究。成人意识发展层次论应该成为领导力发展的中心议题，它是全景领导力测评和通用领导力模型的核心。

创造性心智结构

随着时间的推移，反应性心智造就了一种振荡式的表现模式，其自然趋势是寻求均衡并回归既往状态。（见图 10-3）

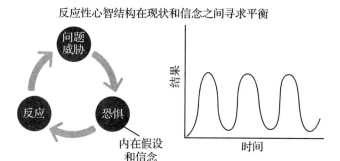

反应性心智结构在现状和信念之间寻求平衡

图 10-3　反应性心智结构

反应性心智的自然倾向是建立层级化、家长制的结构，组织动力和文化，这类组织的表现不符合当今需要。

创造性心智能够造就不同的成果模式。在那位保险销售员的故事中，我们提到他谈及了面临的问题及对自己的厌恶，却从未谈及自己的愿景或者为何在意这份销售工作，也未表现出任何压倒一切的激情，而这才是创造性心智的核心。创造性心智受使命驱动。创造性内在操作系统的核心是持续聚焦想要达成的未来愿景，并能在信息

图 10-4　创造性心智结构

混杂、障碍重重的现状中真诚协作地采取行动，花时间将愿景付诸现实。创造性领导力帮助我们建立一个我们愿意信奉的组织，开创一番事业，增强集体效力，从而共同创建我们理想的未来。创造性领导力旨在变革，将愿景化为现实。（见图 10-4）

创造性心智始于使命与愿景而非问题。我们在创造自己想要的未来时会遇到各种问题，但驱动我们的焦点是创建那个我们在意的、值得我们全力以赴的愿景，而不是其他任何愿景，否则无法激发能量。激情为创造性心智注入能量，将其称为爱也毫不为过。

在我们创造自己渴望的未来（恐惧背后的火花）的过程中，恐惧如影相伴，但主导这场演出的并非恐惧。对于使命与愿景的专注会激发比恐惧更宏大的激情、爱和承诺。爱战胜了恐惧且更有力量，创造性心智结构因此取代了反应性"不输就好"的玩法。

聚焦愿景、注入激情带来的是行动而非反应。在创造性心智结构中，我们行动的目的不在于消除自己不想要的东西，也不是做出反应以减轻恐惧。在创造性心智中，我们不是被动地做出反应，而是做出行动实现理想，这种心智结构与反应性心智有根本性区别，随着时间的推移会表现出截然不同的模式。

创造性结构不是一个平衡回路，它既不寻求均衡也没有反复振荡的自然倾向。用系统动力学的语言来说，创造性结构是一个增长回路，每次循环都会带来增长。（见图 10-5）

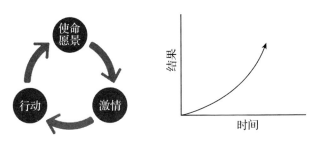

图 10-5　创造性增长回路

随着我们对使命日渐明了并将其转化为对未来的清晰画面，激情自然也就随之增长。激情的增长使我们更加趋向于采取必要的行动来创造想要的未来。行动帮助我们更加了解或接近愿景，从而促使激情再度增长（或者保持高涨），激情的增长促使我们采取更多额外的行动，从而更加趋近愿景。这是一个良性的增长回路。每次循环都带来增长，并为未来的进一步增长蓄力（不像反应性心智，每一次循环都会掉转方向形成振荡模式）。创造性心智旨在寻求愿景而非均衡，目的是在复杂情况中引领变革和创造新的未来。建立增长性回路是领导力精进在系统动力方面的最低要求。

创造性心智结构的身份认同

创造性心智结构是由内及外的。它"踩着不同鼓手的节奏"前行。它不是受社会化驱动追求对自身利益最大化，而是响应自己内在的使命、价值观和愿景来开展生活和领导工作。这就是为什么凯根称之为自主导向（Kegan & Lahey，2009），柯维称之为独立（Covey，1989），苏珊娜·库克-格雷特称之为多元意识主导（Cook-Greuter，2004），我们称之为创造性，因为它旨在创造生命中最重要的东西。

在向创造性自我转变的过程中，我们需要经历从以外在为基础的、依赖外部确认的身份向以内在为基础的身份的转变。在新的身份中，我们的自尊、自我价值和安全感不再基于他人如何看待我们，而是掌握在自己手中。这些的建立不再有赖于外部标准，而是是否达成自己的标准。

在这一转变中，人们常会提及"找到自我"，发现他们的"真实自我"，享受内在自由和创造力的新高度。

重构身份信念

这一转变之所以能带来具有更高水平的创造性能力源于对内在操作系统编码的重写。反应性信念依赖外部构建和认可："如果你喜欢我、接受我，把我看作聪明人，或者是一个能够掌控一切并取得成果的人，我就感觉良好。如果那不是我，那我还能是谁？"这些信念可以被建构为顺从、防卫或控制中的一种，具体取决于我们如何利用自己的心、脑或意志方面的核心优势或天赋来组织自己的性格或自我结构。

在创造性阶段，这些假设不再掌握自动驾驶权，我们不再任其摆布，而是可以在它们引发的恐惧击中我们的身体时，能够出手干预，并对其加以挑战。面对恐惧，我们不再信以为真并做出反应，而是会想："我知道，每当陷入恐惧时我就会对自己说'枪打出头鸟'，但我现在知道这个内心的恐惧之声就好像一个熟悉的老朋友，这种恐惧来自我的幻觉，我以为自己的未来掌握在你们手中，因此需要你们一直喜欢我，给我高度评价，否则后果严重。现在我知道这不是真的。"

此刻，这种以新的视角看待旧有反应性假设和挑战其幻觉的能力是创造性心智出现的标志，创造性心智开始主导我们的演出，处理将天赋挂在反应性结构的枝丫上而造成的局限性。

随着新视角的引入和挑战性思维过程的展开，我们发展出新的由内及外构建的假设，不再依赖外部认可。"我的未来掌握在你们手中"的信念被"我有责任也有能力创造自己的未来"所取代，"只有你们一直喜欢或钦佩我，我才感觉良好"的信念被"不管你们是否喜欢和钦佩我，我都很好"所取代，"做人必须成功，因此我决不接受任何失败"的信念替换为"我创建成果但我不等于成果，失败和错误是成功过程中的一部分"。正如我们所见，通过挑战并重写先前的反应性假设，我们将反应性内在操作系统升级到创造性层面。意识是行为表现的操作系统。鉴于结构决定行为，而意识又是行为表现的深层结构，这一重构过程改变了我们的领导方式和生活方式。

罗布的故事（见第3章）包含了这一重构过程的所有元素，以及随之而来的行为表现上的变化。我们在为罗布解读全景领导力测评报告的两年后回访了他。罗布对我们的讲述恰好说明了这种心智转变：有能力从新的视角审视旧的反应性内在操作系统，有能力在旧有假设再现时进行干预和挑战，并生成不依赖外部认可的新假设。

你可能还记得，罗布的360度反馈清楚地表明他是典型的控制—防卫型，他称自己为"吃人的恶魔"。他告诉我们，要不是进行了自我改变，他早就已经失败了。让我们来听听罗布叙说他从反应性心智到创造性心智的这一转变。

回到办公室后，我做了很多自我反省和观察，对之前谈到的所有事情都看得更清楚了。我意识到自己对结果抱有执念。我也在意他人的感受，但是一旦出了问题我就会爆发，接管一切。我总担心如果达不到预期，别人会怎么想，我害怕失败，我评估自己的标准就是一直要成功，所以当问题袭来时，我就变成了吃人的恶魔！

大约 6 个月前我升职了，负责公司在另一个国家新工厂的所有供应商管理。要不是我已经做出改变，在这儿根本就不可能成功。这里非常重视人际关系。人们在上班见面时会互相拥抱，打招呼时会相互对视，如果我还是用以前的领导方式在这儿肯定行不通。

更令人惊讶的是，我发现即便我不是那个英雄，我也能接受，就算在这里失败了我也还好，也不会是世界末日。因此，当问题出现时，我会好好地处理。我不再大发雷霆、责怪他人并接管一切，而是和团队并肩作战，通过我们的共同努力来完成工作。我依然直截了当、雷厉风行，但在做法上强化了担责和相互信任，促进人际关系和团队合作。

当然，有时我还是有发火的冲动，我能感受到火球在胸口涌动，但现在我能控制它了，不像以前那样被它控制。我不再用结果的好坏来定义自己，这反而使我能更加高效地取得成果。

罗布接着告诉我们，来这家公司之前他在底特律的一家公司工作。他告诉我们，他曾亲历了行业低迷、工厂关闭，以及所有这一切给员工和家人造成的冲击，这令他极其痛苦。罗布含泪道："现在我可以在另一个社区发挥积极作用了，我正在成为自己梦寐以求的那种领导者，我现在快乐多了。"

在这个故事里，你可以听到罗布有能力采用新的视角审视自己原先的内在操作系统。他可以笑看自己先前如何受制于它，它如何操纵他变成吃人的恶魔。你可以听到他对自己社会化心智结构的洞见。他讲到自己如何天生成果导向，一直坚信失败不可接受，总是担心没有成果别人会怎么看等。他不再受制于这些假设，他能管理它们，它们操控不了他。每当它们想要再次抢占上风时，他都有能力出手干预。当这些假设被触发时，他已经学会了如何管理内心升起的恐惧和"火球"。

在这个故事里，你还可以听到新编写的创造性代码的存在。罗布的话表明，新的创造性假设已经生成："而且更令人惊讶的是，即便我不是那个英雄我也能接受，就算在这里失败了我也还好，也不会是世界末日。"这里他其实在说自己不再依赖外部认可，他自己对此负责并进行管理。

在故事的最后，你可以听到他已经从恐惧驱动、关注问题转变为关注愿景。"现在我有机会在另一个社区发挥与之相反的积极作用，我终于成为自己梦寐以求的那种领导者。"这种对愿景的关注及管理恐惧和愤怒的能力，使罗布可以更加持续地处于创造性增长回路中。这已经成为决定他行为表现的新结构。

罗布正在经历心智和身份的重构，以及使命和安全之间张力的重新优化。因此，他不再那么受制于反应性心智的振荡模式，使命与愿景开始起主导作用，反应性倾向得到管理。他并没有因此失去自己在取得成果方面的天赋，他不仅保留了这份天赋，而且成功摘除了因天赋被挂在反应性结构的枝丫上所带来的负面效应，天赋因此能以更高、更有效的形式发挥出来。他现在能够以一种行之有效的方式应对不同文化背景下初创工厂所带来的调适性挑战，他再也不会回到以前那种反应性心智模式了。

创造性心智天生适合引领变革

很多领导力著作一直忙于描述从创造性心智结构中才能自然产生的各种领导能力，以及随之而来的领导效能和经营业绩，但却忽略了一点，那就是没有注意到能带来如此高绩效的内在操作系统的结构。

图 10-6 描述了罗布的转变。它展示了不同的心智层次、心智结构和与之相关的行为表现模式。从图中我们可以清楚地看到为什么创造性心智更加适合开展领导工作。

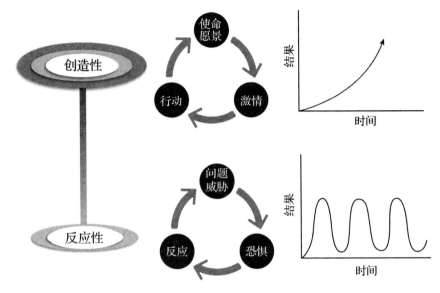

图 10-6　两种心智和领导力结构

　　人们一旦开始体验到创造性自我新的能力和自由，很少有人会退到之前的阶段，因为创造性自我更能适应成人生活的挑战，在日益复杂的形势下更有能力发挥领导作用，它能以更低的能量消耗更高效地创造预期成果。

　　我们在从青春期进入反应性心智阶段时，所遇到的成长性挑战是如何与当前文化融合，接受它关于事物如何运作的思维模式，并以一种能在当前文化和系统中获取成功的方式来定义自我。所遇到的成长性挑战是开发由外及内的操作系统，因此它旨在延续而非改变现状。

　　创造性心智不受周围环境的支配，所以它有改变环境的自由。向创造性心智转变过程中所遇到的成长性挑战在于如何从社会化心智中独立出来，立足当下现实做真实的自我（由内及外），从而成就预想的变革。创造性内在操作系统完全是由内及外的，因为我们能从周边的所有信息中清晰地分辨出自己的立场，这种内部建构的自我不依赖于外部认可。从设计上讲，它关注的是一个有意义的理想的未来愿景。因此，它可以自由地领导创建一个新的、更加敏捷的、有创新的、有创造力的、进行赋能授权和获得高绩效的文化，同时把旧文化的精华发扬光大。在新旧转换过程中，每当旧的反应性倾向以个人和集体形式重新出现并施加力量意图回归既往状态时，创造性领导者现在已经拥有了管理这些反应性倾向并坚持前行的内在资源。这就是为什么创造性心智结构天生适合引领和维系变革。

创造性心智与领导效能之间的关系

创造性心智不仅旨在引领变革，而且富有成效。图 10-7 显示了全景领导力测评报告和通用领导力模型上各维度与领导效能的相关性。从中我们可以对通用领导力模型有很好的认识，看到哪些维度助力高效领导，哪些成为阻碍。所有那些在创造性内在操作系统中可以自然出现、在反应性内在操作系统中难以激发的关键创造性能力都与领导效能呈显著正相关。反应性维度则大多呈负相关。结论可想而知。

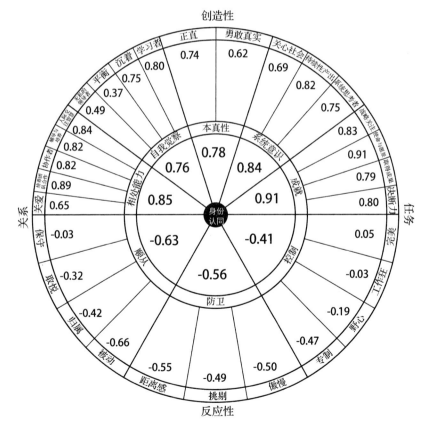

图 10-7　与领导效能的相关性

值得注意的是，全景领导力测评报告外圈中与领导效能相关度最高的两个维度是"使命与愿景"（0.91）和"培养团队合作"（0.89）。在构成全景领导力报告外圈的所有 29 个维度中，它们是相关性最强的两个维度。如果将这两个变量代入多元回归方程，所得到的与领导效能的综合相关系数为0.94。外圈中没有任何其他变量的组合能如此充分地说明成为高效领导者所须具备的条件。如果你能从深刻的使命感出发，将其转化为清晰的愿景，并与关键的利益相关者达成一致（团队合作）共创愿景，那么你很有可能（相关系数为 0.94）成为一名高效领导者。

此外，这两个维度位于圆的相对两侧。正如在 20 世纪 50 年代俄亥俄州州立大学所做的领导力研究中发现的那样，"任务"和"关系"两类能力同时发展、相互平衡是领导效能的基础。"使命与愿景"专注于任务。在创造性"成就"的心智结构中，"愿景"是完成任务的驱动力，"成就"是一种无须去征服他人的力量，团队为了实现共同愿景而结成统一阵线。同样地，领导者在将"顺从"进化成"相处能力"时，自然就会培养团队合作和其高度一致性，因这一转变而回收的力量被投入对愿景的倡导中。由此可见，我们想要成为更加高效的领导者，即便别的什么都不做，也要致力于在关键利益相关者之间建立高度一致性和团队合作，并使他们聚焦于共同关心的愿景。

领导团队的一致性

在《第五项修炼》（*The Fifth Discipline*）一书中，彼得·圣吉用图 10-8 中的画面描述了大多数领导团队的状况。（Senge，1990）

大箭头里的每个小箭头都象征着扩大化领导团队中的一位个体领导者，箭头的长度代表其权力大小，箭头的方向代表其做事和发挥影响力的着眼点。

图 10-8 大多数领导团队的状况

正如我们所看到的那样，如果所有箭头一致指向右边，组织就会不断进步。然而在这一图例中，矢量之和显然没有那么高效，很多能量因与大方向不一致而白白浪费。领导团队中这种情况比比皆是，以至于圣吉发表了他遭人痛恨的声明："大多数团队的集体智力低于团队成员的平均智力水平。"这类群体的集体效能显然不够高，不足以使集体智力高于团队成员的平均智力。团队成员之间可能会发生大量的反应性互动，破坏其整体领导效能。帕特里克·兰西奥尼（Patrick Lencioni）在《团队协作的五大障碍》（*The Five Dysfunctions of a Team*）（Lencioni，2002）一书中对此做了详细阐述。这些反应性倾向导致领导力商数降到 1 以下，成为一项竞争劣势。

基于自己多年为高管团队提供咨询的丰富经验，圣吉非常清楚想让团队齐心协力最快的办法是让他们聚焦于共同关心的愿景。从图 10-9 中可以看到，当团队成员看到实现组织愿景也就是在追求个人使命时，他们就会协同一致。

图 10-9　一致性

任何收到全景领导力测评反馈报告的领导者都应该问自己两个简单的问题：我的创造性能力和反应性倾向组合在一起对我助力组织的伟大愿景起到了怎样的作用？二者的组合又是如何对关键利益相关者之间的协同一致、共创愿景起到支持抑或是破坏作用的？

拷问这两个问题能够澄清领导者如何可以变得更加高效并激发创造性心智。这是因为创造性心智结构的核心是"使命与愿景"及"本真性"，后者不仅具体体现出愿景，而且能够促成勇敢的对话，从而达成高度一致和团队合作。因此，这两个变量比其他任何领导能力的组合更能说明如何成为一个高效的领导者。

心智发展之路——向近敌进发

通用领导力模型不仅帮助领导者获得突破性的洞见，而且指明了发展方向。在这一模型中，通往创造性心智的发展之路是用好悬挂在反应性结构枝丫上的优势，让你的核心天赋更加成熟。这种着力方式违反直觉，与提高领导力的常规做法背道而驰。

东方的智慧告诉人们："你最需要害怕的不是外面的敌人，因为面对他们你已做好准备，你已掌握了敌军数量，建构起防御工事，研究了敌军战术。你最需要害怕的是近敌，他们藏身在己方的兵营里，明面上效忠于你，实则不然，这才是你最需要害怕的敌人。"

在通用领导力模型中，近敌相互邻近。例如，"成就"的近敌是"控制"（见图 10-10）。如果你去问那些强控制型的经理们原因，他们会说是为了取得成果。然而，以"成就"来衡量，"控制"与"成就"呈负相关性（-0.24）。尽管"控制"和"成就"都受追求成果方面的天赋驱动，这导致它们之间的相关性并不强，但它们确实是负相关关系。

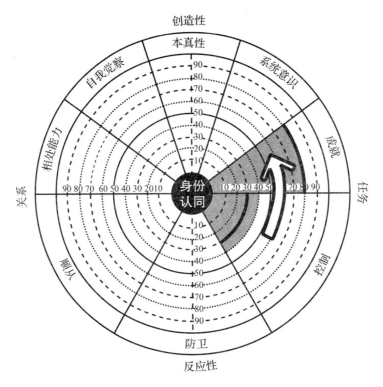

图 10-10 控制型领导者的发展之路

这表明"控制"并不像你想象的那么有效。"控制"对结果不利，同时破坏了自己的天赋。"控制"是"成就"的近敌。"成就"的表现优于"控制"，因为"控制"与领导效能(−0.41)、经营业绩指数(−0.21)均呈负相关，而"成就"与二者之间有显著的正相关性(相关系数分别为 0.91 和 0.61)。"控制"是"成就"的近敌。①

　　与我们的直觉相反，近敌关系为领导者从反应性到创造性的发展提供了最佳方向，因为近敌拥有同一天赋(见图 10-10)。"控制"和"成就"的天赋都是运用意志或权力来获取成果的。"控制"将这一天赋挂在反应性心智结构的枝丫上，并因此造成了负面效应。意志型的人既然只在意获取成果，那么他们发展的方向自然就是保留天赋而剔除负面效应。在从反应性到创造性心智的转变中，意志型的人最适合也最易于从"控制"转向"成就"。这样意志型领导者便可以很好地发挥他们的核心优势。

　　"相处能力"和"顺从"之间的关系也是如此(图 10-11)。如果你询问顺从型的人为何如此，他们的回答是创建和谐和团队合作。他们这么做部分是为了维护关系，但是从"相处能力"和"顺从"之间的负相关性(−0.44)可以看出，"顺从"与维护关系是完全相反的。"顺从"实际上破坏了其核心天赋，这不利于维护关系。"顺从"是"相处能力"的近敌。"顺从"与领导效能(−0.63)和经营业绩指标(−0.40)均呈负相关，而"相处能力"则与二者之间呈显著的正相关(相关系数分别为 0.85 和 0.50)，"相处能力"的表现明显优于"顺从"。"顺从"是"相处能力"的近敌。②

　　最后，有关"近敌"的分析同样也适用于图 10-12 所示的"防卫"与"自我觉察"及"本真性"和"系统意识"之间的关系。"防卫"是一种理性天赋，它总想把事情弄明白。当处于反应性模式中时，它会用自己的聪明才智撑起自尊，贬低和俯视他人。它这么做其实是在破坏自己的天赋。防卫型这种令人不快的风格制约了知识和智慧的传递，而这其实是他们的天赋。这些天赋如果能尽情发挥就会表现为"自我觉察""本真性"和"系统意识"方面的

---

① 相关性数据参见表 9-2。——译者注
② 相关性数据参见表 9-2。——译者注

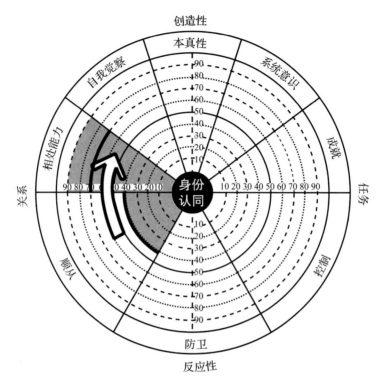

图 10-11　顺从型领导者的发展之路

能力，相关性数据也证实了这一点。"防卫"与"自我觉察"（-0.74）、"本真性"（-0.38）和"系统意识"（-0.51）均呈负相关，而后三者与领导效能（相关系数分别为 0.76、0.78、0.84）、经营业绩指标（相关系数分别为 0.48、0.50、0.57）均呈显著的正相关。"防卫"是"自我觉察""本真性"和"系统意识"的近敌。①

　　在通用领导力模型中，最佳发展路径是向近敌靠拢并发挥好自己的天赋。第一步是深入了解反应性近敌的习性。管理者一旦深入洞悉了自己目前的领导方式，想好了要做何改变，并且看见了影响他们领导方式的身份信念，通用领导力模型就会指明接下来的发展走向，这点从全景领导力圆圈的布局就可以看出——管理者的最佳发展路径是垂直向上，而不是在对

———————

　　① 相关性数据参见表 9-2。——译者注

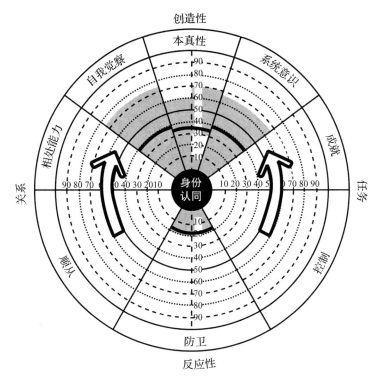

图 10-12　防卫型领导者的发展之路

角线方向做提升。

　　这一点非常重要，因为心性型的顺从者会更自然地专注于培养"顺从"维度的优势，进而将其发展为"相处能力"，这比要求其改变本性成为意志型成功者要自然得多。当"顺从"进化为"相处能力"时，"成就"也会随之提高。当"控制"进化为"成就"时，"相处能力"也会随之提高。当"防卫"进化为"本真性的觉知"时，"成就"和"相处能力"也会随之提高。

　　全景领导力因此延展成一个强大的发展体系。它着眼于管理者的优势，哪怕这一优势正在被反应性地过度使用。它不要求管理者变成一个截然不同的人，而是把自己的优势发展到更高水平，使之更加成熟和精湛。它不会忽略弱点，而是与之合作以培养更深层次的洞察力。

　　纵向发展的前景是"超越和包容"。在成长过程中，我们不会像现在盛行的那样过度强调发挥优势，忽视反应性结构带来的负面效应；也不会因这一优势挂在反应性结构的枝头带来了负面效应而拒绝优势本身。我们不会丢下它，相反，我们超越并包容；我们直入反应性心智的核心，将天赋从限制其充分发挥的反应性假设和心智结构中解放出来。由此我们超越了早期心智结构的局限性，既收获了天赋，也收获了在学习使用天赋的过程中开发出来的各种能力。通过这种方式，我们充分发挥了自己核心类型的真正优势，并将其带入更高阶的创造性形式。"控制"因进化为"成就"而更加高效，"控制"变成了与他人分享权力而非运用权力统治他人。"顺从"拿回了因求取他人接纳而放弃的力量，开始释放出"相处能力"真正的力量，并因此而更加高效。"防卫"收获了它的理性优势，变得极富自我觉察力、勇敢真实和具有系统意识。每种类型在从反应性迈向创造性时都以高阶形式获取了其核心优势。全景领导力测评报告内圈维度的相关性表格①证实了这一点，其与领导效能和经营业绩的相关性也是一个有力的证明。

反应性心智三种核心类型的进化之路

通用领导力模型可以概括为一个揭示了三种类型沿领导力不同发展阶段不断进化的模型：三种核心类型的人（心性型、头脑型、意志型）沿着连续进阶式的发展阶段（反应性、创造性、整合性、合一性）不断进化。这一模型并不要求领导者改变他们所属的类型——他们的核心本质 ——而是鼓励领导者将这一本质特性进化为更高阶的心智结构。伴随心智结构的每次进化，领导者都能更好地发挥自己的核心优势和天赋，同时剔除早期心智结构的负面效应。在这一过程中，即便生活越来越复杂，他们依然能够越来越有成效。

通用领导力模型描述了在领导力发展的每个层次，三种核心类型之间的差别、这些类型之间的相互关系，以及由此产生的人际、团队和文化层

---

① 见表9-2。——译者注

面的动力结构，这样的结构既可以阻碍（处于反应性层次）也可以支持（处于创造性及更高层次）团队和组织更加高效地创造他们向往的未来。该模型旨在提供发展性洞见，并指出最佳发展走向。这项工作既可以面向个体也可以面向集体展开，因此它在发展高绩效所需的个体和集体效能和智慧方面非常有用。

处于创造性心智层次的组织

组织体系、架构和文化的设计起源于创造它们的意识结构。大多数组织的文化和架构正在走向创造性结构。因此它们需要由具备创造性心智的领导者设计、引领和维系。反应性心智自然倾向于创建和重建家长制和过于等级森严的组织，创造性心智倾向于建立富有创意的与众不同的体系、架构和文化。我们可以给这些变革活动贴上各种标签——精益、敏捷、调适、快速、创新、灵活、授权、参与、包容、投入、敬业、自我管理、内部创业、创造性、流动、扁平、目标驱动、有远见等。我们正在朝着成为这些类型的组织靠拢，因为全球领导者的经验强烈地表明，它们在不断变化和日益复杂的当今环境中更富有竞争力。

创造性心智在引领这类变革时更具调适能力，反应性心智太容易陷入旧有的领导模式中。反应性心智还不够成熟，不足以引领变革进入创造性组织的设计层次，要做到这一点需要创造性或以上层次的心智。

综上所述

图 10-13 总结了从反应性到创造性的转变。当领导者选择从使命出发开展生活和领导工作，并接受随之而来的固有风险时，其使命和安全之间的张力被重新优化，身份认同从由外及内转变为由内及外，游戏的玩法从"不输就好"转变为使命导向。

图 10-13 还展示了身份转变给心智结构带来的变化：将旨在维持振

荡——回归既往状态的心智结构(从个人和集体层面重复性地建立和重建现状)转变为旨在创造新愿景的心智结构。

创造性领导力是为变革而设计的,是适合引领更具创造性的文化的最低领导层次,它的引领更有成效和效率,个人和组织消耗的能量更低。创造性领导力的设计目的是在现状和愿景之间建立一种平衡,因此它可以创建并持续性地引领组织文化和经营业绩方面的转变(不会退回到旧有文化的常态,不会每个月都去尝试新的变革做法)。

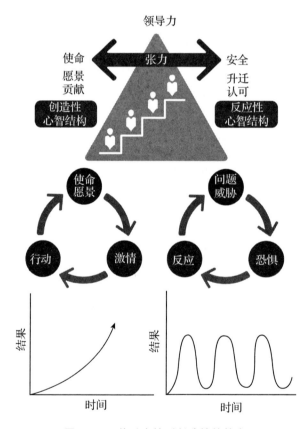

图 10-13　从反应性到创造性的转变

这种创造性领导力在各种领导力著作中被大量优秀的模型和研究成果以各种方式加以描述。这些著作大多忽略了一点:创造性领导力要求心智的转变。直到近期这些著作仍未能从意识成长的角度来理解领导力。发展心理学有很多东西可以帮助我们理解何为高效领导力及如何加以培养。如果能将培养领导效能理解为穿越一系列既定意识层次和心智结构发展阶段的英雄蜕变之旅，我们就有可能极大地加快培养领导者的步伐，使他们拥有未来迫切需要的、兼具智慧和效能的领导力。

变革路上的扫盲运动

大多数领导者在实现个人内在和组织文化转型方面缺乏知识素养，这不是说智商或能力不够，而是说我们对自己的无知一无所知。

作为父母，我们会在孩子开始学着认字时倍感欣喜。孩子先从认识单个的字母开始，接着学习发音，他们的学习进程从字母到单词，从单词到句子，再到段落和整本书。孩子们开始都是文盲，尽管他们并不自知，也不是很明白为什么要识字。作为家长，我们知道识字的意义和用处，所以会明确跟孩子表示，他们别无选择，要想在成人社会占据一席之地，就必须扫盲。这一学习过程往往长达数年甚至数十年，我们积极支持这一过程是因为我们知道此事至关重要。

扫盲的做法同样适用于心理、精神和文化方面的内在改变。这是在改变内在游戏，是精神上的扫盲。我们不是天生就懂得如何进行精神扫盲的，也不是天然就知道如何培养这方面的能力。在我们的教育系统中，很少有人关注这种内在素养的培养，它需要我们着意努力和持续关注，外加经验丰富者的指导。想要培养变革型领导力，我们必须先转变自我。作为领导者，我们必须从精神上扫盲，培养自身在变革之路上的发展能力，这样才有能力追求个人和集体意识上的转变，从而使组织绩效的转变成为可能并经久不衰。

驾驭变革的两股气流

在变革道路上扫盲要求我们善于驾驭两股气流：上升流和下降

流。(见图 10-14)学会驾驭上升流意味着为自己的生活和领导工作设定最高抱负，把自己交付给自己的人生追求，活出自己的活法。灵魂是一个嫉妒的情人，拒绝委身于一段妥协的感情。我们要么朝着渴望的火花前进，把它变成一个接一个的愿景，要么让我们的身体充斥着浓烟。这种坚韧不拔持续跟进内心渴望(我们的人生追求和最高抱负)的纪律性是驾驭上升流的基本素养。

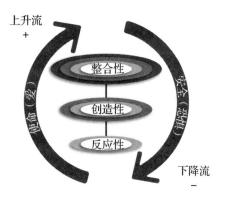

图 10-14　两股变革气流

我们只有当有能力驾驭下降流时，才能驾驭上升流。对使命的追求帮助我们直面从前那种"不输就好"的模式。驾驭下降流的素质能力意味着我们直面恐惧，下行进入其中向恐惧学习。肯·威尔伯将这一下降流称为"为超越而下潜"。变革要求我们看到恐惧的核心是虚幻的信念。我们在下行进入内心的怀疑和恐惧时，会发现它们并不是我们想象的那样。我们看到旧有的自我太过渺小，无法达成想要实现的使命与愿景。我们还会发现一个更大的自我，它完全有能力创造我们渴望的未来。

变革的两种气流也被嵌入通用领导力模型中。上升流从反应性的下半圆出发，上行到创造性的上半圆。创造性部分是使命与愿景导向，这是创造性心智增长回路结构的核心。这一使命导向是我们最高抱负的上升拉力。当驾驭这一气流时，我们就进入了本真的圆满，这是走向自主导向的核心。我们也会变得更有自我觉察力、高情商、人际交往能力和系统智慧。我们成为心所向往的那种人。正如罗布所说，我们终于成为自己始终坚信可以成为的那种领导者。这是嵌入模型中的上升流。

下降流从创造性的上半圆出发，下行到反应性的下半圆。我们在决定探索领导力新的可能性，并致力于更加有作为的愿景时，就会面对尚不足以应对挑战的那部分自我。于是，我们必须下行进入残留在反应性半圆的那部分自我。我们在这些方面完成蜕变时，就会成为更加强大、高效、明智的领导者。

在图 10-14 中，我们还将上升流标记为正（＋）电流，下降流标记为负（－）电流。电路是由这两个电流（和中性接地点）组成的。想要能量流动起来，只需把正负电流连接起来。这就是打开电灯开关时会发生的事情——正负极相接。人也是如此，当正负能量连接时，内在功课就开始发生。想要阻止能量流动、关灯，或者阻止内在功课的发生，只需断开正极或负极即可。

这就好比说，如果我们切断了承载着我们最高抱负的上升流，富有热情和创造力的能量就会停止流动。我们如果切断了为超越而下潜的负电流，就会阻碍生命的流动，一直活在幻觉中，而这一幻觉与试图经由我们来实现的使命相比实在太过渺小。无论是切断与火花还是与恐惧的联系，我们都会令身体浓烟充斥、止步不前。驾驭变革意味着我们需要同时熟练驾驭这两股气流。

这就是变革的过程。我们受到内心的召唤进入这场变革，想要获取更大收益，创建一个符合我们最高价值观和抱负的未来愿景。这样的召唤总是关乎组织或社会对变革的更大需求。我们奉召服务于某个愿景。我们在朝着使命与愿景进发时，不可避免地会遭遇自身的局限性。如果不去面对和改变自我，这些局限性会令我们退缩，缺乏格局，只能停留在反应性策略中，无力创造我们想要的未来。无论是作为个人还是作为领导者，要想在每次遭遇战中都能采取愿景导向的行动，我们就必须直面自己太过渺小、害怕、控制、防卫、顺从，以及沉迷于"不输就好"模式的那些部分。如果不能直面这部分自己，我们就会缩回既往状态，在愿景面前退却。

旧的自我必须被分拆瓦解，更高层次的整合和结构才能出现。只有经历长时间的后天修炼，我们才能从恐惧中看清幻觉，直面反应性身份的虚假本质这一真相。怯懦者难以当此大任。培养驾驭这两股变革之流的能力确实是一段英雄的旅程，这一英雄蜕变之旅的发生需要我们把自己交付给使命的牵引、乘下降流深入探索反应性自我的虚幻之处。这个下行过程帮助我们重写反应性代码，使我们有能力实现富有使命感的愿景。

歌德写了一首名为《幸福的渴望》(*The Holy Longing*)的诗，来描述这一转变过程。请注意他在诗中对驾驭两股变革气流能力的描写。

我们欣赏一下《幸福的渴望》①：

别告诉他人，只告诉智者，

因为众人会冷嘲热讽，

我要赞美那样的生灵，

它渴望在火焰中死掉。

在爱之夜的清凉里，

你被创造，你也创造，

当静静的烛火吐放光明，

你又被奇异的感觉袭扰。

你不愿继续被包裹在

那黑暗的阴影内，

新的渴望吸引着你，

去完成高一级的交配。

你全然不惧路途遥远，

翩翩飞来，如醉如痴。

渴求光明的飞蛾啊，

你终于被火焰吞噬。

什么时候你还不解

这"死与变"的道理，

你就只是个忧郁的过客，

在这黑暗的尘世。

有意识的进化是一个分解——重新整合的过程，以当下自我的死亡换

---

① ［德］歌德：《幸福的渴望》，杨武能译，北京，中国盲文出版社，2019。

取更高阶自我的出现。古老的智慧对此洞若观火，抵制这一旅程将令我们面临很大的风险。大卫·怀特在描述恐惧背后的火花时说道："在火花未经点燃时，身体充斥着浓烟。"歌德说得更直白："什么时候你还不解这'死与变'的道理，你就只是个忧郁的过客，在这黑暗的尘世。"

出色的领导力不仅关乎领导效能。它意味着精通，是更高层次的清晰、成熟和意识。它是明智、合乎道义、富有远见、慈悲和勇敢。有意识的领导力进化之旅关乎我们如何成为对未来产生积极影响的领导者。世界迫切需要出色的领导力，而只有当我们踏上更高阶的意识之旅时，这才会成为可能。当我们掌握了驾驭这两股变革气流的能力时，我们就会致力于自己与生俱来的使命，并为此留下生命和领导力的宝贵遗产。在遭遇极限点时，我们也会将其转化为新的、更高阶自我的要素，会强大自我以实现领导力誓言。

市章盘点

（1）一切终将逝去，而且无比迅速吗？告诉我，你打算拿你这条疯狂而珍贵的生命做些什么？

（2）什么值得你付出满腔热血？

（3）你必须怎样过好属于你的而不是任何其他人的人生？

（4）如果你不去追求自己的使命，世界将会失去什么？

（5）如果条件允许的话，你会做些什么，如果你知道自己既不会失败也不会被解雇的话？

第 11 章
领导力的六项练习：
领导者精神上的新兵训练营

领导力是一系列练习。练习的概念很简单：掌握任何事物都需要练习；为了使我们的领导更有效，我们必须持续不断地练习并提升我们的外在游戏和内在游戏。

在本章中，我们将介绍六项基本的领导力练习方法，如果坚持不懈地修炼，肯定会使内在游戏的成熟度和外在游戏的能力得到提升。这些练习加在一起构成了领导者精神上的新兵训练营。说它们是精神上的，是因为它们感召着我们内心最崇高、最美好的部分。而新兵训练营意味着它们会改变并重塑我们，使我们更适合领导角色。总之，这些练习一定能够将反应性心智提升为创造性心智直至更高的境界。

第一项练习：辨别人生使命

人生是有意义的，领导者亦然。创造性地引领人生的首要任务是辨别自己的人生使命，创造性心智致力于追寻那份经由我而实现的使命。伟大的领导者勇担重任，创造未来。沃伦·本尼斯在《成为领导者》一书中写道："领导者不是天生的，而是被锻造出来的。他们的自我锻造比任何外部手段都重要。他们的出发点并非成为领导者本身，而是想要充分、自由地表达自我。成为领导者是成为自己的代名词，非常简单，但也非常艰难。首先也是最重要的，找出你是个什么样的人，然后成为他。"（Bennis，

1989)

我没有正在成为自己想要的样子

鲍勃：我的职业生涯开始于加工猪饲料和狗粮。那时我在美国技术最先进的牲畜饲料和宠物食品加工厂做生产管理。公司正在起步阶段（混乱无序的代名词）。一天夜里，我们正忙着让生产线恢复运转。我在收货区疯狂地卸载满满一火车皮的饲料原料，以便恢复生产。我在卸空车厢后又爬进去清扫。做完这些，我把脚撑在料斗底部大口地喘息。"我没有正在成为自己想要的样子。"完全没有预兆，这句话从我的嘴中脱口而出，响亮而肯定。我立刻意识到自己刚刚说出了一个关于自己的真相，我再也回不去了。从那一刻起，我开始练习辨别自己的使命。

几周后，我收到了莱纳·玛丽亚·里尔克(Rainer Maria Rilke)写的一本书，书名是《给年轻诗人的信》，这是德国伟大诗人里尔克写给某位有抱负的年轻诗人的一系列书信。这位年轻诗人将自己的诗稿寄给里尔克寻求意见。里尔克没有评论诗，而是首先就人们为什么想要写诗做出回应、给出建议，其中就有对辨别人生使命的动人描述。

"您问我这些诗写得好不好，问我，还问之前的其他人。您将这些诗寄给各家杂志社，还拿来跟其他诗做比较，每当遭到编辑拒绝时，您会深感不安。现在，既然您允许我提供建议，我请求您停止所有这些做法。您这是在向外看。没有人能给您忠告和帮助，没有人。您只有一条路可走：进入自己的内心。寻找促使您动笔的原因；看看它是否正在您内心的最深处生根蔓延；您如实地自我坦白：如果不能写诗，您是否便真的活不下去。最重要的是，您在万籁俱寂的深夜扪心自问：我必须写吗？挖掘来自内心深处的回答。如果答案是肯定的，如果您能用坚定而简单的'我必须写'来回答这个严肃的问题，那您就要按照这种必要性来构建自己的人生；您的人生一定要是这种强烈的内在渴望的表现和证明，即使是在生命中那些最平淡、最微不足道的时刻。"

读到这里时，我知道自己得辨别出哪些是我的"必须"。于是我首先创建了一份"必须"清单，列出自己人生中那些最热切、最远大的志向。每天下班后的夜晚，我都会列下这些"必须"。这么做的时候，我知道一旦承认这就是自己真正想要的生活，我就将越过一个无法回头的门槛。我意识到必须实现那样的人生，在我日记中浮现出来的人生。否则，我只是在过着属于别人的生活，而不是我的。写罢之后，我便着手创造这份属于自己的、我为之而生的人生。

15年后，我偶然在阁楼上翻出这本日记。重读的时候我热泪盈眶，因为日记上所写的一切都以我当年无法想象的方式在我的生活中发生着。我一下子意识到使命导向的创造性心智的巨大威力。

这项练习有助于开启创造性心智。当我们弄清楚我们是谁和我们必须做什么时，魔法就会发生。约瑟夫·坎贝尔说，当我们怀揣使命踏上人生的冒险之旅时，"宇宙会在原本只有墙壁的地方为你敞开一扇门"。

对于这一点，默里（W. H. Murray）说得再清楚不过：

人在做出承诺之前，总不免有犹豫不决、退缩的机会，总是没有成效。在所有开创性（和创造性）行为中存在着一个基本真理，对这个真理的无知曾扼杀了无数的想法和宏伟的计划：当一个人对自我做出明确的承诺时，上苍也会行动起来。于是各种各样原本不会发生的事情纷纷前来助阵，一系列大事因这一决策而发生，为你带来形形色色意想不到的利好事件、会面和物质援助，完全超乎任何人的想象。我对歌德的这一段名言深怀敬意："无论你能做什么，或梦想什么，开始吧；在勇敢中蕴含着天赋、力量和魔力。"

创造性心智以一种反应性心智所不能的方式驾驭这些天赋、力量和魔力。创造性心智推动创造的引擎前行，反应性心智则紧盯着后视镜，试图通过修复不想要的东西以便安全前行。

追随你的渴望

创造性领导力源于对使命的追求，源于辨别并定义出值得我们最深切承诺的个人的人生使命。使命是一种渴望——一种对灵魂此生最想追求的事物的爱。希腊人称之为爱神（Eros），指的是追随我们生命中最为缺失或未竟之事的能力。使命不是我们发明创造出来的，而是从内心自然流淌出来的。我们若留心，它便会找到我们。人生最重要的事情就是活出自己的使命。

辨别使命是一项注意力练习，如同在森林中追踪麋鹿那样。我们如果知道如何阅读、循迹和追寻，就会发现它们留下的痕迹。类似的，辨别使命要求我们留意自己在生命中（或者生命在我们身上）踏过的小径、经历的瞬间，细微而不易察觉的线索。生活已经对我们呢喃了很久，提醒我们真正重要的是什么；它已经为我们一路留下了痕迹，等候我们用勇气和纪律去发现。

这项练习的要点是学会相信使命跳出来说话的清明刹那。我们的生命有很多维度，其中最深处、最真实的部分很清楚我们要做什么，因此我们需要和它们对话。我们在最有活力的时刻、做着使自己焕发光彩的事情时，生命就在说话。"追随你的狂喜。"这是约瑟夫·坎贝尔的忠告。他说："如果它带给你喜悦，就再多做一些。"（Campbell，2008）人生的使命在喜悦、兴奋、热情、有意义、丰盛的光阴里留下线索；灵魂从朝气蓬勃、活力四射的躯体中跳出来高声宣告我们是谁，我们最在乎什么，把我们引向最高的渴望。它说的正是我们的"必须"。学会按迹循踪这些时刻，我们便是在练习辨别自己的人生使命。

生命也会在我们最消沉的时候说话。当境遇差强人意、每况愈下的时候，当我们经历痛苦、无聊、烦躁和乏味的时候，生命让我们认识到自己最为缺失的是什么，也提醒我们必须去做的是什么。正如大卫·怀特在一次演讲中所说："走向火的第一步是意识到你有多冷。"

我们要筛选生命中最具活力和最消沉的时刻，从中萃取铸成我们使命的主题、模式和线索。我们要留意这些线索，让它们指明通往更深渴望的道路，定义这些渴望中哪些是"必须"的，所有这些成为这项练习的科目。我们在这样做的时候，就是在追寻自己的渴望——受上升流的牵引顺势而上。

使命不是在真空中。我们的使命不仅关乎个人成就，而且关乎贡献和服务。阿尔伯特·施韦泽（Albert Schweitzer）曾说："我无法预知你的命运，我只知道，你们当中唯一能够真正得到幸福的是那些一心找寻并思考如何服务他人的人。"（Schweitzer，1935）我们的使命当然包含给自己带来意义和喜悦，但也必须浸透着世界对我们的需要。我们出生、成长在特定的环境中：家庭、社会、文化和组织，这些环境绝非偶然。我们的使命连接着周围人的需求，连接着我们生活和工作的组织、社会和世界的需求。每个人身上，不仅有自身独特的激情、好奇和才干，还同时交织着一个需要帮助的世界，以及唯有我们才能做出的贡献，我们找寻到那个交汇点，便开启了我们人生使命的旅程。

维克多·弗兰克尔在纳粹集中营里发现了自己的人生使命。他发现那些有生活目的的人存活率要高得多，而他也发现了自己生命的意义。弗兰克尔幸存下来，创立了一所心理治疗学校，提出了他称为"意义疗法"（Logotherapy）的心理治疗理论，出版了经典著作《活出生命的意义》（*Man's Search for Meaning*）。他在书中谈道："每个人的生命中都有自己特定的召唤或使命；每个人都必须执行一项必须履行的具体任务。在这方面他无可取代，他的生命也不可能重复。因此，每个人的任务和他拥有的完成任务的机遇一样，都是独一无二的。"（Frankl，1959）每个人都必须找到自己无可避免的、今生为之而来的任务。

串联起点点滴滴

史蒂夫·乔布斯（Steve Jobs）在斯坦福大学的毕业典礼上发表演讲时说："往前看时你没法预先串联起一点一滴；唯有回顾时才明白那些点点滴滴是如何串联起来的。因此我们必须相信这些点滴一定会以某种方式在你的未来串联起来，你得相信某些东西——你的直觉、命运、生命、业力，无论什么。这种方式从未让我失望，它造就了我生命中的所有改变。"

在饲料厂我便开始追寻自己的渴望。当我离开那份工作时，我不知道事情会怎么发展，甚至不知道未来的生活和职业会是什么样子，对领导力或组织发展领域更是一无所知。35 年后的今天，当我回顾自己的生活，看到我记录在"必须"日记上的一切如何展开时，我才明白所有的点滴怎样串联到一起。过去我一直以为是我在追寻着渴望，到现在才意识到，其实自始至终一直是渴望在追寻着我。

所以，请练习留意你的生命正在告诉你你是谁、你在这里做什么；追寻正在追寻你的渴望；然后鼓起勇气跟随你的使命，让它带你翱翔于生命之中。

使命是种馈赠——和接受。它出现在我们的生活里，来自我们的内心。我们必须留意到它，并询问它想从我们这里得到什么。这不是我们用理性推断并加以选择的，尽管我们确实必须选择遵从它。我们收到并且臣服于它。这项练习是一种在我们与世界的互动中自发产生的、由内及外的与生命的对话。

这项练习不是一次性的，我们毕生都要训练自己与使命保持对话。一旦完成了一段人生旅程，实现了从使命中生发的阶段性愿景，我们的灵魂就会找到继续前行的方式。在我们觉得使命已经达成的时刻，也就是我们需要再次辨别使命的时刻。灵魂是个嫉妒的情人；它拒绝投入妥协的怀抱。我们要么迈向"在恐惧背后如火花般迸发的生命"，要么得到一副"浓烟充斥的躯体"。辨别使命是开展生活和领导工作的一项核心练习，它来自创造性的成长边际，没有安全的路径可循。

创造性领导力

对使命感持续的发现和探索是创造性、自主导向性心智的核心修炼，也是成为真正领导者的起点。在艰难环境中建功立业的力量来自内心，来自激情和信念。激情为领导者的创造性心智和创造性张力提供动力，它源自我们对使命的了解：我们乘生命之舟来到世上需要学习成为或者成就些什么。如果我们对这种持久的使命感尚感陌生，这意味着我们尚未将这项心灵关注方面的修炼融入生活。真正的、创造性的、值得信赖的领导力之所以罕见，是因为世上少有信念坚定、激情澎湃之人。

灵魂知道它想去何方，并且不会妥协。所以领导者需要用更高的使命来引领精神修炼。尽管变革是脆弱的，也存在政治风险，存在自我怀疑、恐惧和失败的可能，但这项修炼能够为我们提供改变自身和组织所必需的持久力量。我们只会在一件事真正重要并且值得冒险的时候才能坚持到底。使命值得我们去冒险。

作为领导者，我们必须以使命为导向且不计较成果得失，以便优化使命和安全之间的张力。这里既没有安全或无风险的方法，也没有确切的成功公式。然而创造性领导力蕴含着巨大的能量。领导者的首要任务是培育使命，将其转化为愿景，并且保持我们身上内在的创造性张力；其次是培育和维持组织的这种创造性张力。这就是转型之路。我们将自己转变为组织使命与愿景的化身，然后在当前现实和不断变化的政治潮流中坚定不移，并且历久弥坚。由此我们不仅将自我提升到了最高境界，而且为组织树立起更高的使命。这就是"领导者的承诺"。

第二项练习：提炼愿景

想要可靠地发展创造性领导力，第二项练习是持之以恒地将使命转化为我们个人和集体对未来期许的愿景。每一位在领导力领域令人信服的权威[本尼斯、柯林斯、柯维、威尔逊、圣吉、弗里茨、布洛克、彼得斯（Peters）、德鲁克（Drucker）、库斯（Kouzes）和波斯纳（Posner）和卡什曼（Cashman）等]都把愿景视为有效领导的核心。全景领导力测评报告（LCP）中，"使命与愿景"维度和领导效能的相关度最高。创造性心智专注于创造愿景；因此，最有助于发展创造性心智的修炼是勇于自我挑战，为自己和组织绘制宏伟愿景。成为一个身怀愿景之人，带领组织走向它所期许的未来，是领导者的首要承诺。

愿景五要素

愿景是个性化的、具体的、崇高的、战略性和集体共识的。

愿景是个性化的。反应性心智中的愿景是由他人给定或创作的，无论多么富有激情，都不过是被动接受。创造性心智层面的愿景是自主导向，它源自个人对更高使命做出的承诺。创造性领导力则是用实际行动对这个愿景进行清晰的表达和不懈的追求。愿景是一幅图画，描绘了这一使命将如何以富有意义和切实可行的方式得到实现，指明了我们的灵魂渴望奔向哪个具体方向。

愿景是具体的。它要够具体，一旦得以实现，我们马上就能认识到。最近在为一家医疗机构做咨询的过程中，我们鼓励这家机构的领导团队进行三天的封闭会议，明确他们的愿景并建立共识。当天我们刚介绍完会议议程，首席财务官便说道："我担心这将是对我们时间的巨大浪费。你们所谓的愿景是什么意思？再怎么讨论也用不了三天吧？"

我们回答："你们将为这家医疗机构创建一个具体翔实的画面，让它对未来五年都有指导意义。"首席财务官说："真要能做到这一点可就太棒了。我们过去从未有过这方面的对话。"

愿景要想发挥作用就要足够具体，能够据以确定方向、聚焦战略、推动行动和指导决策。我们需要将头脑中的成果具体地描绘出来，详细到当愿景实现的时候每个人都能够一目了然。

愿景是战略性的（但并非战略本身）。战略描绘了我们从所处的位置抵达愿景的过程。愿景是战略的顶点，是对我们期望在未来的某个时刻达成的业务状况的描述。愿景是对市场现状的反应，但并不受限于现状的制约。它之所以具有战略意义，是因为它设定了方向，使组织能够在当前环境下脱颖而出，并且成功地步入未来。愿景定义了组织对真实的需求、真实的市场及真实的社会和文化需要的独特贡献，为组织走向繁荣和做出贡献指明了方向。

愿景是崇高的。它代表着我们对生活和工作的最高渴望，在精神上坦然无愧并且充满想象。一个崇高的愿景远比利润或市场份额的承诺更能够打动人的内心。这些都是愿景通常包含的要素，但所谓崇高，是指它呼应着我们最深层的价值观、更高的渴望和个人使命。因此崇高的愿景使对它的追求变得同样富有意义和价值。崇高的愿景值得我们在内心的最深处做出承诺，值得我们付出满腔热血。崇高的愿景将人们凝聚在一起，使组织的创造性能力倍增。

愿景是集体共识的。愿景促进共识。如果说使命是卓越领导力的源泉，那么愿景便是领导者的首要贡献。领导者通过表达自己的愿景促使人们反思他们自身的立场。在强大而有远见的领导者的领导下，人们很难保持中立。因此人们需要挑战自我，真实地审视和检验自己的利益、价值观、立场和方向。组织成员在看到他们能够通过达成组织愿景来实现自己的个人使命时，便会团结一致。

领导者招募他人加入愿景中来，但招募并不意味着勉强他人接受我们的愿景，否则不过是反应性心智、家长制观念的残余。创造性心智的招募过程产生于对话之中。作为领导者，我们在表达和践行自己的愿景时肯定会引发他人的反思；如果我们能接着就个体的渴望进行对话，便会找到共同点，使组织的真正使命与愿景得以浮现。我们持续进行这样的对话自然会提高共识。因此，提炼愿景的练习要求领导者发起并保持这种对话，愿意去影响他人和受人影响。这种对话提高了达成集体愿景的可能性，使愿景能够表达出组织的最高渴望。而且通过这种方式建立起来的愿景能够激励员工，成就员工，使大家保持谦逊，并推动组织取得业务上的成功。

在全景领导力测评报告中，"使命与愿景"维度与领导效能的相关性最高，为 0.91；与"培养团队合作"维度的相关性也高达 0.89——因为崇高而富有战略意义的愿景肯定会促使团队更好地达成一致。此外，在所有的维度组合中，"使命与愿景"和"培养团队合作"两个维度的组合与领导效能的相关性最强，为 0.94。总之，提炼愿景是领导者的首要承诺。

提炼愿景这项练习要求我们建立一个与使命紧密相连的成果愿景并且身体力行，同时鼓励其他人也这样做。它还要求我们通过坦诚的对话提炼和完善对使命与愿景的集体共识。由此建立的愿景释放了使命的精神力量，为创造有意义的个人和组织成果带来动力和活力。这项练习唤醒了创造性及自主导向的心智，因为愿景原本就是创造性心智的焦点。领导者在亲身实践这项练习时，就是在完成领导力议题和要务，就是在建立创造性领导体系。

第三项练习：了解自己的疑虑和恐惧

鲍勃：在职业生涯早期，我不知道自己是一个激进的、受反应性心智支配的完美主义者。那时候我的表现处于反应性心智的中等水平，即追求完美的专家——意思是"做任何事都有正确的方法，我知道那是什么"。

大概那时起我开始对各种测评感兴趣，并且特别沉醉于其中一项测评——这方面的热情其实是我发现自己人生使命与愿景的早期线索。事实上我对这个测评非常感兴趣，以至于我打电话给这家公司，告诉他们我也想学。为了加速学习，我还邀请他们来我们公司针对其中一个领导团队展开工作。他们派了创始人的妻子！她颇有天分，但是她推动这项工作的模式和我头脑中的不一样。当然，因为我是一个追求完美的专家，所以她错了而我是对的。她也没能找到和我一起工作的方式，所以我们最终分道扬镳——实际上是我把她赶了出去。

10年之后，我举办了一个工作坊，帮助高层领导觉察他们的反应性模式，帮助他们看见自己是如何"想要尽力改变却又不断重建"组织中的家长制的。我将上述测评引入了这个工作坊。为了让主持这场工作坊的同事们事先充分掌握这一工具，我请来了测评机构的创始人[姑且称他为道格（Doug）]来讲授测评要点。道格是个才华横溢的人，在谈及如何评估和践行领导力时如数家珍，简直是一部活字典。和他度过了不同寻常的一天之后，我们决定找时间再安排一天会议。

一个月后我们召开了第二次会议。我刚讲了几句开场白便被道格迅速打断——他用粗鲁的声调说道："鲍勃，我能给你一些反馈吗？"

我说："是的，当然。"

他说："好吧，上次课程结束之后我回到家和妻子提起此事！我们搜索了数据库，看看10年前是不是还有另一个同样来自俄亥俄州托莱多的合作伙伴叫鲍勃·安德森，结果没找到。因此我们断定你就是那位鲍勃·安德森。没错吧？"

我说："是。"

他说："你还想要反馈吗？"

我说："是。"

他说："你不再像以前那样混蛋。"

这句话把我吓了一跳。我环顾整个房间，每个人都点头同意，好像在说："没错，他是对的。"

道格不愧是人类行为的敏锐观察者，他准确地描述了10年来在我身上看到的转变，我的同事们则再次点头表示同意。在给了我反馈之后，道格说道："我不知道你正在做什么，但请继续，因为它确实有效。"

当他这么说时，我脑海中好像有个鼠标在不断地"点击，点击，点击"——这个练习，这个练习，还有这个练习。我完全清楚自己做了些什么，我知道是哪些练习给我现在的领导方式带来了改变。比如，我曾定期练习提炼愿景，练习聚焦于我最想创造、最想成为的样子。还有，我在发现又自以为是的时候练习探索背后隐藏的反应性信念和假设。

在这项"了解我们的疑虑和恐惧"的练习中，我们肯定会遭遇到约翰逊维尔香肠公司(Johnsonville Sausage)的首席执行官拉尔夫·斯泰尔(Ralph Stayer)所说的："头号可怕的事实——我是问题的源头。"(Belasco，1993)

我们首先要学会觉察(可能需要借助他人的反馈)：什么时候自己没有依照愿景行事，或者自己的行事方式无法支持愿景的实现。之后，为了超越当前的发展阶段，我们需要首先进入一段下潜之路：进入恐惧、焦虑或者内心的冲突等一系列与我们的愿景不一致的、反应性心智驱动的行为。在这项练习中，我们要走近自己的疑虑和恐惧，做它们的学生，潜入它们的下方，留心倾听我们在内心深处与自我无声的对话，并追溯其源头，找出驱动我们反应性内在操作系统的身份信念和假设。接下来，我们带着勇猛和悲悯正视这些信念和假设，直到看破其中的幻觉，认清这一幻觉如何导致我们的行为举止和领导方式与我们想要成为的人、我们所追求的结果和我们正在建立的愿景大相径庭。我们只有这样才能解放自己，用更有助于承载自身愿望的方式行事。

这项练习旨在学习驾驭下降流。为了完成转变，我们必须下潜到自身那些尚未准备好体现我们愿景的部分——那些太过渺小、畏惧、被动、控制、谨慎等的部分。这是为了向上超越而做出的下潜。

我们经常听到人们说："转变的关键是去除、纠正或者摆脱反应性心智。"不！因为纠正或去除我们不想要的东西这一方式本身就是反应性的。如果进入下潜之路是为了创造心之所愿，它才是创造性的。我们是创造的原动力，因此，我们发现阻碍愿景的正是我们自身的时候，必须想办法释放自我——就像甘地所说的那样："欲变世界先变自身。"

我们的愿景有赖于这项练习。我们追逐自己的渴望，直到它被提炼成愿景。然后愿景向我们发起挑战，要求我们将自己转变为实现愿景的有效而强大的容器。我们一旦做到这一点，就会有新的愿景再次带来挑战——我们是谁，我们如何生活和领导，我们的组织如何表现。总之，愿景挑战事物的现状并使之进化。如果我们看不到自己对事物当前状况负有责任并改变心智（重写处于自动导航状态的内在操作系统的代码），那么我们很可能会继续自毁长城的行事方式。内在游戏驱动外在游戏。

我们从来不会"完成"使命或愿景。如果我们不停地寻觅和追逐，使命或愿景便会不断地召唤我们迈向它们心目中更加伟岸的个人和领导者，不断地拉伸我们。然而我们在被愿景牵引、选择"舞出真我"时，便会遇到把守在门口的疑虑和恐惧，恐惧背后的火花在我们身体中阴燃——这种能量和张力无法回避。

每次走到一个新的成长边际时我们难免会心生恐惧，好在我们已经学会对此淡然处之。反应性心智受恐惧支配。我们被自己无意识的假设支配，被动地对它做出反应，相信它们的叙事是真实的。此时我们便会不自觉地进入自己最喜欢的习惯性反应状态，选择舒适回避挑战。但它并非真正的舒适，看似舒适和安全的选择实际上是一种程度可控的焦虑。我们在选择将安全凌驾于使命之上时，其实是直接碾压了本就脆弱的使命感。愿景不得不做出妥协，而我们却对此浑然不觉，还在纳闷取得进展为何如此艰难。

另一种选择是我们继续把自己托付给使命的牵引，将它提炼成愿景，然后坦然面对必然出现的恐惧和疑虑。这三项练习缺一不可：辨别使命并提炼成愿景；愿景挑战我们以不同的方式思考和行动，这也许是我们当前的信念和假设无法支持的方式；愿景在超越我们当前的心智模式、与旧有的身份结构相抵触时，便会在我们内心引发恐惧、疑虑和其他形式的冲突。

这种感受非常自然，它只是意味着我们正面临需要自我反思和重构的调适性挑战。当我们对自我认知的限制性反应模式进行重塑的时候，重构就会发生。通过重新定义那些自我设限的假设，我们启动了一个新的、具有创造性结构的、旨在实现愿景的操作系统。创造性心智追寻愿景。我们根据自主导向的愿景设计创造性的内在操作系统，并不断做出调整，以便为经由我们的生命和领导角色得以实现的独特使命与愿景提供最佳支持。

对于如何处理我们自己的反应性部分，大卫·伯恩斯（David Burns）在《伯恩斯新情绪疗法》（Feeling Good）一书中讲述得最为精彩。在"纵向思维过程"这个部分，他精确地介绍了如何聆听反应性感受背后那些无声的想法，正是这些想法主导了我们习惯性的行为模式；如何追溯这些想法的源头——主导这场秀的核心身份信念。最后，如何逐步用创造性心智结构重写我们的内在操作系统代码。再没有比这更好的方法来学习如何驾驭从反应性心智向创造性心智转化过程中的下降流了。

我们每个人都是独一无二的精神实体，随之而来的是我们自己独特的渴望、天赋，以及在世间表达独特自我的热情。同时我们也积累了大量经验和条件反射性的做法，这使自己的这份独特性难以被识别和认真对待。我们已经适应并接受了这样的教育：只有出人头地、赢取胜利、获得认可和满足他人期望，我们才能获得自我价值和安全感。在追求自己的使命时，一旦愿景与这些身份图谱发生冲突，我们就很容易忽略自己内心深处的渴望。于是，灵魂被打磨精良的反应性心智所俘获，习惯性地陷入反应性模式求取安全感，哪里可能再去追随我们的使命？更不用说坚持它了。

在此重申，我们没法同时追求安全和使命，必须做出选择。灵魂对安全毫无兴趣，它只知道自己渴望什么，盼望纵身于冒险的旅程，不愿低头妥协。这是我们人生中的关键选择，将决定我们领导力的本质和品质。如果缺少了这项下潜以了解自身疑虑和恐惧的练习，我们很可能会一直委身于妥协之中。

第四项练习：开启真实勇敢的对话

世上既没有安全的伟大之路，也没有伟大的安全之途。转变必须要有勇气，除此以外别无他法。反应性心智的各种模式（顺从、防卫、控制）都指向安全感，而练习真正的勇气则促使我们直面自己所有"不输就好"的游戏策略，并且有效地推动创造性心智的进化。

组织并不需要我们拿出战场上九死一生的勇气，尽管有时会有这种感觉。大多数情况下我们需要的是说出真相的勇气。组织里诚实的谈话大多发生在洗手间而不是会议室里。在会议室，我们一致同意事情正在取得重大进展；而在洗手间却经常听到不同的说法。过度谨慎难免会掩盖真相，这导致集体效能和智慧迅速下降，绩效受损。最终，我们与愿景失之交臂，变革举措脱离了正轨。

真实、勇敢的对话是高绩效的命脉，所以它位于全景领导力测评报告的中央顶点位置。其中"本真性"维度结合了勇气与正直。前者指提出难题并积极参与解决的意愿，后者指通过言行一致体现我们的价值观。"本真性"与"领导效能"（0.78）、"使命与愿景"（0.82）、"培养团队合作"（0.68）和"经营业绩"（0.50）之间的相关性都很高，因此这些是构建创造性心智的核心能力之一。[①]

这项练习需要以前面三项练习为基础。勇气要求我们致力于比恐惧更

---

① 相关数据见表 6-1。——译者注

宏大、更值得冒险的事情（业已辨明的使命和提炼的愿景）。它要求我们了解自己的恐惧，进而区分真正的风险和我们基于反应性幻觉而产生的庸人自扰。

鲍勃：作为一名领导者，我发现自己想要大家都喜欢我。在意识到这一点的五年之后，那时我正在给一家大型制造企业做咨询。一天，我们和该企业级别最高的80位经理会面。因为他们希望探讨某个超出我专业范围的话题，所以我找了另外一位顾问合作，自己并没有主持讨论，只是在上午茶歇前做了几句点评。休息时我的客户，这家公司的首席执行官，一个相当粗暴的家伙，把我拉到一边说："鲍勃，我茶歇时与几位副总聊了聊。坦率地说，他们不欣赏你的评论。我想你最好在剩下的时间里把嘴闭上。"

这让我震惊并且感到诧异，"我那两句话怎么会引发如此大的争议？"我只好回到座位上舔伤口，在接下来的几个小时里什么也没说。

下午三点左右，一个惊人的"巧合"发生了。一位女士站起来说道："我觉得在这个房间里说出自己的真实想法并不安全。像这样的会议结束后，高级经理们会在小圈子里议论谁说了什么，并据此给我们贴标签、下结论，从而严重影响我们在这里的声誉和未来。"众人不知该如何作答，于是做出若无其事的样子继续讨论。他们只用了30秒的时间就把这个话题匆匆遮掩了过去，得出结论说：在这群人当中，说出真实想法是安全的，任何话题都可以畅所欲言。

在那个时刻，我的心跳明显加剧。那位女士描述的事情今天刚好发生在我身上。我觉得自己面临抉择：勇气还是安全。请注意，我和首席执行官坐在桌子的正对面。我该怎么做？

当客户团队不断和稀泥的时候，我在心里不断体验着来自前面三项练习的上升流和下降流。"这一刻我想要如何表现？我愿景中伟大的咨询顾问在此刻会是什么样子？我怎么才能最好地服务于客户？有什么我在意的东西值得眼前的冒险？"这些问题已在辨别使命和提炼愿景的过程中得到反复练习，答案早已无比清晰。与此同时，我也在驾驭着下降流。过去，每当这种时刻我总是吓唬自己：站出来就会挨枪子儿。对自己内心这种谨慎的声音我已经再熟悉不过，我知道我一直都告诉自己：我的未来取决于是不是能够总是被别人喜欢、欣赏和重视。此刻我选择不再听从那个声音，而是大胆发言。我站起来，指着刚刚发言的那位女士说道："你说的事情今天就发生在我身上。茶歇的时候有些人开了个小会，然后某位高管，我不想提名字，把我拉到一边说，今天剩下的时间我最好闭嘴。"现场所有人都屏住了呼吸。"不可能！这种事不可能在这儿发生。"我说："是的。它确实发生了，就在这里。它今天就在我身上发生了。"

接下来，大家花两小时讨论了刚才会场里的表现到底有多诚实、谨慎、实话实说、真实和言不由衷，对于他们来说，这是一次突破性的会谈。离开会议时，大家一致认为最后这两个小时是他们作为一个扩大化的领导团队经历过的最好的对话。

众人在离去的时候仍然对刚刚突破性的对话余兴未了，我躲开首席执行官的眼神，想要收拾行装赶紧离开会议室，却又猛然意识到自己这是在害怕面对他。哈！我自己把自己抓了个现行，练习时刻又来了。上升流：在这一刻，我对客户的服务愿景是什么？下降流：我在告诉自己有什么风险。哦，那熟悉的警告声又来了。

选择——我看着这位首席执行官的眼睛说道："你对我刚刚说的那些话有什么看法？"

他回答说："你这话什么意思？"

我说："之前你让我最好闭上嘴。"

他说："你这是在说我吗?!"

当他这么问的时候，我想象着自己会笑着说："不，别在意。"然而正好相反，我仍然看着他的眼睛，回答道："是的，我是在说你。"

他回答说："我只是在为你着想。我很在意你为这个组织带来的价值，我希望你能活到明天去继续战斗！"

我咀嚼了一下他的话，然后说："我知道你是为我着想，谢谢你的好意。我也希望你能领会到一点，在那一刻，你的表现让我明白了之前你的领导团队所有的谨慎和恐惧从何而来。"

他怒视了我很长一段时间，有那么一刻，我真觉得这可能是我在这个组织提供咨询的最后一天了。然后他开口说道："嗯！我确实那么做了，不是吗？喔，这很有帮助！我需要从你那里得到更多这样的帮助。我们下次什么时候见面？"

勇气让我们愿意保持真实，在言行中体现我们崇高的愿景。组织文化贯穿于每一次会议之中：我们表现出何种程度的诚实还是压抑、谨慎还是勇敢、追求愿景还是做出妥协、正直还是操控、清晰还是含糊，我们每次会议都要面临这种抉择。文化的改变必须立足于每个时刻，愿景随瞬间的勇气升腾或死亡。我们要么选择使命，承担说出真实想法和感受的风险，要么选择安全。取舍之间，我们要么推动愿景前行，要么拖它的后腿。真实赋予我们力量，创造众所期盼的文化。

领导者如果不能互相讲真话，就根本没法兑现领导者的承诺。我们与高层团队的大部分合作都是长期的。在与他们合作一年后，我们经常听到这样的反馈："让一切变得如此不同的是，我们现在可以互相讲真话了。一年前有太多问题涉及政治避讳和野心，无法展开讨论。现在，我们可以轻松地切入复杂问题，这很有趣。"

真实、勇敢的对话是高绩效所必需的。集体效能的建立或消亡，取决于领导者是否有能力彼此坦诚相待，在相处中保持高度正直。集体智慧同样依赖于它。这项练习是创造性心智和领导力的标志，是使创造性心智不断进化并向整合性心智发展的核心修炼。

第五项练习：培养直觉，开放灵感

在如此复杂的系统中寻找杠杆点是违背理性的，或者如彼得·圣吉所说——是理性无法企及的，这要求领导者相信超越理性和演绎逻辑的认知方式。领导者必须学会将数据和理性分析的能力发挥到极致，然后还要倾听自己的本能和直觉，听听它们认为什么是最好的或者正确的做法。这要求我们的内在操作系统达到一定的成熟度，能够平衡理性与直觉，引领组织在愿景、战略、决策和创新方面的成长。

我们不能单纯用理性的大脑来辨别使命或提炼愿景。核算收支账目当然不能靠直觉，但要想精通大部分类似领导力这样的修炼，则需要强大的理性能力与强大的直觉性认知相辅相成。使命、愿景、洞察力、创新、创造力、本真性和智慧是伟大领导者的特质。这些能力都不仅仅是理性的，它们同样依靠直觉作为灵感的源泉。

丹尼尔·韦伯斯特（Daniel Webster）将直觉定义为："无须参考数据、理性演绎或推理就能获得直接知识或认知的力量或能力。"换句话说，我们就是知道，至于为什么或者怎么知道的，这点我们自己也不清楚。大多数人都有这种经验，也体验过遵循或不遵循直觉会发生什么。直觉是所有人都具备的能力。它可以被开发，像任何天赋一样，直觉能力在人群中是正态分布的——有些人比其他人更有天赋，但我们每个人都具备这个能力。

我们大多数人的直觉能力都在退化。通常，文化偏见会告诉我们要忽略直觉（除非我们来自某个深刻浸染着直觉色彩的文化，这种情况罕见）；在工作场合，直觉更是在很大程度上被打入了冷宫。结果是我们束缚了自己的领导效能，无论个人还是集体。大多数文化的主体都是反应性的，而反应性心智习惯将直觉性的洞察力视为不相干的和不值得信任的。为了追求安全和可预见性，反应性心智看重证据。它天生只能"在盒子里"思考，没法"跳出盒子"进行跨越式创新。因此在意识成长跨越反应性心智之前，我们大多数人身上的直觉能力都处于休眠状态。

直觉是一种与生俱来的能力，因此在任何阶段都可以发展。但通常随着创造性心智的进化，它才开始成为一种强大的领导能力。布莱恩·霍尔在《价值转移》（Value Shifts）一书中提出，直觉直到自我启动阶段（即我们提出的创造性心智的另一个说法）的各个时期才能得以发展（Hall，2006）。创造性心智使直觉成为强大的工具，然而直觉的潜能等到整合性阶段才能充分发挥出来。

鲍勃：很多时候直觉是个强大的工具。例如，在一场需要勇气来进行的对话中，当我们不知道下一步该说什么的时候，它会很有帮助。我曾经在圣母大学的某个项目中给一位高管做教练。在这个项目中，我们先做了全景领导力测评，然后给每位经理做一对一报告解读。这位高管排在当天的最后一个。在他之前，我已经从早上 6 点 30 分一直忙到了下午 6 点。当我走进教练室的时候，他正低头看着桌子，没有抬头看我。我在他对面坐下后，他把测评报告的活页夹推到我面前，说："我看不懂这些关于'傲慢'的废话，你给我解释一下这些结果是什么意思。"

我试着向他解释报告中"傲慢"维度的含义，及其在领导过程中的表现形式，结果全都石沉大海，谈话毫无进展。他动不动就和我争论，我不知道该对他说些什么才能有所帮助，直到一个主意突然冒了出来。当它出现时，我立刻有了一种直觉，这会是打开我们对话的钥匙。接下来，我知道自己该如何沟通和行事了，但这个想法吓到我了，因为它要求我必须相信自己的直觉，在他身上冒个险。我再次确认了一下自己的这一直觉性洞见，说道："我给你表演一下什么是傲慢——当我走进房间时，你的样子是这样（我低下头盯着桌子）。这种时候大多数人会抬头看着我，也许会面带微笑，或者和我握个手。如果知道我在此之前已经做了 11 个小时的教练，他们甚至可能会说：'伙计，今天对于你来说太漫长了，你过得怎么样？'但相反，你闷着头把活页夹推给我，说，'跟我说说这上面的'傲慢'是在胡扯些什么'。这就是傲慢的表现。"

他往椅背上一靠，怒视了我一会儿，然后说："你知道，如果人们在工作之余看到我，他们是不会认出我的。"

我问："你这话什么意思？"

他回答："工作以外的时候，我通常的形象是头上顶着棒球帽，手里拿着啤酒，脸上挂着微笑，我其实是个相当有趣的人。可是一旦回到工作场合，我就会换上游戏面具。在工作中没有人真正了解我。我确定。"

在这之后，我们进行了一场不同寻常的对话。事实上这次对话是如此具有变革意义，以至于他在站起来、准备走出房间时都有点踉踉跄跄，嘴里一边说着："哦，我需要小心，我觉得头有点晕。"

我说："是啊，这是一个很大的转变。"

为了有效地领导，我们需要力所能及地接触各种信息，掌握超越组织惯常的理性界限的感知形式，并且看到线性、逻辑方式看不到的关系和相互连接。领导力这门学科要求我们认真对待直觉，认识到直觉是真实的，人人皆有，并且可以通过实践来培养。用哲学家叔本华的话来说："我们拥有比我们的大脑更聪明的东西。"(Schopenhauer，1974)

　　罗伊·罗恩(Roy Rowan)在《直觉型经理人》(The Intuitive Manager)一书中指出，大多数成功的领导者相当依赖直觉(Rowan，1986)。他们学会相信自己在关键决策上的直觉，这些决策影响了他们的职业生涯，使他们迈上了成功之路。甚至即便数据似乎不支持直觉的倾向，但他们还是义无反顾地这样做了。然而他们却很少谈及这些，因为在我们这个数据驱动的世界里，这听上去非常不合时宜。即便如此，仍然有许多领导者谈到了他们如何学会相信自己的直觉。例如：

　　(1)我开始意识到，直觉性的理解和意识比抽象思维和基于智力的逻辑分析更重要……直觉是一种非常强大的东西，在我看来，它比智力更强大。这对我的工作产生了很大影响。(史蒂夫·乔布斯)

　　(2)史蒂夫·乔布斯："恰如数学家马克·卡克(MarkKac)所说的那种天才魔术师，这种人的洞察力是凭空出现的，需要的是直觉，而不仅仅是大脑的处理能力。"(沃尔特·艾萨克森(Walter Isaacson)，《史蒂夫·乔布斯传》(Steve Jobs)的作者)

　　(3)直觉是神圣的天赋，理性则像忠诚的仆人。我们创造了一个荣耀仆人却遗忘天赋的社会。(爱因斯坦)

　　(4)在探索的道路上，智力几乎没什么用。当意识出现一个飞跃，叫它直觉也好，或者随便什么，解决方案突然冒了出来，你却既不知道它是怎么来的，也不知道它为什么会来。(爱因斯坦)

　　(5)迟钝的大脑既非直觉，亦非数学。(毕加索)

　　(6)顿悟从来都不是一蹴而就的，而是在我们有意识地全情投入那个领域的无意识层面上产生的……这种信息无法凭意识获得。尽管表面上看似是某个神奇时刻的灵光乍现，但它通常是在对一个问题进行了长时间的认真思考之后到来的……我们用科学来证明，但靠直觉才能发现。[朱尔斯·亨利·庞加莱(Jules Henri Poincare)]

(7)要有勇气跟随你的内心和直觉。它们在某种程度上已经知道你真正想成为什么。其余都是次要的。(史蒂夫·乔布斯)

(8)我们依偎在浩渺的智慧之神的膝头，汲取它的真理，奉行它的意志。(拉尔夫·沃尔多·爱默生)

直觉练习帮助我们打开更深层次的认知和更高层次的感知能力，它是一种召唤，一个内心的声音，不断提醒你"坚持下去"，"现在就去做"或者"这就是你，这就是你的立场，这就是你在领导岗位上需要前进的方向"。直觉是通往更高、更具修行层面的自我的大门。我们是多维的存在，不仅是身体和大脑维度上的，而且是存在于多个不可见维度上的存在(传统上称为心灵、灵魂和精神)。直觉是通往更高维度的大门。它让我们在这些层面上了解自己，当我们进入这些维度时，我们知道了以往不知道的事情。此时洞见以整体的形式产生，问题的解决方案即刻豁然开朗。直觉是突破性洞察力、智慧和变革性愿景的源泉，是最伟大的创新进步的源泉。

直觉，辅之以理性分析，是创造性心智的关键能力。开发直觉可以使我们获得非凡的洞察力、智慧和创新能力。创造性领导力的所有特性，包括勇气、真实、使命驱动、愿景、战略性、高情商、感召力等，都与直觉密不可分。

第六项练习：系统思考

一个崭新、令人无法抗拒的愿景的产生，必须伴随着系统和结构层面的进化。如果忽视结构方面的变革，愿景便会落空。伟大的领导者拥有系统思考的能力，力求设计出富有高绩效的系统。系统思考激发创造性心智和整合性心智的进化。

离开文化建设，战略根本无从谈起——文化每天都把战略当午餐吃。

结构性力量远大于个人承诺。领导者唯有勇敢地直面结构性变革的挑战，才能使愿景成为现实。所有系统都有强大的免疫功能来维护稳定或平衡，当推行变革时，它们一定会奋力抵制。这种抵制变化的倾向一方面有助于保证系统的生存，另一方面使系统难于改变。正如沃伦·本尼斯所说："导致众多变革尝试失败的原因在于领导者没有考虑到由文化（结构性）力量构成的强大暗流。那些无视社会性构造却试图改变组织的领导者，正像传说中的丹麦国王克努特一样——为证明他的权力，站在海滩上命令海浪静止不动。"(Bennis，2009)

再度重申，结构决定行为。无论个人还是组织，其设计初衷均为了获取良好的绩效表现。所以要想使个人和集体绩效产生重大改变，领导者首先得从结构设计层面着手。鉴于组织和社会系统诞生于创造它们的集体意识水平，身处其中的个体心智层面的转变必须先于组织和社会结构的转变。与此同时，组织结构的复杂度和绩效标准在高于个体意识层次的时候，便会鼓励个人意识发展到同样的复杂程度。因此系统和个人的转变是相辅相成的。

在反应性心智中，我们被动地解决问题。这种策略对于重新设计系统远远不够，结构设计方面的缺陷不会因为问题的"修复"而改变，如同疾病不能通过解决症状来治愈一样。从长远来看，领导者只有改造基础结构才能带来显著不同的成果。

改变系统要靠杠杆作用，即瞄准特定的杠杆点集中采取战略性行动。这些杠杆点很可能在时间上和空间上与我们眼前焦头烂额的痛点相去甚远，却会给变革带来成倍的绩效回报。寻找杠杆点要求我们看到并探索当前现实所具有的动态的"系统性"。我们在创造新的愿景时，便在当前的绩效水平和预想的结果之间建立了一种创造性张力。将这种张力保持一段时间，我们便更有可能看到当前现实的系统性结构，而不仅仅是症状和问题。我们需要抵制对手头上的烫手山芋或强噪音事件进行被动反应的诱惑，将注意力集中在重新设计能更自然地承载愿景的系统上，并且在寻找杠杆点的过程中忍受不回应所有问题的焦虑。这种能力超出了反应性心智的设计能力，只有在创造性心智阶段才能自然产生。

系统思考和设计要求领导者有能力摆脱对问题和症状的被动反应模式，使领导者随着时间的推移保持创造性张力，使用直觉在变幻莫测的复杂性中找到杠杆点，有勇气真正推行结构上的根本改变，反应性心智无法胜任的原因便在于此。创造性心智是起码的要求，整合性心智更佳。布莱恩·霍尔认为，当创造性心智逐渐向系统意识打开和进化时，基于愿景的战略能力才能走向成熟（Hall，2006）。系统意识、系统思维和系统设计能力在创造性心智发展的后期开始出现，在整合性心智阶段达到成熟。学习和实践系统思考将推动创造性心智向整合性心智进化。

全景领导力测评中的"系统意识"维度与领导者的心智发展阶段高度相关（0.65）。领导者的心智结构越成熟，就越有可能具有系统意识。在老板们眼中，"系统意识"是与领导效能相关度最高的维度（0.81）。首席执行官们在评价手下的领导者时，最希望看到他们有系统思考和大局意识，理解商业环境与业务之间的关系，并能重新设计系统来同时解决多个问题，从而达成更高的绩效。难怪"系统意识"与"经营业绩"（0.57）和"成就"（0.88）也有很强的相关性。"系统意识"是领导变革所需的创造性领导能力。[①]

在实现愿景的过程中，领导者的主要角色之一是系统架构师。就像建筑师一样并不亲自施工，而是指导过程。高层领导确保整个流程就位，促使组织学会系统思考，并随着时间的推移重新设计自己。这并不意味着高层领导自己动手重新设计，然后要求其他人适应新的角色和流程。对于他们来说，真正的挑战是制定一项促使人们广泛参与以便持续进行系统更新的改革战略。此外，领导力开发的深层次工作需要与系统的重新设计并驾齐驱。当领导力发展的议题被整合到精心设计的系统重构战略中时，愿景就变成了现实。人们的成长将直接转化为组织的提升。

这个系统架构师的领导角色需要勇气。人们可能会忽视或不同意你的愿景，但当你处理系统时，你必须为冲突做好准备。任何有形结构的基础

---

① 数据 0.65 来自第 4 章苏珊娜·库克—格雷特的研究；0.81 来自数据库中老板组的评分；0.57 和 0.88 引自表 6-1。——译者注

都是思想、信仰、哲学或神学的无形结构，有形结构只是反映了孕育它们的思维、假设和信念。因此，改变有形结构几乎总是要面对人们目前所坚持的思想和身份结构。这就是为什么结构性变革常常会遭遇异常顽强的抵制。它打乱了现有秩序。

罗洛·梅（Rollo May）曾表示："每当一个重要想法取得突破时……（它）将摧毁许多人认为对他们的智力和精神世界的存在至关重要的东西……正如毕加索所说，'每一个创造行为首先都是一个破坏行为'。这种突破也带来了焦虑。因为它不仅打破了我之前的假设，也动摇了自我与世界之间的关系。此时，我发现必须寻求一个新的支柱，尽管还不知道它究竟是否存在。"（May，1975）

结构性变革充满了矛盾和模棱两可，没有人知道答案，因为系统太复杂了。结构性变革在模棱两可中前进，并且不断挑战曾经建立旧秩序的宝贵思想，必定会产生冲突。这样的冲突，如果我们能带着仁爱之心参与其中，就会是一种生命的标记。这是一个检验和改进（或改变）愿景的过程，通过这个过程，旧的结构得以进化和更新。领导者站在争议的最前沿，必须愿意成为一个承受争议的人物。

变革推动者角色的模糊性和争议性使领导者不得不对抗以前的所有做法。系统进化离不开有使命感的愿景。无论构建创新还是发掘杠杆，我们都需要直觉和理性分析并重，需要有勇气激发真正的对话，从而推动愿景，找出杠杆点，并实施根本性的结构变革。这里没有安全、无风险的方法。因此作为创造性的领导者，我们必须能够看穿恐惧，从而克制住对问题症状的被动反应，避免退回旧有的、很可能阻碍进步的反应性行为模式，并在各种妥协压力中坚持前行。

领导力精进之途

成就伟大既没有安全之路，也没有捷径可循。这使得新手训练营成为不时之需。按照上述六项练习持续修炼，领导者能够可靠地促使反应性心智，成长为创造性心智，甚至更高。这些练习相互依赖，它们彼此依托、相互支撑，共同发力促成意识转变。转变后的领导者进而转变自己所领导的组织。经常进行这六项练习的领导者可以做到两件事：①实现从反应性到创造性、从创造性到整合性的意识转变；②为个人、集体和组织创造出高绩效。

人生的首要目的是成为一个拥有愿景的人——这是所有伟大领导者的必备之举。我们在这样做的时候，就会直面我们对生命完整性的需求，以及那些限制我们做出贡献的东西。因此，人生的第二个目的是战胜那些阻挡我们的障碍，其中许多障碍根植于我们自己的信念结构之中。我们人生中的任务是保持一种两极间的张力：一方面是我们生命中想要表达的富有独特意义的愿景，另一方面则要诚实地面对我们身上尚不完整、无法真正活出愿景的部分。成为领导者意味着我们要将服务和疗愈这两个目的的结合。我们把自己看作一个学生，带着对自我和身边世界的承诺，以自律、诚实和真诚的态度投入这六项练习中，由此推动我们迈向卓越领导力和真正的赋能，迈向伟大，迈向体现和实现我们最高抱负的组织、国家和全球社会。这就是领导力的精进之途。

本章盘点

(1)追随你的狂喜。如果它带给你喜悦，就再多做一些。是什么带给你喜悦，带给你活力？你怎么才能再多做一些？(Campbell, 1949)

(2)你有怎样令人信服的未来愿景来造福于未来的子孙后代？

(3)如果在下一次重要会议开始时提出这样一个问题："今天我们会在哪些方面不想实话实说？"你自己会如何回答这个问题？

(4)如果勇气关乎在反对声中向前推进的意愿，你打算让谁失望？

(5)你觉得自己现在必须在领导力方面引入哪些更深层次的直觉性认知、预感或第六感？

(6)你最想要及需要自己所处的系统发生什么变化？

第 12 章
整合性领导力：
为复杂性而设，为变革而备

曲则全（If you want to be whole，let yourself become partial）

——《道德经》①

鲍勃：几年前，我的叔叔汤姆即将不久于人世。他的兄弟、我的另一位叔叔迪克每天都去看他，有一天汤姆叔叔情况特别糟糕，看着悲伤难忍的迪克，他说道："迪克，死亡不是为懦夫准备的。"

变革是一件大事，同样不是为懦夫准备的。如果我们走完全程并且看透它，就会发现它其实是一个死亡—重生的过程。

英雄之旅不会止步于创造性心智。从创造性心智到整合性心智的转变是又一次蜕变，它会带来更高阶的意识，远远超越创造性心智的极限。这样的转变是我们一次又一次地改造自我，成为整合性乃至合一性领导者的过程。

整合性心智是为复杂性而设，为在多变、模糊和快速变化的环境中引领复杂系统的变革而准备的。进化到整合性阶段的领导者即便还算不上精通领导力，其领导效能也已然非比寻常了（见图 12-1）。一位评估结果处于整合性发展阶段的领导者给我们讲述了他在担任一家大型医疗机构总裁期间的一件事情。他说，每次只要他接手一个新的职位或部门，部门成果都

---

① 摘自斯蒂芬·米切尔新英文译本《道德经》，含前言和注释。1988 翻译版权为斯蒂芬·米切尔所有，经哈珀柯林斯出版社（HarperCollins Publishers）许可重印。

会得到显著改善：手术室的效率显著提高，成本下降，病人疗效改善，而且医务人员、雇员和客户满意度都会提高。他的工作履历令人极为赞叹，连首席执行官都来问他如此高效的秘诀。我的这位朋友直视着首席执行官的眼睛问道："你真的想知道我的答案吗？"直觉告诉这位首席执行官，这个问题其实是在问：你真的愿意改变自己的领导方式吗？于是他谢绝了这一邀请。

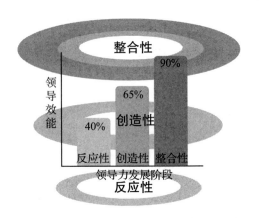

图 12-1　领导力发展阶段及相应的领导效能

只有 5% 的领导者具备整合性心智，它罕见，但只要遇上就常会有卓尔不凡的表现。整合性心智远远超越了反应性心智的结构极限，它能够以反应性心智无法做到的方式驾驭复杂的"湍流"。在圣母大学进行的研究中，反应性心智的 LQ 小于 1.0。创造性心智翻了一倍多，平均约为 2.0。整合性心智的效力和能力远超创造性心智，平均得分为 9.0。整合性心智是一项巨大的竞争优势，它是为复杂性而设的，因为它的操作系统要强大得多。

领导力发展阶段概要

反应性心智旨在打造自己从事特定职业的能力，在组织和文化现状中如鱼得水并取得成功。我们从这一阶段开始经营自己的生活，学着按照这个世界的规则走好我们的路。不这样做，我们就无法进步，我们作为领导者的职业生涯发展就会严重受限。在这一阶段，我们学到了生活中所需的各种能力。如果想要成为一名领导者，我们还要学习执行任务和取得成果的管理技艺。所有这些技能必须得到培养和磨炼，并在我们摒弃反应性心智走向创造性心智时加以保留。

在向创造性心智转变的过程中，能干的管理者变成有愿景的领导者，关注的焦点从解决问题演变为创建愿景。当创造性领导者将愿景转化为战略时，解决方案变得更加全面和长远。创造性阶段的领导者已然收获了在反应性阶段培养起来的各项能力（超越和包容），因此该阶段领导者有能力将战略落地转化为成果。内在操作系统经历了从由外及内到由内及外的结构性蜕变，已经从对安全的考量转向对使命的坚定承诺，从恐惧驱动、"不输就好"的内在游戏转变为使命导向、热情驱动的内在游戏。（见图 12-2）

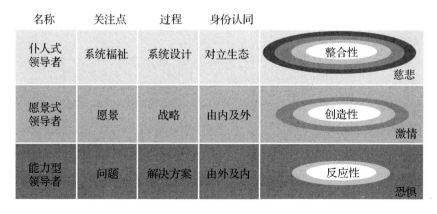

图 12-2　领导力发展阶段概要

系统的仆人

在从创造性向整合性心智的转变中，作为个人和领导者的我们，已经能够娴熟地主导自己的生活和领导工作，并再次跨上转变的上升流和下降流。这项练习对于我们来说已经是驾轻就熟的，因为自我正在主导着关于自己的、持续不断的转变之旅。这就是为什么罗伯特·凯根将整合性阶段称为内观自变(Kegan & Lahey，2009)。这种自我转变的能力正是领导者能够进行系统变革的原因。

在向整合性心智转变的过程中，上升流打开并带我们进入一个更大、更系统化的愿景。它关注整体而非局部，将领导者带入更大的承诺和对整体福祉的热忱。有愿景的领导者变成仆人式领导者。我们既关注自己所引领的组织的成功(创造性领导力的标志)，也关注组织与更大系统之间相互依存的福祉。有愿景的领导者成为整个系统的仆人，系统之间相互依存，共同构建了关乎所有利益相关者的福祉。

这一转变扩展了领导者的时间跨度和组织视角。战略家成为系统架构师。这也是一个超越和包容的过程。在创造性阶段精心打磨的远见卓识和战略能力，以及在反应性阶段培养起来的专业管理能力(解决问题、执行战略和取得成果)，现在我们都可以用来服务于更大、更系统的愿景。战略能力演化为系统意识，战略家成为系统架构师。领导者现在的重点是优化整个系统的设计以服务于整个系统的福祉。在这一阶段，系统思维方兴未艾，全系统的再设计能力得到良好的训练。

日臻成熟的直觉

在创造性阶段，我们能够更好地进入直觉，更愿意相信直觉，也更能平衡直觉与理性的关系。在整合性阶段，直觉日臻成熟，成为一项强大的技能。复杂性与理性时常背道而驰，因此我们经常需要用直觉性的洞察力来找到撬动系统的杠杆点。整合性领导力在将理性发挥到极致之后，选择相信自然涌现的直觉洞见来面对未解决的创造性张力。

整合性领导者常常创造出在别人看来不可思议、近乎魔法的成果。形成这种整合性魔法的创造力源自对系统直觉性的洞察——受高度发达的直觉所支持的系统意识和愿景。

看见完整的意识发展光谱

整合性领导者现已了解了整个心智发展轨迹。他们已然经历多次蜕变式的转变。现在他们可以回首过往，包括自己从反应性心智进入创造性心智的时刻，以及向整合性转变的历程，也可能高度的自我觉察力告诉自己正在经历又一次蜕变。他们现已了解这一进阶式发展过程及其各个发展阶段。在经历整合性阶段之前的各个阶段时，他们总会认为更早之前的那些阶段尚不成熟，之后这些尚未经历的阶段又与自己无关——不在"现实世界"中。在某种程度上，这一点限制了领导者在领导力发展的早期阶段发挥领导效能——他们太过轻视其他发展阶段所能引入的不同视角，以至于无法优化集体效能和智慧。整合性领导者更有能力如柯维所说的"先试着理解"（Covey，1989），或如彼得·布洛克所说的"相信别人采取那样的观点自有他的道理"（Block，1987）。这使得整合性领导者能够与各种类型的人（心性型、头脑型和意志型）及各个发展阶段的人高效合作。

理解领导力发展的轨迹可以帮助领导者更高效地引领和指导变革。他们一旦对领导力发展的疆域地图了然于胸，就可以成为能干的导师，指导他人穿行其中。他们既可以辅导那些受限于反应性假设、信念和观点的领导者，也能够支持创造性领导者向整合性心智转变。在全景领导力测评工具中，"辅导与培养"是与领导者所处的发展阶段相关性最强的维度之一。整合性领导者是很好的导师。

整合性领导者还可以解决处于不同发展阶段的人们之间难以避免的冲突。如果处于相对早期阶段的人会排斥或忽略其他阶段，那么处于不同发展阶段的领导者在共同面对复杂问题时，就会不可避免地产生冲突。这些领导者身处不同的"现实世界"，往往无法理解对方眼中的"现实世界"，并因此认为对方的观点无关紧要、不予理会。整合性领导者会不动声色地斡旋于不同发展阶段的人们之间，搭建理解的桥梁。他们构建并维系了一个极其高效和智慧的互动场域。

整合性领导者也了解意识与组织结构和文化之间的关系。因此当引领系统性变革时，他们会确保新设计实施的系统适合内部领导者的意识水平，不会设计出大大超乎领导体系消化能力的东西。他们把控时间节点，逐步实施系统性变革，推进的节奏既足以激发其他领导者进化，又不至于太快使组织陷于失败当中。他们知道领导者塑造文化，所以他们很容易投身于领导力发展的议题中，将培养领导体系的系统化做法作为改变业务结构、提高业绩的一个有机组成部分。

抱持无解、冲突和张力

引领系统性变革需要领导者能够从容应对高度的冲突、张力、模糊和无解状态。整合性心智可以在一段持续的时间内抱持高度对立面之间的张力，从而允许利益攸关的各方针对复杂性问题展开对话，形成突破性、四两拨千斤的解决方案。这些解决方案通常采用精心设计的系统性干预措施或者是在系统结构上进行设计更新。这些结构性突破帮助系统自行发力，从而使系统各个部分都能蓬勃发展。

如前述章节所述冗余极性问题包括多组相互依赖、相互冲突的对立面，必须同时加以解决，整个系统方可在较高水平上洽切运行。想要持续引入撬动作用明显的变革来消解复杂性，心智复杂度最低也要达到整合性阶段，部分原因在于它有能力抱持张力中的对立各方。整合性心智能够抱持相互冲突的不同愿景和观点，不会坚持一方并排斥其他各方。它把冲突的对立双方看作一种健康的创造性张力，并有能力从这种张力中（正反论题之间）统合出一种更高阶的解决方案，形成共赢局面，实现各方的良好意图。

存乎中，形乎外①

有能力从容应对大型冲突、对立的愿景和张力中的冗余极性，而不是做出被动反应，试图解决问题，或将其变成一场输赢之争，这种能力在整合性阶段达到顶峰。处于这一阶段的领导者之所以能高效、熟练、明智地做到这一切，是因为自我已然经历了又一次蜕变、又一次身份认同上的深刻的内在转变，其内在游戏已经从由内及外转变为对立的生态体。

内在游戏的转变之所以发生是因为内在游戏必须进化，以便领导者能够在复杂和无解的僵局中发挥领导作用。如果领导者想要与时代同步、保持高效领导力，必须不断完善其内在游戏和外在游戏，以便跟上不断升级的复杂性。在外在游戏中，当上升流吸引领导者进入并服务于更大的系统时，内在游戏需要做出相应的和相称的转变。对于那些需要在外部世界应对巨大冲突和张力的领导者来说，他们必须在内心世界完成这一转变。

每个作用力都有一个大小相等、方向相反的反作用力。因此，内在世界必须与外在世界的上升流中向上的拉力相匹配，下降流因此也必须走得更深。正如一家大型领导力咨询公司的首席执行官在一次会上跟我们说的："首席执行官必须是组织当中最具自我觉察力的人。想要走得更高，你就必须走得更深。"因此，下降流会落入阴影部分，进入跟自己想象中完全相反的那部分自我。自我身份认同受到挑战，这要求我们更能扩展和应对内在冲突、对立面和内心无解的困境。外在世界跟内在世界也是一样的情况，当我们能够抱持和整合内在无法解决的对立矛盾时，在外就可以抱持更宽广的组织系统乃至整个世界。

下降进入阴影部分是一项艰巨的工作。这是英雄的第二段旅程，也是一个死亡—复活的过程。死去的部分是创造性自我——真实、富有使命与

---

① 出自"翡翠石板"，公元前 3000 年的古老智慧记载。原文为"As above, so below. As within, so without"，中文意思是"上行，下效。存乎中，形于外"。这是西方古老智慧与中华传统文化比较暗合的部分。——译者注

愿景的自我开始分解，这并不是说我们失去了这部分能力和属性，虽然看起来好像如此；相反，我们超越并包容它们。我们失去的仅仅是一个身份，一个代表着真实的、富有愿景的自我身份认同。当创造性自我开始注意到它不仅是那部分自我，也包含着对立面的自我时，那个来之不易且久经考验的真实和富有愿景的自我开始在这一阶段的边缘分崩离析，创造性自我破碎成多个自我的生态体。

对立面的相遇

罗伯特·凯根（1998）用圆柱体来形容这种转变。在创造性阶段，我们将自己视为一个垂直站立的独特的圆柱体。就像武术家的招式要跟着身体中线走一样（围绕身体的垂直中心线或者"Hara 线"①），在创造性阶段，自我身份是以来之不易的"本真性"为中轴的。在整合性阶段，我们注意到圆柱体的空间是由柱体两端的两个孔界定的。我们的身份认同从"我是这个独一无二、奇特真实的自我"转变为"我中有很多个自我，我是一个身处对立张力中的生态体"。我们意识到圆柱体的两端都是我，我们既是那个本真的自我，也是它的对立面。在这个阶段，杰基尔遇见海德，男性遇见自己内在的女性（反之亦然），圣人遇见罪人，更加真实且富有愿景的创造性自我遇见阴影部分的自我。

你可曾问过我，我想要的是什么

鲍勃：我至今还记得自己开始向整合性心智过渡的标志性一刻。多年前，作为一名经验丰富的咨询顾问，我开始开创自己的事业，帮助组织打造高参与度、赋能授权的领导力文化。就在那时，我跟自己内在的控制欲

---

① HaraLine，玄学中定义的一条类似激光的线，它与我们的身体垂直，肉眼看不见，据说大约有三分之一英寸（1 英寸＝2.54 厘米）宽。从头顶上方 3.5 英尺（1 英尺＝30.48 厘米）处开始向下延伸到地核。——译者注

相遇了。一天，我在办公室里为公司制定了一个崭新宽广的愿景。作为这家企业唯一的经营者，我都是自己做这件事的（我教导自己的客户不要这样做）。这一可能的业务发展前景令我大为兴奋。芭芭拉（Barbara）是我关系很好的同事，我就给她打电话，跟她分享我激动的心情，请她帮忙来实现这一愿景。我在电话里滔滔不绝地说了 10 分钟才注意到她一言未发；电话那头一片寂静，我停下来道："芭芭拉，听起来你并不怎么兴奋。"

芭芭拉一向长于直言不讳。她说："不兴奋。"我问："为什么？"

她说："这是你的愿景。"

我说："我知道这是我的愿景，但你为什么不兴奋？"

她说："鲍勃，想想看，这是你的愿景，从头到尾都是你的。咱俩合作这 5 年来，你可曾问过我，我想要的是什么？"

我很震惊，匆匆挂了电话。我知道她一针见血地指出了我领导力中的大问题，这让我很生气。当时我正在练习如何驾驭自己的下降流。于是我坐下来，拿出一个记事本，奋笔疾书写下我处于愤怒反应时的每一句内心独白："我绝不可能把公司交给他们这样的人！他们压根不知道该怎么打理生意，肯定会把这事搞砸的。我未来的财务收入全靠这家公司，如果放手给他们去搞，很大概率就会完蛋。生意会搞砸，我会一败涂地，这是我无论如何不能接受的。"

在回顾自己写下来的东西时，我意识到自己其实跟那些我"力图纠正"的控制欲很强的经理们没有任何区别。在职业生涯中，我一直对自己的问题视而不见。我让领导者们看到他们不该采用强控制的做法，却没有注意到其实我跟他们一样——我把自己的阴影部分投射到他们身上——让他们承认错误，只是因为他们扮演了我不愿承认的那部分自己。我遇到了敌人，那就是我自己。

我花了几年时间来整合自己的这些学习和收获，之后在很多方面变得更加高效，特别是在给强控制型经理们做咨询的时候。我不再把他们当成需要解决的问题，反而只是笑着说："哦，你也这样吗？欢迎加入我们的俱乐部。"当我开始接纳自己的阴影部分时，我对别人身上的这种特质就更能接纳了。一旦有了自我接纳，控制型的特质就不再需要生活在阴影中，而是可以融入我，令我成为更加高效的领导者。并且，随着我在蜕变之旅中不断进步，我还能收获这份之前隐藏在阴影中的力量所带来的天赐好礼（控制者的天赋）。

阴影有时被称为我们自己看不见的那部分自己。因为我们看不见它（受制于它，尚不能将其作为反思和自我管理的对象），就说它处于阴影之中。但我们对此并不认同。这种定义方式会把构成反应性心智的核心身份信念也划入阴影的范畴，因为反应性心智看不见自己的核心信念。这歪曲了荣格所说的阴影。这些核心身份信念构成了反应性层面身份或自我的内核，阴影指的是处于对立面的那部分自我。荣格将阴影定义为我们所做选择的对立选项（Jung，1976）。在心理学的算法里，阴影是这样运作的：如果我们认定 A 是好的，那么 A 的对立面 Z 就是坏的。如果 A 让我们感觉自己有价值，Z 就会让我们丧失价值感。如果 A 让我们感到安全，Z 就会让我们感到不安全。有了这种内在的算法，我们如果认为自己是 A，就会拒绝 Z。Z 一类的特质在我们身上没有容身之地，就会遭到我们的否定和拒绝。它们被推入阴影中，假装在我们身上不存在。这才是荣格对于阴影的定义——所有被视为与自我身份核心相对立的那部分自我。

荣格还说，阴影中蕴藏的多是纯金，意思是说，大部分被我们拒之门外的东西是我们自身拥有的优势，对此我们既不自知，也不愿接受。收获阴影部分的果实意味着重新拿回这些被摒弃的天赋和优势。在从反应性心智向创造性心智的转变中，我们放下了核心的自我限制性假设，代之以更为赋能的假设，从而使创造性、自主导向的领导得以涌现。在从创造性心智向整合性心智的转变中，我们下潜进入自己的阴影部分，在被拒绝和被否认、自认无法接受甚至可鄙的那部分自我上下功夫，这种做法极其赋能，因为这释放和培养了更多的天赋和优势，从而对那些正在创造性阶段盛放的天赋和优势形成有力的补充。

通用领导力模型的阴影部分

通用领导力模型旨在帮助领导者洞察自己的阴影里有些什么，前提是他们已经准备好从创造性心智走向整合性心智。一个处于整合性心智层面的领导者，其测评报告大致如图 12-3 所示。

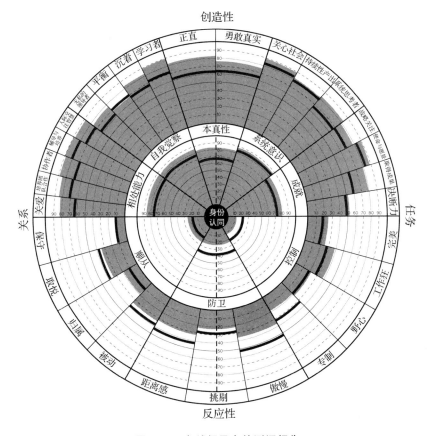

图 12-3　卓越领导者的测评报告

这位受评估的领导者在先前有关领导力发展阶段的研究中被认定为不同凡响，其 LQ 为 9.0，在体现整合性领导能力的各个维度得分甚高，比如，"系统意识""学习者""无私的领导者""关心社会"等。整合性领导力在应对复杂情况时极为高效，因为它具有更加系统化、巧妙、复杂和强大的能力。

报告中圆的下半部分旨在展示对阴影部分的洞见。卓越领导者的报告之所以非比寻常，部分原因便是没有阴影。整合性层面的领导者已经收获了很多阴影部分的果实，因此它们可能已不再体现在报告中，而其他很多人的报告则并非如此。

这三种类型（心性型、头脑型和意志型）被纳入全景领导力模型下半部分的反应性区域中。每种类型都依托各自的优势构建起核心身份。反应性信念认为具备这些优势等同于优秀、正确、安全，有成就和有价值。这种将天赋与安全和身份挂钩的做法导致某些特质被强行过度开发，有些则开发不足。那些开发不足的优势被遗留在阴影中。

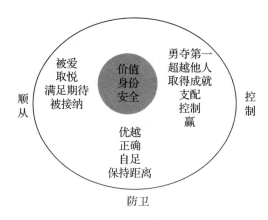

图 12-4　呈对立关系的三种类型

在图 12-4 中，"顺从"和"控制"位于相对两端是因为它们结构相同，镜像相反。之所以结构相同是因为它们的核心信念等式具有相同结构，身份＝X；而之所以镜像相反是因为它们各自在等式里填充的 X 截然相反。

顺从型的人认为具有良好的人际关系可以让自己感觉良好，安全和有价值。他们让渡权力以换取安全感，生怕施展力量给自己带来危险。他们不愿行使意志和力量，觉得这样太过危险、不可信赖、麻烦和自私，因此不可取。力量所带来的优势因无法开发而匍匐于阴影之中。

控制型的人掌握力量往前冲，以便赢得胜利取得成功。他们相信：力量赋予我安全，取得成果让我感觉良好、有价值感。他们以此证明自己正确、优秀、安全和有价值。因此，他们规避任何可能削弱自身力量的东西，尤其是人际关系：人际关系柔软又脆弱，所以很危险。它们消耗我的力量，令我无法更好地打造能力获取成果。丧失力量令我软弱且无法接受，这很懦弱，因此不可取。人际关系方面的优势作为对立面被认为不安全，不合规矩，因此无法得到良好的开发和认可。

阴影间的对抗

在跟高管团队一起工作时，我们会问他们："控制型的人怎么看顺从型?"我们马上就可以听到一长串的贬义词：窝囊废、懦夫、好欺负、软弱、不靠谱等。我们反过来再问："那顺从型的人怎么看控制型呢?"于是我们再次听到一长串的贬义词：野兽、控制狂、混蛋、飞扬跋扈等。大家都被逗得开怀大笑，但心里明白这或多或少确实是心里话。

这样的相互谩骂（阴影间的对抗）时刻都在发生。在之前讨论不同类型间的动力模式时，我们看到肯和杰克之间你来我往打得不可开交。杰克眼中的肯一无是处，是个没用的窝囊废。肯骂杰克是野兽，是一头整天坐在会议室里捶胸顿足的长毛大猩猩。他们之间关系很差——这是一个典型的例子，表明了具有浓重阴影的对立类型相互之间很不信任。

"防卫"没有对立类型，因此被置于圆的正下方。防卫型在保持中立的同时，追求理性带来的安全感。无论是人际关系的柔软还是掌权的风险中所蕴含的脆弱感，都令他们感到恐惧。防卫者所摒弃的对立优势可能来自关系，也可能来自意志力，或者两者兼而有之。因为"防卫"处于中间位置，它要么把能量引向"顺从"，要么引向"控制"。如果引向"顺从"，力量优势就得不到开发只能遗留在阴影中；如果引向"控制"，关系优势就得不到发展只能遗留在阴影中。防卫—顺从型通常会远离因追求成果而带来的风险。防卫—控制型则倾向于回避在人际关系中打开脆弱的一面。防卫者如果同时否认关系和力量，那么他基本上处于游离状态，独自生活在理性的象牙塔中，既不信任顺从型，也不信任控制型。

每种类型各自不同的身份构建方式，以及各自留在阴影部分尚待开发的东西（而且因此不信任其他类型的人），导致组织中硝烟弥漫。当我们看到自己内在对立的部分被别人施展出来时，双方阴影间的对抗就开始了。我们很容易就会在相反类型的人身上看到所有那些我们认为不合规矩的特点。这令我们在某种程度上无法接受，不信任感油然而生。对立双方很容易相互激发被动反应性倾向，以至于一起共事时很容易陷入无效合作模式。顺从型的人认为控制者正在出演被自己摒弃的那部分自我——那样做不合规矩、危险，很不好。控制型的人回望顺从者时也有同样的看法，顺从者做事的立场在控制者看来会把自己搞死。每种类型的人都认为跟自己相反的做事方式很危险，不负责任，不合规矩。每种类型的人都极度不信任而且看不上对方。

阴影间的对抗可能会导致激烈冲突，就像肯和杰克的例子那样，也可能是私下猜忌暗流涌动。无论是哪种情况，代价都极其昂贵，集体效能受损，集体智慧降到最低，无法形成持续撬动复杂系统的杠杆作用。在整合性阶段，我们开始在自己这些尚未整合的方面下功夫，并能更加高效地与不同类型的人共事，这使我们能够高效地引领包含冲突和对立张力的复杂系统。

阴影的标示

某种类型的阴影动力模式在一个人的内心强烈上演，并主导了领导者的领导风格时，就会在测评报告中体现出来。测评报告"旗帜鲜明地标示出（指出）阴影部分"。玛丽·史密斯（Mary Smith）的测评报告（见图 12-5）就是一个很好的例子。

正如你所见，玛丽的测评报告以反应性为主。她是典型的控制—防卫型，其领导风格也反映了这一点。玛丽高度认同自己必须取得成果，为人处事充满理性的自我防卫。人际关系则处于阴影之中，这一点从报告的两方面可以看出——"相处能力"和"顺从"的得分都很低。在全景领导力测评模型中，当一种反应性模式与其对立面相比得分很低时（正如玛丽的测评

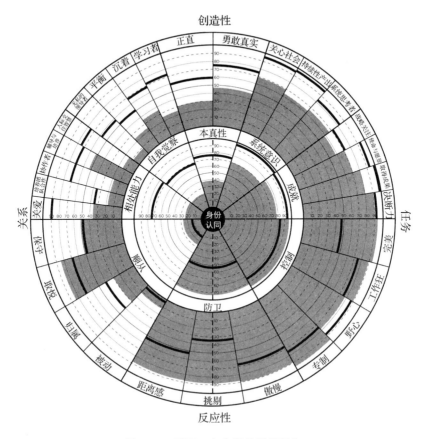

图 12-5　玛丽·史密斯的测评报告

报告所示），低分项可能是一项阴影——被摒弃的对立优势。玛丽强行过度开发了自己的任务驱动结果导向，并且主动推开生活中柔软的一面。这就是玛丽内心的自我阴影动态。

玛丽在被解雇一年后找到我们。在上一份工作中，她成功地带领一家大型企业扭亏为盈。公司为表彰玛丽的成功举办了一个庆功宴，第二天却二话不说地解雇了她。玛丽花了一年时间想要搞清楚到底发生了什么事情。在找我们之前，她已经接受了来自一流大学高管培训项目安排的四项360度评估。鉴于大部分的领导力培养项目更注重技能培训，玛丽从中收获甚少。在接受了全景领导力测评之后，她说："我终于知道当初是怎么回事了，他们解雇我是对的。"玛丽开始对自我和个人领导力有了更深入的认识。

当时玛丽正处于从反应性心智向创造性阶段过渡的探索中，当务之急是帮助她看到自我身份认同的主体和反应性心智的本质，在那时我们指出并探索在顺从维度所标示出的、被她摒弃掉的阴影部分并不合适。对于当时的她来说，能够看到自己的反应性心智、控制—防卫型倾向、背后驱动它们的信念，以及如何可以更高效地为人处世和开展领导工作，就已经足够了。这一发展性洞见足以改变她的生活。而对于一些已经在这条发展之路上走得更远的领导者来说，就测评报告中的阴影部分开展对话将很有帮助。

鲍勃：最近有幸给约翰(John)解读全景领导力测评报告。约翰是一家全球性大型咨询公司的高级合伙人。我在见面前一天晚上看了他的测评报告。他在创造性部分得分很高——圆的上半部分几乎全部填满了。他在完成任务和人际交往方面能力很强，评估者们评价他是一位相当高效的领导者。他的报告跟玛丽颇有几分相似之处，圆的下半部分有浓重的反应性倾向，表现最突出的是"控制"和"防卫"维度(野心、专制、傲慢和挑剔)。他在"顺从"维度也有阴影标示，这一点跟玛丽也很像。

约翰的测评报告中不同寻常之处在于，他在"控制"和"防卫"维度的高分并未影响"相处能力"或圆的上半部分的其他能力。我对如何向他解释这一点略感困惑，我内心有了一个假设：他的创造性能力都这么强了，其实已经不需要这些反应性倾向了，只不过他依然太过频繁地求助于这些倾向。他可以放弃这些旧有的领导力行为模式，相信创造性能力不仅可以支撑自己，而且其表现将远胜于反应性倾向。放手可以令他提高效能；他不再需要它们了。

这是我对约翰的测评报告的第一感受，我不太踏实，于是决定先睡一觉，第二天早上再研究一下。当再次研读他的报告时我突然灵光一现：这次对话不是关乎从反应性向创造性的转变，而是一场关乎整合性蜕变的谈话。于是我把重点更多地放在解读报告中"顺从"维度极低的得分上。我不知道自己是否会提及此事，但已经准备好谈及报告中这一潜在的阴影要素。

这场谈话非常棒。像其他许多杰出的领导者一样，约翰积极参与，充满好奇，乐于接受反馈。我们讨论了我最初的假设，即他可以放弃控制和防卫策略，相信自己的创造性能力已然完备。他意识到这么做可以让自己更加高效。我们讨论了一些事例，看在哪些情况下他可以试验更有效的做法。他觉得这次谈话很有见地，很有帮助。

随后他问我："鲍勃，这个报告里还有什么其他东西需要我关注吗？"

直觉告诉我，是时候跟他谈谈顺从维度阴影标示的话题了。我说道："你在顺从维度极低的得分是一个阴影标示。"

"什么意思？"他问道。

我跟他解释阴影的含义及低分可能对他意味着什么，他并不觉得有多大帮助。我尝试对这样的得分做出了几种解释，但从他的回应中可以看出意义不大。在此过程中，我突然灵光一现，知道自己该说什么了，虽然这有点冒险。在穷尽各种解释毫无进展之后，我对他说："我打算冒个险，虽然不知道这对你意味着什么，但这是我当下的直觉——在你的内心有一个美好、温柔、善良的小男孩受到了伤害，你不想跟他再有任何瓜葛。"

他沉默了一会儿，然后说："我完全明白你的意思。谢谢。这对我很有帮助，我也知道自己该怎么做了。"

收获阴影部分的果实

两年后的一天，我和约翰在澳大利亚悉尼共进晚餐。在问及那次报告的解读时，他告诉我那次谈话深刻地改变了他的人生。不久后，他就找到一位这方面的世界顶级顾问，一起做了大量的功课来处理自己的阴影部分。结果就是他变得更加自由、快乐和高效。他说现在他能充分运用自己柔软、感性、脆弱、高情商的那部分自我，而这是之前他所摒弃的，因为他认为这么做是软弱、无关和无效的象征。我俩之前那次谈话对他的生活和领导力产生了深远的影响，他对我深表感谢。

当我在悉尼见到约翰时，他正走在收获阴影部分的果实的路上。潜入阴影部分意味着进入我们内心未完成的一切，这就如同打开潘多拉的盒子，同时这也是一个深不见底的湖泊。在讲述英雄之旅的史诗故事《贝奥武夫》中，这样的阴影被浓墨重彩地描绘为格伦德尔（Grendels）居住的湖泊。（Heaney，2000）

"他们生活在一片秘密的疆域。悬崖上狂风呼啸，狼群出没，湍流从岩石间奔泻而下，在大地深处泛起洪流。湖面上方的树林挂满霜雪，盘根错节，蜿蜒而下遮住水面，湖上一片漆黑。夜间的湖面上鬼火粼粼。湖水深不见底，人类的智慧从未抵达这样的深度。一头处于猎犬围剿中的双角丫杈的雄鹿，穿越森林逃来此地，宁肯死在岸边也不愿跳进这样的湖里逃生。这片湖区离此地不远，亦非什么福地。"①

在阴影部分下功夫并有所收获是英雄之旅的第二站。肯·威尔伯将整合性阶段称为半人马阶段（Wilber，2000）。半人马是希腊神话中半人半兽的形象。在整合性阶段，我们会把天性中的对立面表现出来，重新研究被压抑的那部分自己，其中很多是跟我们自身类型相反的属性，但在阴影中还有更多东西，所有这些都被认为是不可接受的。其中大多与我们的动物本性及其欲望有关，这些欲望似乎都来自我们身体的下半部分，就像半人马那样。

那位保险推销员身上存在着金钱方面的阴影："我这辈子接受的教导都说有钱是不好的。"金钱、性、权力、脆弱和亲密关系常处于阴影部分。我们在潜入格伦德尔居住的湖底时，并不是在所发现的物品中挑挑拣拣，而是照单全收。据约翰所言，这也是他在自己的阴影部分做功课时所面临的情况。他发现自己的内心有很多个自我：有的想去爱，有的想杀戮；有的关心别人，有的漠不关心；有的阳刚，有的阴柔；有的要和平，有的要战争；有的寻求宽恕，有的想要报复。这些对立的自我一直在我们的内心相互撕扯。意识到我们每个人的内心都有很多个自我相互激烈竞争，并调

---

① 选自《贝奥武夫》，译者谢默斯·希尼（Seamus Heaney）。@2000 谢默斯·希尼版权所有。美国诺顿出版公司（W. W. Norton & Company Inc.）许可使用。

和这些对立面，是整合性阶段的功课。

就如同森林是一个生态系统，整合性自我是由对立各方形成的生态体。多样性使得森林蓬勃生长，这种多样性充满了对立性张力。森林中的一些物种正在茁壮成长，另一些则或共生或寄生于前者的成长中。还有一些物种吞食死去的生命，食物消化后的排泄物又为新生命提供了养分。这是一个生态系统，死亡与生命在其中相互依存，激烈共存。正是这种对立各方之间的相互依存使得这片森林如此坚韧、健康和生机勃勃。整合性心智也是一个由对立各方形成的生态体——光与影、男和女、朋友和敌人，这正是它如此高效和强大的原因之所在。要想充分体现整合性自我的全部力量，我们就要拥抱这种内在的多样性。阴影部分的果实可以而且必须得到收获。

创造性自我在第一次遇见阴影部分的自我时会深感震惊。然而，这种相遇并不意味着要对抗或摒弃自己的内在对立面。尽管在向整合性转变的早期阶段，我们确实可能这么做，因为阴影部分的自我是最不受欢迎的客人。然而，随着转变进一步发生，而且客人也拒绝离开，新的可能性开始打开，我们开始接纳和整合被否定的对立面，从而进入更高层次的自我建构，成为整合对立各方的生态体。要做到这一点，我们需要更加宽广的自我接纳和悲悯来应对这种对立面的相遇。

里尔克在其诗作的最后一节深刻表达了整合性自我的勇猛、力量和美丽（Bly，1980）：

> 我是两个音符之间的静默，
> 不知何故它们总是彼此交恶，
> 因为死亡的音符总想凸显，
> 却在沉闷的间隙中颤抖着，
> 彼此和解。
> 歌声还在继续，美妙依旧。

从诗中你可以听出里尔克如何娴熟地驾驭转变中的上升流和下降流。当他说这两个音符"不知何故总是彼此交恶"时,你可以从这句自白中感受到他对自己的悲悯。里尔克还表示,整合性自我既非试图修复自己,亦非试图消除自我的对立面。他揭示了整合性发展的惊人之处:收获阴影部分的果实远比修复和改进自我要优雅得多。对于那些永远无法完成的功课,我们要做的是和解、宽恕和悲悯。里尔克发现,就如同森林一样,局部即整体。"歌声还在继续,美妙依旧。"

"歌声还在继续,美妙依旧"有多个原因:首先,正如荣格所说,阴影中蕴藏的多是纯金——它们是有待收获的天赐好礼;其次,生态化的整合性自我更有能力服务、治愈和完善更大的系统。下面我们就从这两个方面展开探索。

发展路径——阴影中的天赐好礼

让我们回忆一下,如图 12-6 圆中所示,通往创造性心智的发展路径是笔直向上,而非斜线穿越式的。

我们不会要求领导者立即着手在对立面①上有所发展,那会是一条阻力最大的路径,因为它刚好穿越阴影区。

人们一般会给像玛丽这样控制欲很强的领导者开出什么样的处方呢?典型的做法是送她去学习如何增强个人魅力,努力帮她变得更加友善和温柔。这样做是在努力帮她克服弱点而非充分发挥其优势。这等于是要求玛丽直接进入自己的阴影部分——而这恰恰是她最不信任自己的一面。她绝对不会答应这种做法。既然玛丽对成果的关注根深蒂固,我们和她的对话就要围绕着成果进行。我们要做的是帮助玛丽理解"控制"和"成就"之间的区别。如果能帮助玛丽将禁锢于反应性结构中的优势和天赋释放出来,与这些优势发展出更加成熟的关系,她就会成为一位极具创造性的成果导向的领导者。如此她便会从控权转为分权。玛丽会对自己心之所系的组织使

---

① 斜上方——译者注

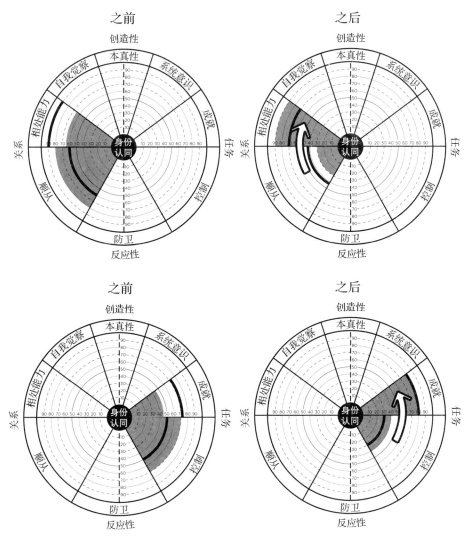

图 12-6　发展路径

命与愿景有更透彻的看法，然后尽量争取让大家和她站到一起，并与关键利益相关方达成一致。她会围绕自己取得成果的热忱来打造人际关系。对于玛丽来说，这是激发她的创造性心智阻力最小的发展路径。这方面的练习一旦成熟，就有望继续前进到整合性阶段，此时玛丽将更能直面之前被她弃之如敝屣的对立面的优势。她可以更好地深入自己内心柔软和脆弱的部分，带领内在的天赋走向成熟，成为一位更加非凡和高效的领导者。

　　无论顺从型、防卫型还是控制型的领导者，都适合采用这种阻力最小的发展路径。顺从型的人先朝"相处能力"发展，然后再循序渐进地培养诸如进取和力量等之前被摒弃的优势。防卫型的人先朝"勇敢真实"发展——学习如何心怀敬畏并大量揭示真相，这样做能帮助他们收获诸如"觉察"（包括自我觉察和系统意识）和"本真性"等创造性优势。之后随着整合之旅的展开，再进而培养之前被摒弃的优势（或甘冒风险运用力量，或勇于面对脆弱的人际关系）。整合性自我曾经在心智层次进化（从反应性到创造性的转变）中收获了自己的主导天赋，现在再次在心智层次进化（从创造性到整合性的转变）中收获了对立面的天赋。

　　从表 12-1 中可以看出，整合性领导者现已完全具备了高效领导所需的所有天赋、优势和能力。优势被锤炼成更高层次的能力，不再受阻于反应性限制或阴影部分的负担，这使得他们能够因不同情况随心所欲地调动相应优势。这些领导者可以随时随地根据需要调用任一能力，而且方式独具匠心、高雅且娴熟，他们因此成为极其高效的领导者。

表 12-1　收获阴影部分的果实

顺从	认领你真正的天赋	收获阴影中的果实
保守	忠诚于组织宗旨，积极捍卫组织的价值观，传承组织财富。	挑战现状；持续改进。个人和组织持续拓展新机会，再创更高绩效。
取悦	爱自己和他人，愿意奉献自我，服务他人。	勇于说不，自信，立场鲜明，不介意自己是否受人欢迎。
归属	积极参与社区和组织建设，坚守使命。	独立，即便所倡导的方向与现状背道而驰也勇于坚持。

顺从	认领你真正的天赋	收获阴影中的果实
被动	服务为本，不执着，默许他人满足需求，随遇而安，无我。	追求成就感并乐在其中。自信，为自己和组织的未来积极发挥创造力，起到引领作用。

防卫	认领你真正的天赋	收获阴影中的果实
距离感	通过超然、留意和反思获得智慧。	积极参与，自信，坚定，成为团队中的活跃分子。
挑剔	通过探询和挑战受限的思维辨别真相。	支持和鼓励他人，设身处地地重视对方利益。
傲慢	不需要揽功的人格力量，指导他人成为他们自己生命中的"大人物"。	无我，甘愿默默无闻，帮助他人成就伟大。

控制	认领你真正的天赋	收获阴影中的果实
完美	在不断追求持续改进和接纳事物或人的现状之间保持平衡。渴望创造卓越成果。	对自己和他人温柔以待，接纳自我和他人，不执着于结果，退居幕后给他人以学习和成长的机会。
工作狂	愿为自己热爱的事情努力和冒险，竭尽所能实现你最深切的渴望。	更高的接受度。慢下来，留出时间反思和刷新自我，将体悟的智慧化为行动。
野心	渴望创造卓越成果，精力旺盛地追求有价值的成果。	忠诚的友谊，相互合作，建设相互关系，退居幕后给他人以学习和成长的机会。
专制	运用个人优势、毅力和影响力提供服务。即便饱受争议依然诚实正直地做好当做之事。	敏于体察自己和他人的感受，尊重和关心，愿意体验和分享亲厚关系所带来的脆弱感，忠诚的友谊，相互合作。

勇猛的悲悯，与敌人共舞

整合性自我既勇猛又极富悲悯之心。这种勇猛的悲悯富含治愈作用。大卫·怀特说："刀刃如此锋利，一刀下去不是切开而是切合。"（Whyte，1992）向整合性转变的内在功课关乎阴影部分——将阴影部分的要素整合成一个更大、更具包容性的自我建构。我们只有在极度诚实、心怀自我悲悯和宽恕时，才会发生这种"切合而非切开"的情形。正是这种对自己内心冲突和无解状态真诚的自我悲悯，才使得领导者能够以平静、宽容和慈爱的宽恕来抱持外部世界相互矛盾的愿景和冗余的极性对立。现在这种满含着勇猛悲悯的领导力已经成熟到足以召集具有利益冲突的各方人士进行对话，这当中所体现出的宽容、紧迫、接纳、决心、宽恕、谦逊和勇气，足以令更高层次的系统性解决方案得以涌现。进入这一发展阶段的领导者，有能力整合生发出高水平的集体效能和智慧。结果就是，新的可持续的未来愿景，以及实现这些愿景所需的系统化设计创新将会自然涌现。

当阴影部分被重新整合时，领导者不再把跟自己有所不同或持有不同愿景的人视为敌人。这种满足自身内在系统的显著的多样性、冲突和分裂的能力，成为领导者在超越自我的更大系统中系统性地满足和治愈外在多样性、冲突和分裂的能力。

整合性领导者有能力应对和治愈巨大的系统性分裂、失调和冲突，原因有二。首先，系统和自我密不可分。大多数领导者常会发起变革，他们自身却不会因此作何改变，原因是在心智发展的早期阶段，他们认为自己独立于系统之外，是解决系统问题的良药。整合性领导者将发生在"外面"的无解、冲突和功能失调视为一面镜子，映射出来的其实是在"我这里"的一切。"我是我试图改变的系统的一个缩影。因此，最需要改变的是我自己。"能够看见系统与自身的变革需求唇齿相依是一种能力，正是这种能力使得整合性引领的变革举措得以成功，切实获取预期成果，并随着时间推移继续保持这种绩效转变。

整合性领导者能够成功引领系统性变革的第二个原因是，他们不再投射自己的阴影部分。阴影投射现象在人际关系、团队动力、组织动力和世界政治中一直持续发生。我们在别人身上看到我们自己投射的阴影，并因此将对方视为敌人，却没有看到我们个人或者集体的阴影造成的所有伤害。阴影投射具有内在的分裂性，会侵蚀信任，降低集体效能和智慧，进而造成危害。我们经常在一国政府内部和各国政府相互交往中看到这种情况——诋毁对手，尽管双方与当前的异常局面都摆脱不了干系，却都视而不见，不肯承认。所有这些都是阴影部分的投射，它正在世界范围内造成可怕的破坏。

除非大权在握的领导者进化到整合性领导力，否则我们不太可能解开当前面临的全球性危险的复杂症结。反应性心智阴影部分太重，因此它不认为自己对这些问题也负有责任，问题都是别人造成的，在它眼中到处都是敌人。反应性心智的目的在于纠错，所以其基本动能是改造你，纠正你或摧毁你。凡是问题就都要消灭。

创造性心智尚且看不到自己的阴影部分。不过，它已经不再以修复和消除问题为导向，而是大力推行自己的愿景。对于创造性领导者来说，对立各方的冲突更多地表现为努力说服对方自己是对的，注意不到对方观点也有合理性，而且那份合理性可能就驻留在自己的阴影部分中。因此，无论是反应性领导力还是创造性领导力都不够成熟，无法抱持对立冲突之间的张力以待打破僵局的那一刻浮现。我们只有在能够整合自己的阴影部分时才能做到这一点，这意味着我不再把你当成敌人。我先拿掉自己眼中作梗的木梁，好好看清你。"你不是我的敌人，你不过是我讨厌的那部分自我的一个忠实写照。你和我，我们之间并没有那么大的差异。我不过是整个系统的健康与失调的一个缩影，你也一样。因此，我跟你其实很像，尽管我不愿承认这一点。我已经与敌人短兵相见，而敌人就是我们自己。我们自身既是问题的一部分，也是解决方案的一部分。想要促进变革，我自身必须做出改变，这是最重要的。欲变世界先变自身。"如果敌对各方能够带着整合性层面的觉知坐在一起，和平就会骤然降临。

变革为何如此艰难

在本书中，我们一直在不断探究和回答这个问题。领导复杂的系统性变革需要领导者具有与之相匹配的心智复杂度。

大多数组织都面临着从家长制向伙伴关系转变的挑战。（见图 12-7）在这一转变过程中，那些身居高位、大多属于控制型的人，被要求分享权力、放弃控制（这是他们可以想见的最可怕的事情）。他们把控制权交给谁？顺从型的人。顺从型代表的特质恰恰是控制型的阴影部分——这是他们最不信任的那部分自己。顺从型的人面临的挑战是接手权力，承担更多风险

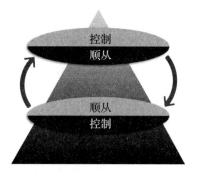

图 12-7　家长制中的阴影部分
——变革中的挑战

（这是他们可以想见的最可怕的事情）。他们必须和谁一起掌权？控制型的人。控制型代表的特质恰恰是顺从型的阴影部分——这是他们最不信任的那部分自己。想知道转变为何如此艰难？在从家长制向伙伴关系转变的过程中，每个人都需要升级自己的内在操作系统，这是每个人的发展议题，否则我们就会串通一气回归既往状态。

整合性领导力的当务之急

在本书中，我们探讨了领导效能和经营业绩、技能精湛和心智成熟、精通外在游戏和打磨内在游戏成熟度之间的关系；解释了为什么个人和集体心智复杂度的进化必须同步于外界变化的步伐和复杂度的攀升，唯此才能与时俱进，保持高效；展示了在每个进阶式领导力发展阶段上，其设计结构如何注定了它取得成果的模式；提出了促进领导力从一个阶段进化到下一阶段的六项练习，阐述了培养领导体系的系统化方法。所有这些都是

对各个组织当务之急的领导力举措的扩展论证。

想要在当前世界和商业环境中驾驭所面临的复杂性，需要我们进入更加成熟的发展阶段。大多数领导者的内在操作系统还停留在反应性层面，不够复杂。创造性心智的复杂度可能同样不足。尽管演进到这一阶段是必要的和必需的，但它的复杂度可能仍然不足以引领并维系根本的系统性变化。整合性心智最适合这项任务，它有能力驾驭我们在全球商业环境和地缘政治中所面临的复杂互赖的话题。而我们在企业和当今世界所面临的领导力方面的头等大事却是——只有5%的领导者具备整合性心智。

整合性层面的领导力对于应对我们今天所面临的复杂多变和棘手的相互依存的全球性话题非常有效，因为它：

（1）具备在反应性阶段培养起来的解决问题、管理和执行等必要的技能；

（2）具备创造性心智所拥有的自主导向、远见、真实、情商、自我觉察和系统意识等全部能力；

（3）能够游刃有余地驾驭转变中的上升流和下降流，领导者可以进行自我转变和系统变革；

（4）打开更加宽广的视野，看见系统性的互赖和福祉；

（5）成为仆人式的领导者——服务于整个系统的福祉，成为系统的架构师；

（6）培养在复杂环境中寻找撬动系统的杠杆点所需的直觉；

（7）决策时，直觉貌似会神奇地涌现，尽管有时这完全违背逻辑；

（8）看到领导力所有阶段的整个发展轨迹，能够在任一发展层面上展开工作，促进个人和集体转变；

（9）能够更加成熟地从容应对张力中的巨大冲突，有能力看到"外面那里"的无解状态反映了自己内在的无解状态；

（10）停止投射自己的阴影部分，不再视持有不同视角的人为敌人；

（11）有能力与敌人短兵相见，看到"敌人就是我们自身"，取出自己眼中横亘的木梁，看到的所谓敌人就是我自己，带着悲悯之心与之相遇。

这就是为什么整合性心智是为复杂性而设，能够引领系统性变革。整合性心智已经包括甚至超越了在反应性和创造性心智结构阶段培养起来的所有能力，它已经收获了自己的天赋和潜伏于阴影中的优势。每一刻，它都可以凭借精湛的技能和成熟的心智挥洒自如地调用各种优势，对于意识早期阶段所经历的那些冲突的痛苦，它可以带着对差异性的无比接纳和独特的悲悯之心来面对。

通用领导力模型及其衡量标准表明，加速领导力发展在当今世界势在必行，我们必须从发展性的角度系统化地加以推进，必须加快培养整合性而非反应性层面的领导者。这个议题立意高远，世界的未来有赖于此。

本章盘点

(1)对于困扰你的问题，你自己负有哪些责任？

(2)敌人，你好吗？你看到的敌人是在别人身上吗？

(3)你是在为了什么奉献自己的生命？

(4)你每天在多大程度上练习对自己和他人的悲悯之心？你在多大程度上愿意原谅自己和他人？

(5)你是如何毁灭世界的？你是如何拯救世界的？

第 13 章
合一性：
来到旅程的终点，成长的概念也被颠覆

我们已经详细解释了领导力发展的通用模型。该模型以意识进化为基础，涵盖了经验、理论、研究和心理测量等各个领域。然而，所有对于人的成长的描述，都必须包含并根植于代表人类意识最高境界的智慧传统，否则便是不完整的。

合一意识是人类经验中最高层次的意识。我们不认为这是一个发展阶段，因为从合一的角度来看它并没有阶段之分。这一悖论直接颠覆了成人意识发展的世界。心智无法把握完全先于心智而产生的不可知的事物。

本章的篇幅不长，主要有四个理由：①合一性这个主题本身就可以写一整本书；②貌似用大量的文字来描述"一"本身就是错误的；③我们对其知之甚少；④我们中绝大多数人都生活在合一性之下的意识阶段。

因此，本章所述的内容绝非权威。我们所报告的，只是从少数踏入合一性意识层次的人那里得到的，以及我们对合一性的惊鸿一瞥——只是那些能够被看到、了解到和体验到的东西，那些对所谓"一味"（One Taste）的浅尝。

此外，我们不打算将合一性意识与领导力及其效能或精进做关联，并且不会提供统计数据或者研究。老实说，我们还没办法知道合一性意识如何在实践中与领导力相结合，但是我们的确知道那些曾经深深打动世界的人，他们的言行和身心都已处于合一的状态。这些伟大的导师让我们得以窥见一些无我的领导力状态。

尽管我们没法用逻辑领会合一性意识，但是逻辑性的思考可能仍然会有所帮助。合一意味着"一"——不是二，不是数量多，不是多样性，就只是"一"。如果真的存在合一，那么便只有"一"；因此当合一性意识出现时，人的觉知中便也只有"一"。在这种觉知状态里，你和我不再是两个个体，而是一个。

海上的浪花

我们就像海上的朵朵浪花，与大海浑然一体，无法分割。这是我们能想到的描述我们与合一性关系的最佳隐喻。我们就是海洋本身。如果将自己视为一朵朵独立的浪花，那么在穿越海洋的旅程中，我们就只会体验到自己：我们在海上冲浪，踏上历险的旅行，大海在我们浪花眼中是独立于我们之外的存在。作为一朵朵独立的浪花，我们体验着波浪起伏的生命。我们热爱"起"并为之奋斗；害怕"伏"而努力躲避。

站在我们这些浪花的视角，我们与其他浪花之间似乎是独立的；毕竟它们是在那边，并且看上去不一样。我们在环视四周的浪花时便会产生比较：我们想要比其他浪花更强、更大、更快，以为这样自己就会过得更好，于是我们渴望得到，担心失去。有些浪花看上去很友好，另外一些则似乎有可能威胁到我们，使我们无力实现愿望，所以我们惧怕它们，甚至把它们归为敌人。另外，还有些浪花奇形怪状，在我们眼中它们根本就不算浪花，因而不配拥有浪花的生命，我们完全可以对它们进行奴役或种族清洗。我们用偏执和偏见来对待他们。有些浪花被视为"二等公民"，仅仅因为它们看起来不同就被剥夺了权力或获得机会的途径。有些浪花享有特权，任由其他浪花生活在贫困中，仅仅因为后者是在那边，看上去不一样，不是我们中的一部分。竞争、冲突，甚至战争在浪花之间爆发。当我们失掉与大海的连接时，这就是海洋中的生活写照。

作为旅途中的浪花，我们拿不准抵达岸边时会发生什么。我们知道自己作为浪花的存在形式总有终结的一天，我们恐惧自己的消亡。我们死后还会存在吗？所有这些使我们对海洋是否存在充满疑虑。我们寻觅海洋，努力与海洋保持联系，以便在死后有机会汇入海洋。我们在寻觅海洋的时候，便失去了我们的海洋性，并因此遭受痛苦。我们甚至可能完全忘记我们与海洋之间的内在统一，与作为海洋的一部分以浪花形式涌起的所有浪花之间的内在统一。于是，我们渴求某些东西，也知道那不是什么。我们渴求被遗忘的合一，我们试图抓住一切的一切来填满这种渴望，却怎么也没法实现。我们因此而受苦。

我们受苦时就像"渴了的水"（thirsty water）；对合一性意识的追求就像水拼命寻找什么来解自己的渴。作为一朵独立的浪花，我们觉得渴是因为陷入了与源头分离的错觉。我们苦苦寻找水来解渴，却没有意识到我们自己便是水，事实上根本就不会渴。正是这种饥渴驱使我们寻找自我。所有的渴求，所有的愿望，都是为了我们已然拥有的那个"一"；因此我们为解渴而付出的努力和寻觅都是徒劳的，它们永远没法实现。

终极的圆满在我们从自己孤单的"浪花之梦"中醒来的时刻降临。一切的寻觅在我们醒来之时结束，我们意识到原本就无须寻觅。梦境中那些看似重大却又无解的问题和困境犹如云消雾散。我们意识到，自己一直都是和海洋在一起的那个"一"，从来不曾分离；所有的浪花都是"一"，我们全都是彼此，世上只有海洋。我们还意识到，自己便是这永恒海洋的本身，而且由于合一性，我们知道死亡并不存在，我们所说的死亡只是形式的改变。于是，挣扎和恐惧从那个孤单自我的生命中一去不返，只留下永恒的爱、极乐、喜悦和自由。

简单地说，世上只有合一，只有"一"。除了这简单的"一"之外，世上再无他物，即便是你，也并不存在。你并非你自己以为的那个人。事实上，你根本不知道你是谁。只要有"你"存在，你就还没明白"你"是谁。一旦你知道自己真正是谁，便再没有一个要被知道的"你"了。

为什么你不幸福？

因为你99.9％的思考和行动，

都是为了你自己。

你心中没有"一"。①

在合一性中，自我走向臣服。自我从主体转移到客体，并且因为是客体而被视为幻影。站在这个角度，单个自我的故事——所有的得与失、欲望与恐惧、问题和困境，都不过是我们觉醒之前的梦境。随着自我幻影的消散，我们不再受制于自我。没有客观、独立存在的自我，而且从未有过；只有主观、承载众生的大地，只有纯粹的、未分化的合一，所有多样性都由此产生。在这种觉知中，所有的多样性合而为一。这一切异常清晰，是我们能够想象的最大的愉悦、自由，和爱到极致的幸福体验。我们为此欣喜欲狂，但这一切其实显而易见，并没有什么大不了的，因为它只不过是现实的全部本质。世上只有"一"，所有的多样性，包括我们自己，都源于"一"，都以"一"的形式出现。在合一中只有愉悦，只有爱，只有自由，只有喜悦，只有光明，只有无声的安宁，只有耀眼的虚空，这就是那颗"贵重的珍珠"。

成长的概念被颠覆

个体的自我并非真相。本书从领导效能的角度探讨了自我发展的旅程，心智成长的每一级结构背后都对应着一个更加成熟的自我身份结构。然而向合一性的迈进却截然不同，自我并非因成熟而进入合一，而是因臣服。你必须忘记你自己。合一性意识并不是心智、自我或身份的更高阶结构，而是根本没有身份。

在合一性阶段，个体的自我，无论多么成熟、完备和圆满，都不被视为终点，不被视为真相。这就是心智发展理论的颠覆之处——既然不存在自我，那么自我发展便无法引领我们到达最高层次的意识。

再多自我发展的努力也无济于事。你无法由此到达彼岸，无法通过努

---

① 出自道教作家和哲学家 Wei Wu Wei，英国人，又名"为无为"。

力提升自我来让自我臣服。事实上，所有自我成长的努力恰恰阻碍了向合一性意识的转变。追寻和奋斗同样于事无补，只有那个单独存在的自我才会追寻和奋斗，况且追寻本身恰恰维系着正处于寻找状态的自我——寻求改善、改变、创造、前进、变身等，所有这些都是在抵御自我的最终臣服。在向合一性的转变中，你已经站在了旅程的终点，除了交出你真正的自我之外，再没有什么可做。

告别了自我，我们现在身处合一的海洋，并活出合一的状态，合一才是本来的真面目。这种了悟让我们认识到所谓意识发展阶段其实都是梦境的一部分。单独的自我从未存在，只是因为我们站在单独的自我的视角，才有了踏上意识发展旅程的表象。我们看似是沿着心智结构而进化的，但其实它只不过是我们自己的心智结构。现在我们由合一中来，活出了本真合一的状态，它超越了心智，领先于心智。我们仍然保有自己的身体和大脑，仍然在思考和行动，但它们都不再构成我们的身份，我们现在是以永恒的海洋的角度来看待自己这朵浪花的。我们这样一个个作为独立个体存在的形态，都不过是从合一中升起、在合一中存在的各种形态而已。那个所谓的自我从未踏上旅途，也从未需要成长。

这些是否会导致本书前面 12 个章节的内容（及所有心理、个人和领导力发展方面的理论、研究和实践）失效？也许。我们除非已然从合一中来，活出合一状态，否则便没法真正知道答案。

仍需重视自我发展的两点理由

我们一直不断地强调自我发展，但自我却并不真实存在。面对这样的困境，我们仍然坚持自我发展的必要性。理由有两点。

第一，你如果没有深入学习微积分、物理学和航空工程原理，那么再多的合一性意识也无法使你设计出一架飞机。同理，你如果希望在领导艺术领域不断精进，就必须具备一个成熟的心智结构。我们中大多数人都没法在此生修成合一性意识，所以更需要做一些有所进益的事情，比如，力求自我的发展变得更有成效。此外，以合一的状态生活不一定能保证让你成为一个更有效的领导者。无论生活、工作，还是作为领导者，你仍然要面对当今复杂的商业环境，仍然需要一个复杂的心智结构将洞见转化为行动和成果。换言之，尽管自我发展不足以帮助我们达成合一性，但却是我们取得成效的必备条件。

第二，只有成熟的自我才能被降服，深陷于反应性心智的自我永远不会臣服。我们即便在某个瞬间掀开合一的一角，体验到合一的状态，但很快便会重回当前心智结构的重心。换言之，我们滑落回短暂醒来之前的梦境。整合性心智是心智进化研究的顶点，整合性心智的成熟度和包容性足以消除多样性的幻觉。因为我们一旦发现，"我们遇到的敌人就是我们自己"，便不难看穿有关独立自我的幻觉，对其洞若观火。然后，就像里尔克的诗中所说，"上帝，从他埋伏的地方，一跃而出"（Rilke，1982）。人类历尽千辛万苦才能抵达的成熟之巅可能只是自我被猎杀的最佳"设伏点"——我们在自我死亡的一刻，惊讶地看到自己身体里与生俱来的合一性。简言之，我们认为发展出成熟的心智和身份结构是为合一性突破而做的准备。尽管心智发展只是彻底抛弃自我这项艰巨工作的初步实践，但它的价值毋庸置疑。

凡我觉知，俱皆非我

东方传统中用"非也-非也"①（Neti-Neti）这个词来描述这种转变。我们沿着成人意识发展阶段而成长，每一级转变都是一次"非也-非也"的领悟。从青春期到反应性心智的转变中，我们意识到我们不仅是那些用来满足自我中心的个体需求的能力；从反应性心智到创造性心智的转变中，我们意识到我们不仅是将自我价值和安全感诉诸外部评价的外部化身份；从创造

---

① Neti-Neti 是否定神学或古印度教里面的概念，意思是，"不是这个，也不是那个"（非也-非也），是在了悟自我的过程中用的一种方法。基本原则是：我不是我的觉知对象，但凡可以被我觉知到的都不是我。——译者注

性心智向整合性心智的转变中，我们意识到我们不仅仅是这个来之不易的、自主导向的、本真的自我，我们是许许多多个自我，甚至是世上所有的自我。

每推进一个发展阶段就意味着一个相对渺小的自我死去，让位于一个更大的自我。我们在向合一性臣服的过程中，需要面对巨大的"非也-非也"的考验，那个精进不息的单独存在的自我不再是我。这一次，我们并非臣服于一个更大的自我，而是完全交出自我，融入万物合一的本性。此前所有从相对渺小向更大自我的臣服都不过是为了最终完全放弃自我性而做的一轮又一轮的锤炼。

合一性领导力

当点醒我们并激发领导力的是合一性意识的时候，公正就成为一种很自然的状态：我们对差异不再诉诸暴力，而是轻松自然地接纳和包融。浪花之间再没有任何差别，我们是同一片海洋，我们便是彼此。

这就是耶稣所说的"爱邻如己"的生命状态，因为你的邻舍就是你自己。当我们意识到我们是彼此的时候，战争、贫穷、偏执、成见和仇恨就不会产生。我们知道，那边路人的苦难就是我们的苦难；别家父母的孩子就是我们的孩子。我们无法容忍缺乏包容性的制度，因为这些制度将那些身处世界各地的我们的孩子置于贫穷、不公正和缺乏机会的困境。我们化身人类的仆人，将所有生命视为万物合一的组成部分，我们只不过是这个星球的管家而非主人。

短期内不可能爆发式涌现出一大批以合一状态生活和工作的领导者，及时刹住我们迈向全球性灾难的步伐。所以我们需要发展出真正成熟的领导力，在地球走向命定结局的过程中力挽狂澜。为此我们不仅要假设合一性天然存在，而且必须据此发展出整合性心智，这是最起码的要求。整合性心智的成熟度和复杂度足以应对盘根错节的全球性挑战。如果这种成熟的领导能力能够假设每个人天然具有合一性，并以此出发来领导和发挥作用，那么我们就能找到全球视角的系统性解决方案，为地球上的所有居民和地球本身带来繁荣的未来。这是领导力发展的头等大事。

TLC公司和FCG的使命宣言是：

> 我们的存在
> 是为了推动领导者的意识进化
> 守护地球家园
> 并唤醒我们所有人内在固有的合一性

我们邀请您投身于贵组织的领导力发展议题。这个世界迫切需要您和其他人都能成为富有成效、意识高度进化的领导者。

本章盘点

(1)哪些自我策略已经令你筋疲力尽？哪些还在继续消耗你的精力？如果你发现自我实现其实是一种幻觉，你会怎样生活？

(2)令你太过依恋、若然放手即获自由的是什么？

(3)你可有在大爱面前敞开过自己的爱？你正在帮助那些素不相识、素未谋面的人吗？(Barks，2004)

(4)你可曾见过那个在你之前早已存在的、无所求亦无所失的、从未而且永远不需要成长的"你"？

附录1
全景领导力测评各维度介绍

相处能力，作为总结性维度，衡量的是领导者与他人交往的能力，从而激发出个人、团队和组织的最佳状态。它包括：

（1）关爱，衡量领导者在建立充满温暖和关爱的人际关系方面的兴趣和能力。

（2）培养团队合作，衡量领导者提升团队合作的能力。无论是在他下辖的团队内部、跨部门之间，还是在他自己置身的团队当中。

（3）协作者，衡量领导者推动众人积极参与、促进各方寻求共识的程度。

（4）辅导与培养，衡量领导者通过辅导和保持良师益友关系来培养他人的能力。

（5）人际交往智慧，衡量领导者在倾听、处理冲突和争议、处理他人感受和管理自我感受等人际交往方面的成效。

自我觉察，作为总结性维度，衡量的是领导者对自身职业发展和个人成长的态度，以及在践行高度正直、诚信的领导力过程中展现出的自我觉察的程度。它包括：

（1）无私的领导者，衡量领导者致力于服务他人而非谋求个人私利，重视为共同利益创造成果而非寻求满足个人荣誉和抱负的程度。

（2）平衡，衡量领导者在事业与家庭、行动与反思、工作与休闲之间保持健康平衡的能力——在不失去自我的情况下自我更新和处理生活压力的能力。

(3)沉着，衡量领导者在冲突和高度紧张的局势中保持镇静、定力，以及冷静和专注的能力。

(4)学习者，衡量领导者在多大程度上对学习和个人及专业发展表现出积极浓厚的兴趣，在多大程度上积极追求在自我觉察、智慧、知识和洞察力等方面的反思成长。

本真性，作为总结性维度，衡量的是领导者以真实、勇敢和高度正直的方式与他人交往的能力。它包括：

(1)正直，衡量领导者在多大程度上恪守自己所倡导的价值观和原则，即他在"言行一致"方面的可信度。

(2)勇敢真实，衡量领导者勇于表明立场、直面"禁忌"话题(大家回避讨论的有风险的话题)和开诚布公地处理棘手的人际关系问题的意愿。

系统意识，作为总结性维度，衡量的是领导者有意识地关注整个系统的改进、生产力和全社会福祉的程度。它包括：

(1)关心社会，衡量领导者在领导工作中的服务导向，他在多大程度上将个人成就与服务社会和全球福祉联系在一起。

(2)持续性产出，衡量领导者以保持或提高组织整体长期效能的方式取得成果的能力，以及他如何保持人力资源和技术资源之间的平衡，持续达至高绩效。

(3)系统思考者，衡量领导者从整个系统的角度思考和行动，基于整个系统的长远健康做出决策的程度。

成就，作为总结性维度，衡量的是领导者能在多大程度上发挥富有远见、真实及创造辉煌成就的领导能力。它包括：

(1)战略关注，衡量领导者思考和计划的缜密程度和战略性，以确保组织在现在和长远的未来都能蓬勃发展。

(2)使命与愿景，衡量领导者能够在多大程度上清晰地传递并身体力行个人的使命和愿景。

(3)取得成果，衡量领导者在多大程度上以目标为导向，并在实现目标和取得高绩效方面有良好的业绩记录。

(4)决断力，衡量领导者及时决策的能力，以及应对不确定形势的自如程度。

顺从，作为总结性维度，衡量的是领导者在多大程度上为了获得自我价值和安全感而放弃自己的意愿，顺从他人的期望。它包括：

(1)保守，衡量领导者在思维和行为方面保守、循规蹈矩、墨守组织陈旧规矩的程度。

(2)取悦，衡量领导者在多大程度上为了获得自身安全感和价值感而寻求他人的支持和认同。对他人的认可有强烈需求的人往往会将自我价值的高低建立在自己获得他人青睐和肯定的能力上。

(3)归属，衡量领导者对于遵守规则、执行规则、满足权威人士期望的需求程度，衡量他在多大程度上会为了搞好关系而曲意迁就，压制自己的创造力，把自己局限在所处文化可接受的范围内。

(4)被动，衡量领导者将自己的权力拱手让给他人、受制于环境、任人左右、听天由命的程度。这项测量反映了当事人在多大程度上认为自己无法创造自己的人生，即便努力也无济于事，自己没有力量创造所希冀的未来。

防卫，作为总结性维度，衡量的是领导者在多大程度上持有一种信念，认为自己可以通过消极退缩、保持距离、深藏不露、疏远冷淡、愤世嫉俗、高高在上或保持理性来保护自己并确立自我价值感。它包括：

(1)傲慢，衡量领导者自以为是的倾向——其行为在多大程度上表现出优越感、自负和以自我为中心。

(2)挑剔，衡量领导者倾向于挑剔、质疑，甚至冷嘲热讽态度的程度。

(3)距离感，衡量领导者倾向于通过孤芳自赏、恃才傲物、孑然不群、冷漠无情和眼高于顶的方式建立个人价值和安全感的程度。

控制，作为总结性维度，衡量的是领导者在多大程度上通过完成任务和取得个人成就来建立个人价值感。它包括：

(1)完美，衡量领导者想要获得完美结果和表现出极高水准的需求，以求从中获得个体的安全感和价值感。当事人将自我价值和安全等同于完美，等同于持续不断地超常发挥以及成功超越所有人的期待。

（2）工作狂，衡量领导者过分用力的程度。反映出他在多大程度上将自身价值和安全感绑定在通过努力工作建功立业上，以及通过优异表现来获取个人价值感。良好的职业道德是这种领导风格的优势，不过前提是领导者能够保持事情的平衡，能够在帮助他人取得成就与实现自我成就之间保持平衡。

（3）野心，衡量领导者在组织中醉心于争强好胜、步步高升、处处压人一头的程度。野心是一种强大的动力。这里衡量的是，这种动力是起到了积极、正面、推动进步的作用，还是过于消极、负面，过于以自我为中心，竞争意识过强。

（4）专制，衡量领导者强势、好斗和控制倾向的程度。这反映出领导者在多大程度上将个人价值和安全等同于权势、掌控、强势、专横、刚愎和唯我独尊。他的价值感来自比较，也就是说，要比别人收入更高，职位更重要，被视为贡献更大，获得荣誉更多或者晋升更快。

附录 2
通用领导力模型 TLC 中借鉴的前沿理论及创作者

附表 1　构成通用领导力模型核心要素的奠基性思想及领袖

思想领袖	理论或研究成果	TLC 通用领导力模型中的对应要素
威廉和辛迪·亚当斯（William & Cindy Adams）	全系统模式	"系统意识"维度，创造性和整合性阶段的领导力
彼得·布洛克（Peter Block）	本真性、谨慎、控制、政治手段	"本真性"维度，所有反应性维度
大卫·伯恩斯（David Burns）	认知和理性情绪心理学	全部反应性维度；潜在自我设限的信念和假设及相关行为
罗伯特·弗里茨（Robert Fritz）	创造性和反应性导向	（反应性和创造性）两个领导力发展阶段；LCP 圆的上下两部分
凯伦·霍尼（Karen Horney）	性格结构；三个核心类型	心性型、头脑型、意志型；"顺从""防卫""控制""相处能力""觉察""成就"维度
罗伯特·凯根和丽莎·拉希（Robert Kegan & Lisa Lahey）	发展心理学；成人发展层次论；变革免疫力	凯根的成人意识发展模型成为 LCP 的纵轴；变革免疫力描述了反应性结构的行为表现模式
彼得·圣吉（Peter Senge）	系统思维和系统动力学；自我超越	"系统意识"维度；反应性结构和创造性结构
肯·威尔伯（Ken Wilber）	整合模型	通用领导力模型是一个整合模型。肯的开创性成果极大地影响了它的形成

附表 2　成人发展理论的思想领袖

思想领袖	理论或研究成果	TLC 通用领导力模型中的对应要素
唐·贝克 (Don Beck)	螺旋动力学	成人意识发展层次
苏珊娜·库克-格雷特 (Susanne Cook-Greuter)	成人意识模型和成熟度测评	与凯根的成人意识发展模型相结合，用来研究 LCP 与成人意识发展层次的关系
詹姆斯·福勒 (James Fowler)	《信仰的阶段》	精神发展阶段
卡罗尔·吉利根 (Carol Gilligan)	《不同的声音：心理学理论与妇女发展》	成人意识发展层次；在人们心智结构中穿行的不同的性格类型或内心声音
布莱恩·霍尔 (Brian Hall)	价值转移	成人意识发展层次；组织发展阶段，以及愿景、战略、直觉和系统思考一般会在哪些阶段得到高度发展
比尔·乔纳和史蒂芬·约瑟夫 (Bill Joiner & Steven Josephs)	敏捷领导力	成人意识发展层次
罗伯特·凯根和丽莎·拉希 （Robert Kegan & Lisa Lahey）	发展心理学；成人发展层次论；变革免疫力	凯根的成人意识层次构成了 LCP 模型的纵轴，变革免疫力描述了反应性心智的行为表现模式
比尔·托伯特 (Bill Torbert)	《行动的逻辑》	成人意识发展层次

附表 3　其他整合进 TLC 通用领导力模型的思想领袖、理论框架和精神传统

思想领袖	理论或研究成果	TLC 通用领导力模型中的对应要素
韦斯·阿戈尔 (Wes Agor)	《直觉性管理》	直觉方面的练习
沃伦·本尼斯 (Warren Bennis)	《成为领导者》	领导力的练习；创造性阶段的领导力；LCP 报告"使命与愿景"维度
凯文·卡什曼 (Kevin Cashman)	由内及外的领导力	内在游戏；领导力的练习
创新领导力中心 (CCL) 人事决策国际(PDI) 智睿咨询(DDI)	胜任力领域 360 度测评方面的研究	属于创造性领导力阶段的胜任能力
吉姆·柯林斯 (Jim Collins)	第五级领导者	由极度的个人谦逊和强烈的抱负、决心所构成的看似矛盾的复合特性；刺猬理念
史蒂芬·柯维 (Stephen Covey)	《高效能人士的七个习惯》	领导力的练习；自我发展阶段——依赖期、独立期、互赖期
米哈里·契克森-米哈 (Mihaly Csikszent-mihalyi)	心流	创造性阶段的领导力；精通；直觉
马克斯·杜普利 (Max Dupree)	包容性组织	"系统意识"维度；创造性阶段的领导力
阿尔伯特·埃利斯 (Albert Ellis)	理性情绪认知疗法	反应性维度；核心身份信念和假设；领导力的练习
维克多·弗兰克尔 (Viktor Frankl)	《活出生命的意义》 意义疗法	"使命与愿景"维度；创造性心智结构
提姆·加尔韦 (Tim Gallwey)	内在游戏理论	内在游戏；内在操作系统；反应性和创造性心智结构
丹尼尔·戈尔曼 (Daniel Goleman)	情商理论	"自我觉察"维度

思想领袖	理论或研究成果	TLC 通用领导力模型中的对应要素
罗伯特·格林里夫 (Robert Greenleaf)	仆人式领导	从创造性到整合性领导力发展阶段
迈克尔·哈默 (Michael Hammer)	组织再造理论	"系统意识"维度
凯瑟琳·赫尔利和西奥多·多布森 (Kathleen Hurley & Theodore Dobson)	《九型人格》	九型人格的框架是通用领导力模型的基础；反应性心智结构；三种核心个性类型的发展路径
詹姆士·艾伦 (James Allen)	《做你想做的人》	创造性和整合性阶段的领导力
乔·贾沃斯基 (Joe Jaworski)	共时性	直觉；创造性意识
巴里·约翰逊 (Barry Johnson)	极性理论	LCP 报告中蕴含的极性对立关系；处理极性问题的能力随意识层次的进化而增强
卡尔·荣格 (Carl Jung)	人格阴影理论	三种核心个性类型与各自的阴影部分间的动态关系
罗伯特·卡普兰 (Robert Kaplan)	《超越野心》	"控制"维度；"持续性产出"维度
库斯和波斯纳 (Kouses & Posner)	正直	"正直"维度
克莱·拉弗蒂 (Clay Lafferty)	生活方式	反应性维度以及用圆圈的形式呈现 LCP 数据的灵感
帕特里克·兰西奥尼 (Patrick Lencioni)	《团队协作的五大障碍》	以集体方式表现出来的反应性心智结构

思想领袖	理论或研究成果	TLC 通用领导力模型中的对应要素
詹姆斯·麦格雷戈·伯恩斯（James MacGregor Burns）	交易型领导力和变革型领导力	反应性和创造性领导力
亚伯拉罕·马斯洛（Abraham Maslow）	需求层次理论 自我实现	需求层次理论同时也是一个意识发展模型；"自我觉察"维度
戴维·麦克兰德（David McClellend）	成就激励理论	"成就"维度
道格拉斯·麦克雷戈（Douglas McGregor）	X 理论，Y 理论	内在假设影响领导风格和效能；"相处能力"和"控制"两个维度之间的极性关系
奥托·夏默（Otto Scharmer）	"当下"；U 理论	整合性领导力阶段；"系统意识"维度；"自我觉察"维度；直觉
威尔·舒茨（Will Schutz）	真相选择，人际基本关系导向行为测验	"本真性"维度；"顺从"和"控制"维度
老子	《道德经》	"自我觉察"维度
马文·维斯伯德（Marvin Weisbord）	全系统再造	"系统意识"维度
梅格·惠特利（Meg Wheatly）	《领导力与新科学》	"系统意识"维度；整合性心智结构涌现出来的系统性思维
拉里·威尔逊（Larry Wilson）	求胜型和避败型（不输就好）策略	反应性和创造性心智结构
智慧传统（Wisdom Traditions）	修行成长	合一性意识；意识成长层次理论
曾格-福克曼（Zenger－Folkman）	《卓越领导者》	领导力胜任能力；对卓越领导者的研究

参考书目

1. Abrams, Jeremiah, and Connie Zweig. *Meeting the Shadow: The Hidden Power of the Dark Side of Human Nature*. New York: Penguin Putnam, 1991.

2. Adams, Cindy, and W. A. Adams. *Collaborating for Change: The Whole Systems Approach*. San Francisco: Berrett-Koehler Publishers, 2000.

3. W. A. Adams, and Michael Bowker. *The Whole Systems Approach Involving Everyone in the Company to Transform and Run Your Business*. Provo, UT: Executive Excellence Pub., 1999.

4. Agor, Weston H. H.. *Intuitive Management: Integrating Left and Right Brain Management Skills*. Englewood Cliffs, N. J.: Prentice-Hall, 1984.

5. Allen, James. *As a Man Thinketh*. Chicago: Science Press, 1905.

6. Anderson, Robert. *Leadership the Uncommon Sense*. Position Paper, theleadershipcircle. com, 1990.

7. Anderson, Robert. *Pathways to Partnership*. Position Paper, theleadershipcircle. com, 1995.

8. Anderson, Robert. *Mastering Leadership*. Position Paper, theleadershipcircle. com, 1991.

9. Autry, James A. *Love and Profit: The Art of Caring Leadership*. New York: Morrow, 1991.

10. Barks, Coleman. *The Essential Rumi: New Expanded Edition*. New York: Harper Collins Publishers, 2004.

11. Beck, Don, and Christopher C. Cowan. *Spiral Dynamics: Mastering Values, Leadership, and Change: Exploring the New Science of*

Memetics. Cambridge, Mass. , USA: Blackwell Business, 1996.

12. Beesing, Maria, and Robert J. Nogosek. *The Enneagram : A Journey of Self-discovery*. Denville, N. J. : Dimension Books, 1984.

13. Belasco, James A. , and Ralph C. Stayer. *Flight of the Buffalo : Soaring to Excellence, Learning to Let Employees Lead*. New York: Warner Books, 1993.

14. Bennis, Warren, and Burt Nanus. *Leaders : The Strategies for Taking Charge*. New York City: Harper & Row, 1985.

15. Bennis, Warren. *On Becoming a Leader*. New York City: Addison Wesley, 1989. Latest edition: Bennis, Warren. *On Becoming a Leader*. 4th edn. New York City: Basic Books, 2009.

16. *Beowulf : A New Verse Translation*. Trans. Seamus Heaney. New York City: Norton, 2000.

17. Berger, Jennifer Garvey. *Changing on the Job Developing Leaders for a Complex World*. Stanford, Calif. : Stanford Business Books, an Imprint of Stanford University Press, 2012.

18. Berger, Jennifer Garvey, and Keith Johnston. *Simple Habits for Complex Times : Powerful Practices for Leaders*. Stanford, CA: Stanford University Press, 2015.

19. Block, Peter. *The Empowered Manager : Positive Political Skills at Work*. San Francisco: Jossey-Bass Publishers, 1987.

20. Block, Peter. *Stewardship : Choosing Service Over Self-interest*. San Francisco: Berrett-Koehler, 1993.

21. Bly, Robert. *Iron John : A Book about Men*. Reading, Mass. : Addison-Wesley, 1990.

22. Bly, Robert. *News of the Universe : Poems of Twofold Consciousness*. San Francisco: Sierra Club Books, 1980.

23. Bonhoeffer, Dietrich, and Manfred Weber. *Meditations on the Cross*. Louisville, Ky. : Westminster John Knox Press, 1998.

24. Burns, D. *Feeling Good : The New Mood Therapy*. New York City: Signet,

1980.

25. Campbell，Joseph，and Bill Moyers. *The Power of Myth*. New York City：Anchor，1991.

26. Campbell，Joseph. *The Hero with a Thousand Faces*. New York City：Pantheon Books，1949.

27. Campbell，Joseph. *The Hero with a Thousand Faces：The Collected Works of Joseph Campbell*. 3rd edn. Novato：New World Library，2008.

28. Capitalizing on Complexity：Insights from the Global Chief Executive Officer Study. http：//www-01. ibm. com/common/ssi/cgi-bin/ssialias? infotype＝PM&subtype＝XB&htmlfid＝GBE03297USEN. Retrieved June 15，2015.

29. Cashman，Kevin. *Leadership from the Inside Out：Seven Pathways to Mastery*. Provo，UT：Executive Excellence，1998.

30. Collins，Jim. "Good to Great. "*Fast Company*，September 30，2001.

31. Collins，Jim. *Good to Great：Why Some Companies Make the Leap ... And Others Don't*. New York City：Harper Business，2001.

32. Cook-Greuter，Susanne R. "Making the Case for a Developmental Perspective. " *Industrial and Commercial Training* 36，no. 7 (2004).

33. Covey，Stephen. *The 7 Habits of Highly Effective People*. New York City：Simon & Schuster，1989.

34. Csikszentmihalyi，Mihaly. *Flow：The Psychology of Optimal Experience*. New York：Harper & Row，1990.

35. Csikszentmihalyi，Mihaly. *The Evolving Self：A Psychology for the Third Millennium*. New York：HarperCollins Publishers，1993.

36. Depree，Max. *Leadership Is an Art*. New York：Doubleday，1989.

37. Ellis，Albert. *How to Stubbornly Refuse to Make Yourself Miserable about Anything – yes，Anything*. New York：Carol Publishing，1988.

38. Ellis，Albert，and Melvin Powers. *A New Guide to Rational Living*. Chatsworth：Wilshire Book Company，1961. Latest edition：Ellis，Albert，and Melvin Powers. *A New Guide to Rational Living*. Chatsworth：Wilshire Book Company，1975.

39. Emerson, Ralph Waldo. *Nature*. Boston: James Munroe and Company, 1936.

40. Fowler, James W. *Stages of Faith: The Psychology of Human Development and the Quest for Meaning*. San Francisco: HarperSanFrancisco, 1995.

41. Fox, Matthew. *Meister Eckhart: A Mystic-Warrior for Our Times*. Novato: New World Library, 2014.

42. Frankl, Viktor. *Man's Search for Meaning*. New York City: Washington Squares Press, 1959.

43. Fritz, Robert. *The Path of Least Resistance*. New York City: Fawcett-Columbine Books, 1989.

44. Gallway, W. Timothy. *The Inner Game of Work: Focus, Learning, Pleasure, and Mobility in the Workplace*. New York City: Random House, 2000.

45. Gilligan, Carol. *In a Different Voice: Psychological Theory and Women's Development*. Cambridge: Harvard University Press, 1982.

46. Goethe, Johann Wolfgang von. "The Holy Longing." In *News of the Universe*. Trans. Robert Bly. Oakland: University of California Press, 1980.

47. Goleman, Daniel. *Emotional Intelligence: Why It Can Matter More Than IQ*. New York City: Bantam, 1995. Latest edition: Goleman, Daniel. *Emotional Intelligence: Why It Can Matter More Than IQ*. 10th Anniversary ed. New York City: Bantam, 2005.

48. Greene, Robert. *Mastery*. New York: Viking, 2012.

49. Greenleaf, Robert K. *Servant Leadership: A Journey into the Nature of Legitimate Power and Greatness*. New York: Paulist Press, 1977.

50. Hall, Brian P. *Values Shift: A Guide to Personal and Organizational Transformation*. Eugene: Wipf & Stock Publishers, 2006.

51. Heifetz, Ronald. *Leadership Without Easy Answers*. Boston: Harvard University Press, 1998.

52. Hersey, Paul, and Blanchard, Ken. "Life cycle theory of leadership." *Training and Development Journal*, 23 (1969): 26-34.

53. Hill, Napoleon. *Think and Grow Rich*. Meriden: The Ralston Society, 1937.

54. Horney, Karen. *Our Inner Conflicts*. New York City: W. W. Norton & Company, 1945.

55. Hudson, Frederic M. *The Adult Years: Mastering the Art of Self-renewal*. San Francisco: Jossey-Bass, 1991.

56. Hurley, Kathleen V. , and Theodore Elliott Dobson. *What's My Type?: Use the Enneagram System of Nine Personality Types to Discover Your Best Self*. San Francisco: HarperSanFrancisco, 1991.

57. Isaacson, Walter. *Steve Jobs*. New York City: Simon & Schuster, 2011.

58. Jaworski, Joseph. *Synchronicity: The Inner Path of Leadership*. San Francisco, CA: Berrewt-Koehler Publisher, 1996.

59. Jobs, Steven. *"You've got to find what you love,"* Jobs says. Stanford: Stanford Report, 2005.

60. Johansen, Bob. *Leaders Make the Future: Ten New Leadership Skills for an Uncertain World*. San Francisco: Berrett-Koehler Publishers, 2009. Latest edition: Johansen, Bob. *Leaders Make the Future: Ten New Leadership Skills for an Uncertain World*. 2nd edn. San Francisco: Berrett-Koehler Publishers, 2012.

61. Johanson, Gregory J. , and Ron Kurtz. *Grace Unfolding: Psychotherapy in the Spirit of the Tao-te Ching*. New York: Bell Tower, 1991.

62. Johnson, Barry. *Polarity Management: Identifying and Managing Unsolvable Problems*. Amherst: HRD Press, 2014.

63. Jung, Carl. *Psychological Types: The Collected Works of C. G. Jung. Vol. 6*. Princeton: Princeton University Press, 1976.

64. Kaplan, Robert. *Beyond Ambition: How Driven Managers Can Lead Better and Live Better*. San Francisco: Jossey-Bass, 1991.

65. Kauffman, Draper. *Systems 1: An Introduction to Systems Thinking*. Future Systems, 1980.

66. Kegan, Robert. *The Evolving Self*. Boston: Harvard University Press,

1982.

67. Kegan，Robert. *In Over Our Heads：The Mental Demands of Modern Life.* 4th printing edn. Boston：Harvard University Press，1998.

68. Kegan，Robert，and Lisa Laskow Lahey. *Immunity to Change：How to Overcome it and Unlock Potential in Yourself and Your Organization.* Boston：Harvard University Press，2009.

69. Kelly，Walt. *Pogo：We have met the Enemy and He is Us.* New York City：Simon and Schuster，1972.

70. Klein，Eric，and John B. Izzo. *Awakening Corporate Soul：Four Paths to Unleash the Power of People at Work.* Lion's Bay，B. C.：Fairwinds Press，1998.

71. Kohlberg，Lawrence. *The Philosophy of Moral Development：Moral Stages and the Idea of Justice.* San Francisco：Harper & Row，1981.

72. Kouzes，Jim，and Barry Posner. *The Leadership Challenge：How to Keep Getting Extraordinary Things Done in Organizations.* San Francisco：Jossey-Bass，1995.

73. Kouzes，Jim，and Barry Posner. *Leadership Challenge.* 3rd edn. San Francisco：Jossey-Bass，2002.

74. Kurtz，Ron. *Body-centered Psychotherapy：The Hakomi Method：The Integrated Use of Mindfulness，Nonviolence，and the Body.* Mendocino，CA：LifeRhythm，1990.

75. Lafferty，J. Clayton，and Robert Cooke. *The Life Styles Inventory and the Guttman Scale：Using the Items to Help the Focal Individual Identify Strategies for Developing Constructive Thinking and Behaviour.* Australia：Human Synergistics International，2009.

76. Laloux，Frederic. *Reinventing Organizations：A Guide to Creating Organizations Inspired by the Next Stage of Human Consciousness.* Millis：Nelson Parker，2014.

77. Lao-tzu. *Tao Te Ching.* Trans. S. Mitchell. Radford：Wilder Publications，2008.

78. Lencioni，Patrick. *The Five Dysfunctions of a Team：A Leadership Fable*. San Francisco：Jossey-Bass Publishers，2002.

79. MacGregor Burns，James. *Leadership*. New York City：Harper Collins，1978.

80. Marion，Jim. *Putting on the Mind of Christ：The Inner Work of Christian Spirituality*. Charlottesville，VA：Hampton Roads Pub.，2000.

81. Maslow，Abraham. *Motivation and Personality*. New York City：Harper and Row，1954.

82. May，Rollo. *The Courage to Create*. New York：Norton，1975.

83. McClelland，David. *The Achievement Motive*. New York City：Appleton-Century-Crofts，1953.

84. McClelland，David. *Human Motivation*. Cambridge：Cambridge University Press，1988.

85. McGregor，Douglas. *The Human Side of Enterprise*. New York City：McGraw-Hill，1960.

86. Mitchell，Stephen. *Bhagavad Gita：A New Translation*. New York：Harmony Books，2000.

87. Mitchell，Stephen. *Tao Te Ching：A New English Version*. New York：Harper & Row，1988.

88. Moore，Thomas. *Care of the Soul：A Guide for Cultivating Depth and Sacredness in Everyday Life*. New York：HarperCollins，1992.

89. Murray，W. H. *The Scottish Himalayan Expedition*. Denver：J. M. Dent & Company，1951.

90. Oliver，Mary. "The Summer Day." In *House of Light*. Boston：Beacon Press，1990.

91. Palmer，Helen. *The Enneagram：Understanding Yourself and the Others in Your Life*. San Francisco：Harper & Row，1988.

92. Peters，Thomas J. *Thriving on Chaos：Handbook for a Management Revolution*. New York：Knopf，1987.

93. Rilke，Rainer Maria，and Stephen Mitchell（Trans）. *The Selected Poetry of*

Rainer Maria Rilke. New York: Random House, 1982.

94. Rilke, Rainer Maria. *Letters to a Young Poet.* Trans. M. D. Herter Norton. New York City: W. W. Norton & Company, 1993.

95. Rogers, Carl. *On Becoming a Person: A Therapist's View of Psychotherapy.* Boston: Houghton Mifflin Company, 1962.

96. Rooke, David, and William R. Torbert. "Organizational Transformation as a Function of CEOs' Developmental Stage." *Organizational Development Journal* 16, no. 1 (1998): 11-28.

97. Rowan, Roy. *The Intuitive Manager.* New York City: Little, Brown and Company, 1986.

98. Schaef, Anne Wilson, and Diane Fassel. *The Addictive Organization.* San Francisco: Harper & Row, 1988.

99. Schopenhauer, Arthur. *Parerga and Paralipomena Short Philosophical Essays, Vol.* 1. 1st edn. Oxford: Clarendon Press, 1974.

100. Schutz, Will. *The Truth Option.* Will Schutz Associates, 1984.

101. Schutz, Will. *Profound Simplicity.* Will Schutz Associates, 1982.

102. Schweitzer, Albert, in a speech to the students of Silcoates School, Wakefield (along with "a number of boys and girls from Ackworth School"), on "The Meaning of Ideals in Life," at approximately 3: 40 p. m. on December 3, 1935. "Visit of Dr. Albert Schweitzer" (as translated from the French of the address by Dr Schweitzer's interpreter), *The Silcoatian*, New Series No. 25 (December, 1935): 784-785 [781-786 with 771-772 ("Things in General")].

103. Senge, Peter. *Systems Principles for Leadership.* Cambridge, Mass.: Massachusetts Institute of Technology, 1985.

104. Senge, Peter. *The Fifth Discipline: The Art and Practice of The Learning Organization.* New York City: Doubleday, 1990. Latest Edition: Senge, Peter. *The Fifth Discipline: The Art and Practice of The Learning Organization.* Revised edn. New York City: Doubleday, 2006.

105. Senge, Peter M. *Presence: Exploring Profound Change in People,*

Organizations, and Society. New York: Doubleday, 2005.

106. Singh, M. P. *Quote, Unquote: A Handbook of Famous Quotations*. New Delhi: Lotus Press, 2006.

107. *"Success Is the Enemy" and Other Truths the CEO of Johnsonville Foods Inc. Preaches His Management Mistakes and Methods to Those Looking to Improve*. Madison: The Wisconsin State Journal, 1997.

108. *The New Jerusalem Bible*. Ed. Susan Jones. New York: Doubleday, 1985.

109. Torbert, William R. *Action Inquiry: The Secret of Timely and Transforming Leadership*. San Francisco, CA: Berrett-Koehler, 2004.

110. Torbert, W. *The Power of Balance: Transforming Self, Society, and Scientific Inquiry*. Newbury Park: Sage, 1991.

111. VanDusen, Lani. "Leadership: The Next Productivity Frontier." Lecture, Leadership and Human Capital Management, 53rd Annual Convention from Equipment Leasing and Finance Association, San Diego, October 21, 2014.

112. VanDusen, Lani. "The Importance of Investing in Leadership." *Journal of Equipment Lease Financing*, Spring 2015.

113. Vries, Manfred F. R., and Danny Miller. *The Neurotic Organization*. San Francisco: Jossey-Bass, 1984.

114. Wade, Jenny. *Changes of Mind: A Holonomic Theory of the Evolution of Consciousness*. Albany: State University of New York Press, 1996.

115. Wei, Wu Wei. *Ask the Awakened*. Boulder: Sentient Publications, 2002.

116. Weisbord, Marvin. *Productive Workplaces Revisited: Dignity, Meaning, and Community in the 21st Century*. San Francisco: Jossey-Bass, 2004.

117. Wenger, Michael. *Wind Bell: Teachings from the San Francisco Zen Center 1968 - 2001*. Berkeley, Calif.: North Atlantic Books, 2002.

118. Wheatley, Margaret. *Leadership and the New Science: Discovering Order in a Chaotic World*. San Francisco: Berrett-Koehler, 2006.

119. Whyte, David. *Songs for Coming Home: Poems*. Revised edn. Langley, Wash.: Many Rivers Press, 1989.

120. Whyte，David. *Where Many Rivers Meet*：*Poems*. Langley，Wash.：Many Rivers Press，1990.

121. Whyte，David. *Fire in the Earth*：*Poems*. Langley，Wash.：Many Rivers Press，1992.

122. Whyte，David. *The Heart Aroused*：*Poetry and the Preservation of the Soul in Corporate America*. New York：Currency Doubleday，1994.

123. Whyte，David. *Crossing the Unknown Sea*：*Work as a Pilgrimage of Identity*. New York City：Riverhead Books，2001.

124. Whyte，David. *River Flow*：*New and Selected Poems*. Langley，Wash.：Many Rivers Press，2012.

125. Wilber，Ken. *One Taste*：*Daily Reflections on Integral Spirituality*. Shambhala，Boston，USA，1999.

126. Wilber，Ken. *Integral Psychology*：*Consciousness*，*Spirit*，*Psychology*，*Therapy*. Boston：Shambhala，2000.

127. Wilber，Ken. *A Theory of Everything*：*An Integral Vision for Business*，*Politics*，*Science*，*and Spirituality*. Boston：Shambhala，2001.

128. Wilson，Larry，and Hersch Wilson. *Play to Win!*：*Choosing Growth Over Fear in Work and Life*. Austin：Bard Press，1998. Latest edition：Wilson，Larry，and Hersch Wilson. *Play to Win!*：*Choosing Growth Over Fear in Work and Life*. Revised edn. Austin：Bard Press，2004.

129. Zenger，Jack，and Joseph Folkman. *The Extraordinary Leader*：*Turning Good Managers into Great Leaders*. 2nd edn. New York City：McGraw-Hill Professional Publishing，2009.

作者简介

罗伯特·J. 安德森

罗伯特·安德森是 TLC 公司的创始人、董事长和首席开发官，同时也是 FCG 的联合创始人和董事长。在过去的 35 年里，鲍勃一直致力于探索领导力与自我超越、能力与意识、修行与商业之间的交集。

鲍勃是全景领导力测评工具的创建者。LCP 是一个历经多年研发而成的、高度集成的、创新性的领导力测评工具，已经应用于全世界数千家组织中。2015 年，TLC 公司和 FCG 在 HR.com 组织的卓越领导力 500 个奖项中的"大型领导力合作伙伴和供应商"类别中荣登榜首。鲍勃在领导力发展和研究领域是真正的先行者。

鲍勃与不同组织的首席执行官及其团队合作，帮助他们提高领导效能。他还与世界各地的独立顾问和教练合作，帮助他们掌握教练和培养高管的各项技能，从而帮助高管们实现更大的个人和组织效能。鲍勃的实践智慧、谦逊、创造力、幽默感和专业知识为与之合作的领导者、教练和顾问们提供了难得的变革体验。

鲍勃是圣母大学门多萨商学院高管教育中心的兼职教授。在那里，他帮助各种领导者群体探索自己的领导力变革之旅。2005 年，鲍勃获得创新学院合作伙伴奖。

鲍勃拥有约翰卡罗尔大学(John Carroll University)经济学学士学位和

博林格林州立大学（Bowling Green State University）组织发展硕士学位。鲍勃与其结发 32 年的妻子金姆住在俄亥俄州托莱多附近，两人喜欢周游世界，无论是出于工作，还是与三个长大成人的孩子一起享受生活。

威廉·A. 亚当斯

比尔·亚当斯（Bill Adams）是 FCG 北美板块的联合创始人兼首席执行官，也是 TLC 公司的首席执行官。比尔具有不可思议的敏锐和智慧，能够提炼关键时刻，创建坚实的方向，打造信心，这帮助他与客户形成终生交往和友谊，成为世界各地的首席执行官、高管和团队广泛信赖的顾问伙伴。作为一个对于人际交往、领导力和商业活动充满热情的人，在过去 35 年中，比尔一直致力于支持领导者应对复杂的商业挑战。他与领导者成功合作，开启突破性的业绩，培养深层次的领导能力，获得系统化、变革性的业务成果，并因此盛名远播。他的客户既包括财富 500 强企业，也包括各行各业的初创公司。

比尔在多家营利性、教育性和非营利性组织的董事会任职。作为一位连续创业的企业家，他创办、出售和兼并了多家企业。1991 年，他经营的麦克斯康咨询公司获得了年度小企业奖。2015 年，TLC 公司和 FCG 在某知名人力资源网站（HR.com）组织的卓越领导力 500 奖项中的"大型领导力合作伙伴和供应商"类别中荣登榜首。

比尔热心于创造一个帮助人们茁壮成长的工作环境。他传授并应用那些久经时间考验的原则，并将其转化为财务成果、高效组织和个人成就。他对外部业务驱动因素保持着敏锐的关注，并且采用全系统模式促使内部业务系统不断进化，从而创造出一种文化：人们在为结果担责的同时，还愿意主动为组织投入更多可自由支配的精力。比尔是《全系统方法论：让公司的每个人都参与到你的业务转型和运营中》（*The Whole Systems Approach：Involving Everyone in the Company to Transform and Run Your Business*）一书的作者（与其妻辛西娅·亚当斯合著），《追求质量：实现卓越服务的处方》(*The Quest for Quality：Prescriptions for Achieving Service Excellence*)一书的作者[与菲尔·韦克斯勒(Phil Wexler)和埃米尔·博恩(Emil Bohn)合著]，他和辛迪是《变革手册：塑造未来的集体方法》(*The Change Handbook：Group Methods for Shaping the Future*)一书[佩吉·霍尔曼(Peggy Holman)和汤姆·德瓦恩(Tom Devane)合著]两版的编辑，并为《美国最受推崇的公司的质量管理》(*Managing Quality in America's Most Admired Companies*)一书做出贡献[作者杰伊·斯派克勒(Jay Spechler)]。比尔还与梅格·惠特利共同主持合资企业大会——自组织系统：参与的新科学(Self-Organizing Systems：The New Science of Participation)。

比尔持有蒙大拿大学(the University of Montana)人际关系与组织沟通专业硕士学位。他和辛迪住在犹他州北部的山区。俩人最喜欢做的事情是待在户外，跟青年领袖们一起工作，以及与四个孩子和越来越多的孙辈们共度时光。

图书在版编目(CIP)数据

孕育青色领导力：领导力通用模型与案例 / （美）罗伯特·安德森，（美）威廉·亚当斯著；陈丽君，柳亚涛译. —北京：北京师范大学出版社，2022.4(2022.8 重印)

（组织学习与进化丛书）

ISBN 978-7-303-26950-1

Ⅰ.①孕… Ⅱ.①罗… ②威… ③陈… ④柳… Ⅲ.①领导学 Ⅳ.①C933

中国版本图书馆 CIP 数据核字(2022)第 000964 号

北京市版权局著作权合同登记号：图字 01-2019-2639

营　销　中　心　电　话　　010-58807651
北师大出版社高等教育分社微信公众号　　新外大街拾玖号

YUNYU QINGSE LINGDAOLI　LINGDAOLI TONGYONG MOXING YU ANLI
出版发行：北京师范大学出版社　www.bnupg.com
　　　　　北京市西城区新街口外大街 12-3 号
　　　　　邮政编码：100088
印　　刷：保定市中画美凯印刷有限公司
经　　销：全国新华书店
开　　本：710 mm×1000 mm　1/16
印　　张：20.75
字　　数：332 千字
版　　次：2022 年 4 月第 1 版
印　　次：2022 年 8 月第 2 次印刷
定　　价：96.00 元

策划编辑：周益群　　　　　责任编辑：周益群　张　爽
美术编辑：李向昕　　　　　装帧设计：李向昕
责任校对：段立超　　　　　责任印制：马　洁